화성돈전

화성돈전

華盛頓傳

비판정본

이해조 번역·정금 변안

독도 讀 길을
道 읽다 ③

독도 도서관 친구들

내가 미국사를 읽고서 천추에 길이 빛날 영웅을 찾다가 한 사람을 얻었다. 워싱턴은 호걸 중의 군자요, 군자 중의 영웅이다.

· 수장 1

"망언으로 남을 속이는 것은 선현께서 경계한 것이다." 감히 숨기지 않고 아버지 곁에 꿇어 앉아 그 전말을 아뢰었다. 아버지는 워싱턴이 스스로 숨기지 않음을 보고 크게 기특하게 여기며 말했다. "나는 앵두나무 천 그루를 잃을지언정 너의 정직은 잃지 않겠다."

1755년 7월 9일 새벽, 모논가헬라 강을 건너려 할 때 느닷없이 복병이 습격하였다. 만약 워싱턴이 의연하게 달려가 구원하고 이 큰 패배를 수습하지 않았다면 모논가헬라의 실패가 어찌 여기에 그쳤겠는가.

· 2장 25

1789년 4월 30일, 워싱턴이 대통령으로 임명받고 버넌에서 뉴욕에 이를 때 구경꾼들이 담장처럼 에워싸서 승리하고 돌아오는 것만 같았다. 워싱턴은 법장法場에 들어가 엄숙하게 맹세한 뒤에 말하였다. "앞으로 모든 일을 도의에 부합한 뒤에 시행할 것이니, 원하옵건대 하느님께서는 복을 내려 그 직책에 적합하게 해주십시오.

· 5장 8

'길[道]은 정의에 있다'

• 6장 8

The best and only safe road to honor, glory,
and true dignity is justice.

비판정본·원문대역

일러두기

- 이 비판정본은 이해조李海朝의《화성돈전華盛頓傳》과 정금丁錦의《화성돈華
盛頓》을 저본으로 했으며, 아울러 정금의《화성돈》의 저본인 후쿠야마 요
시하루福山義春의《화성돈華聖頓》도 참조했다.
- 독자의 편의를 위해 원문은 각 장마다 단락을 나누어 이해조 판본은
'【韓 1장 1】', 정금 판본은 '【中 1장 1】'로 번호를 붙였으며, 두 저본을 서
로 비교해서 살펴볼 수 있도록 이해조 판본은 왼쪽 면에 정금 판본은 오
른쪽 면에 배치했다.
- 주석은 원문 주석과 번역 주석으로 구분하여 조지 워싱턴의 전기가 한·
중·일 3국에 수용되는 과정에서 나타난 내용과 용어의 차이가 분명히
드러나도록 했다.
- 인명과 지명은 외래어 표기법을 따르고 당시 한자 음역어를 병기했다.
뉴욕紐約, 콜럼버스可侖布

판본

의춘: 福山義春,《華聖頓》, 博文館, 1900.

정금: 丁錦,《華盛頓》, 文明書局, 1903.

이해조: 李海朝,《華盛頓傳》, 滙東書舘, 1908.

약호

〈 〉 본문내용에 보충-제안할 때 사용하는 부호이다.

〔 〕 문헌의 전승이 명백하게 오류여서 삭제해야 할 때 사용하는 부호이다.

: 문헌 간의 대조를 표시하는 부호이다.

화성돈전華盛頓*傳

대한황성大韓皇城 회동서관滙東書館 발행發行, 융희隆熙 2年 4月(1908년 4월)

* 華盛頓 이해조 · 정금: 華聖頓 의춘

수장首章: 머리말〔緒言〕

내가 미국사를 읽고서 천추에 길이 빛날 영웅
을 찾다가 한 사람을 얻었다. 워싱턴은 호걸
중의 군자요, 군자 중의 영웅이다.

【🇰 수장 1】子ㅣ 美國*史를 讀ㅎ야 千載不朽의 英雄을 求ㅎ다가 一人을 得ㅎ니 其氣槪ᄂ 和風春日이며 靈秀의 峯과 淸碧의 泉이오 其志ᄂ 美玉黃金이며 砥石의 平과 松柏의 茂라 此ㅣ 何人고 古今世界에 第一人傑華盛頓者ㅣ 아닌가 華盛頓은 豪傑中의 君子오 君子中의 英雄이로다

* 美國 이해조 · 정금: 米國 의춘

【번역】내가 미국사를 읽어 천추에 길이 빛날 영웅을 찾다가 한 사람을 얻으니, 그 기개는 온화한 바람과 봄날의 햇볕이며, 신령하고 수려한 산봉우리와 맑고 푸른 샘물이요, 그 뜻은 아름다운 옥과 황금이며, 숫돌의 평평함과 소나무와 잣나무의 무성함이라. 이는 누구인가? 옛날과 지금의 세계에서 첫째로 빼어난 인물 워싱턴華盛頓이 아닌가! 워싱턴은 호걸 중의 군자요, 군자 중의 영웅이로다.

【㊦ 수장 1】予讀美國史。而求千載不朽之英雄。得一人焉。其氣槪
如和風如春日。如靈秀之峰。如淸碧之泉。其志節如美玉如黃金。如
砥石之平。如松柏之茂。伊何人。斯非古今世界第一人傑華盛頓乎。
華盛頓者。豪傑中之君子。而君子中之英雄也。

【번역】내가 미국사를 읽고서 천추에 길이 빛날 영웅을 찾다가 한 사
람을 얻었다. 그의 기개는 온화한 바람이고 봄날의 햇볕 같았으며, 신
령하고 수려한 산봉우리고 맑고 푸른 샘물 같았다. 그의 지조와 절개
는 아름다운 옥이고 황금 같았으며, 평평한 숫돌이고 무성한 소나무
와 잣나무 같았다. 이 사람이 누구냐 하면 바로 옛날과 지금 세계에서
첫째로 빼어난 인물 워싱턴이 아닌가! 워싱턴은 호걸 중의 군자요, 군
자 중의 영웅이다.

【⑱ 수장 2】批評家ㅣ曰 昔人이 嘗言ᄒᆞ디 世에 完人이 無ᄒᆞ다 ᄒᆞ나 然, 上下三千載에 聖人以外에ᄂᆞᆫ 其完人에 近ᄒᆞᆫ 者ㅣ 唯華盛頓이라 剛ᄒᆞ디 能柔ᄒᆞ며 嚴ᄒᆞ디 能和ᄒᆞ야 意志가 堅强ᄒᆞ고 才智가 圓滿ᄒᆞ야 英雄의 膽略이 有ᄒᆞ고 君子의 盛德을 兼ᄒᆞ며 自恃의 精神이 富ᄒᆞ고 謙遜의 性質이 豐ᄒᆞ야 個人의 自由主義를 懷ᄒᆞ디 國家의 觀念을 不忘ᄒᆞ니 軍人으로써 言ᄒᆞᆫ 則智勇의 將이오 政治*로써 言ᄒᆞᆫ 則人道의 嚮導라 要言ᄒᆞᆫ 則博愛公明正大의 人物이로다

* 政治 이해조·정금: 政治家 의춘

【번역】 비평가가 말하였다. "옛사람이 일찍이 '세상에 완전한 사람이 없다'라고 하지만, 위아래로 삼천 년 동안 성인聖人 이외에 완전한 사람에 가까운 자는 오직 워싱턴일 뿐이다. 강하되 부드럽고 엄하되 온화하며, 의지가 굳세고 재주와 지혜가 뛰어나며, 영웅의 담력과 지략을 지녔고 군자의 크고 훌륭한 덕도 겸하였다. 자신감이 넘치고 겸손함이 넉넉하여 개인의 자유를 중시하되 국가를 위한 마음도 잊지 않으니, 군인으로서 말하면 지혜와 용기를 갖춘 장군이요, 정치가로서 말하면 사람을 이끄는 지도자이다. 요약하건대, 널리 사랑하고 공명정대한 인물이다."

【⊕ 수장 2】批評家曰。昔人嘗言世無完人。然上下三千載。於聖人以外。求其近於完人者。惟華盛頓耳。剛而能柔。嚴而能和。意志堅强。才智圓滿。有英雄之膽略。兼君子之盛德。富於自恃之精神。豐於謙遜之性質。懷個人自由主義。而不忘國家觀念。以言乎軍人。則智勇之將也。以言乎政治家。則人道之嚮導也。要言之。則博愛公明正大之人物也。

【번역】 비평가가 말하였다. "옛사람이 일찍이 '세상에 완전한 사람이 없다'라고 하지만, 위아래로 삼천 년간의 성인 이외에 완전한 사람에 가까운 사람을 찾는다면 오직 워싱턴일 뿐이다. 강하면서도 부드럽고 엄하면서도 온화하며, 의지가 굳세고 재주와 지혜가 뛰어나며, 영웅의 담력과 지략을 지녔고 군자의 크고 훌륭한 덕도 겸하였다. 자신감이 넘치고 겸손함이 넉넉하여 개인의 자유를 중시하면서도 국가를 위한 마음을 잊지 않았다. 군인으로 말하면 지혜와 용기를 겸비한 장군이요, 정치가로 말하면 사람들을 이끄는 지도자이다. 요약하건대, 널리 사랑하고 공명정대한 인물이다."

【(韓) 수장 3】嘗聞ᄒ니 林肯이 畎畝에 畊홀시 華盛頓의 品格을 深慕ᄒ야 其動作을 效ᄒ다가 終엔 美國第二父祖가 되엿다 ᄒ니 嗚呼라 彼林肯의 英傑로도 其崇拜ㅣ 如此ᄒ니 宜乎歐美* 人士ㅣ 第一人物을 論ᄒ면 必華盛頓을 推ᄒ리로다 現時社會 의 情形을 觀ᄒ건딕 忍言치 못홀 者ㅣ 多ᄒ니 願吾後의 人은 華 盛頓을 鑑ᄒ야 自由及公理**와 國家及國民***을 發起홀 지어다

* 歐美 이해조·정금: 歐米 의춘
** 公理 이해조·정금: 公道 의춘
*** 國民 이해조·정금: 人類 의춘

【번역】예전에 들으니, 링컨林肯[1]이 들판에서 농사를 지을 때 워싱턴 의 성품과 인격을 깊이 흠모하여 그의 행동거지를 본받아서 마침내 미국의 두 번째 국부가 되었다고 한다. 아! 저 링컨이 뛰어난 인물임 에도 그를 숭배함이 이와 같았다. 첫째가는 인물을 들라 하면 구미 인 사들은 반드시 워싱턴을 추천할 것이다. 우리 사회의 현재 상황을 살 펴보건대, 차마 말하지 못하는 것이 많다.[2] 우리 후배들은 워싱턴을 거울삼아 자유와 공리, 국가와 국민을 위하여 떨쳐 일어나길 바란다.

1) 링컨林肯: 미국의 제16대 대통령 아브라함 링컨(Lincoln, Abraham 1809~1865, 재임 1861~1865)을 말한다.
2) 차마…많다: 미국의 정치 체제를 수용하고자 하는 공화주의자들의 속내를 드러내 는 대목이다.

【⊕ 수장 3】嘗聞林肯之耕於畎畝。深慕華盛頓之品格。其精神所至。頗思效其動作。卒爲美國第二之父祖。歐美所畏敬焉。嗚呼。其受英傑林肯之崇拜。猶若此。宜乎歐美人士。迄今尚論。第一之人物。必推華盛頓云。今就現時社會情形觀之。多有不忍言者。願吾後之人鑑乎華盛頓。浴其光風。爲自由爲公理爲國家爲國民。有所發起焉。

【번역】예전에 들으니, 링컨이 들판에서 농사를 지을 때 워싱턴의 성품과 인격을 깊이 흠모하였다. 링컨은 자신이 생각하는 것마다 워싱턴의 행동거지를 언제나 본받고자 하였다. 링컨은 마침내 미국의 두 번째 국부가 되었고, 구미에서 경외하는 인물이 되었다.[3] 아, 워싱턴은 영웅호걸이었던 링컨에게까지 이렇게 숭배를 받았다. 구미의 인사가 지금에 이르기까지 옛사람을 평가하면 첫째가는 인물로 반드시 워싱턴을 추천할 것이다. 우리 사회의 현재 상황을 고려하면, 차마 말하지 못하는 것이 많다. 우리 후배들은 워싱턴을 거울삼아 그의 광풍光風[4]을 수양하여 자유와 공리, 국가와 국민을 위하여 떨쳐 일어나기를 바란다.

3) 예전에…되었다: 의춘본에서는 이 구절을 다음과 같이 자세하게 기술하고 있다. "들은 바에 의하면, 에이브러햄 링컨이 논밭을 일굴 때 조지 워싱턴의 품성을 흠모하며 그처럼 깨끗하고 그처럼 올바르며 그처럼 일하며 그처럼 멈추지 않을 것을 생각하며, 항상 그 이야기(전하는 말)를 놓지 않고 모든 정신적인 면에서 자주 이상적인 인물로 훈도되어 결국 제2의 아버지로서 구미의 천지에 존경받게 되었다."

4) 광풍光風: 고상한 인격의 소유자를 뜻하는 말인데, 송나라 황정견黃庭堅의 〈염계시서濂溪詩序〉에 "용릉의 주무숙은 인품이 너무도 고매해서, 흉중이 쇄락하기가 마치 맑은 바람이요 갠 달과 같았다.[春陵周茂叔 人品甚高 胸中灑落 如光風霽月]"라는 말이 나온다.

제1장: 학교 생도와 측량 기사
〔學校生徒及測量技手〕

워싱턴은 소학교를 졸업하고 측량기사로 활동하였다.

【🇰🇷 1장 1】北美合衆國의 建國父祖華盛頓者는 其先이 英人이니
十三世紀時에 族人이 農業을 務ᄒ더니 千六百五十七年에 專興
及魯倫斯兄弟二人이 英國을 去ᄒ고 北美에 來ᄒ야 惠斯穆蘭郡
薄脫馬苦河畔에 卜居홀ᄉᆡ 兄專興가 州軍指揮官이 되야 北巴氏
를 娶ᄒ야 二男一女를 生ᄒ고 其長男이 二子를 更生홈이 幼子*
의 名은 柯架斯頓이니 卽華盛頓의 父라

* 幼子 이해조: 幼者 정금

【번역】북미합중국의 건국 아버지 워싱턴은 그 선조가 영국 사람이다.
그의 가문은 13세기 무렵에 농업에 종사하던 사람들이었다. 1657년
에 존專興[5]과 로렌스魯倫斯[6] 형제 두 사람이 영국을 떠나 북미로 이주
하여 웨스트 모어랜드惠斯穆蘭 군郡[7] 포토맥薄脫馬苦[8] 강가에 정착하였
다. 형 존은 주군의 지휘관이 되어 포프北巴[9]를 아내로 맞이하여 2남
1녀를 낳았다. 그 장남[10]이 두 아들을 다시 낳음에 어린 아들의 이름
이 오거스틴柯架斯頓[11]이니, 바로 워싱턴의 아버지이다.

5) 존專興: 조지 워싱턴의 증조부인 '존 워싱턴(John Washington, 1632~1677)'을 말한
다.
6) 로렌스魯倫斯: 존 워싱턴의 동생인 '로렌스 워싱턴(Lawrence Washington, 1635~
1677)'을 말한다.
7) 웨스트 모얼랜드惠斯木蘭 군郡: 웨스트 모얼랜드 카운티(Westmoreland County)를
말한다. 미국 버지니아주에 위치한 군이다.
8) 포토맥薄脫馬苦: 포토맥 강(Potomac River)을 말한다. 앨러게이니 산맥에서 남동으
로 흘러 메릴랜드 주와 버지니아 주 경계를 따라 체서피크 만으로 흘러든다.
9) 포프北巴: 존 워싱턴의 아내 '앤 포프(Ann Pope, 1638~1668)'를 말한다.
10) 장남: 조지 워싱턴의 할아버지인 '로렌스 워싱턴(Lawrence Washington, 1659~
1697)'을 말한다.
11) 오거스틴柯架斯頓: 조지 워싱턴의 아버지인 '오거스틴 워싱턴(Augustine Washinton,
1694~1743)'을 말한다.

【⊕ 1장 1】北美合衆國建國之父祖華盛頓者。其先實出自英國。十三世紀時。族人多業農。至千六百五十七年。有專輿及魯倫斯兄弟二人。去英國來北美巴基尼亞洲。* 因於惠斯木蘭郡薄脫馬苦河畔。廣購土地。遂卜居焉。無何州民與土番**有所齟齬。*** 兄專輿爲州軍指揮官所擧進大佐。旋娶婦北巴氏。生二男一女。其長男更生二子。幼者名柯架斯頓。卽華盛頓父也。

* 洲 이해조·정금: 州 의춘
** 土番 정금: 土蕃 의춘
*** 齟齬 정금: 葛藤 의춘

【번역】북미합중국의 건국 아버지 워싱턴은 그 선조가 원래 영국에서 출생하였다. 13세기 때에 가문 사람들 대부분은 농업에 종사하였다. 1657년에 이르러 존과 로렌스 형제 두 사람은 영국을 떠나 북미 버지니아巴基尼亞[12) 주州로 이주했다. 웨스트 모얼랜드 군 포토맥 강가에서 넓은 토지를 구매했다. 마침내 그곳에 정착하였다. 얼마 뒤에, 주민州民과 원주민[13) 사이에 다툼이 있었다. 형 존이 주군州軍의 지휘관으로 등용되어 대좌大佐[14)로 승진하였다가, 곧바로 부인 포프에게 장가들어 2남 1녀를 낳았다. 그 장남이 다시 두 아들을 낳았다. 아이의 이름이 오거스틴이다. 바로 워싱턴의 아버지이다.

12) 버지니아巴基尼亞: 미국 동부 대서양 연안에 있는 주州 버지니아(Virginia)를 말한다.
13) 원주민: '土蕃'은 '土番', 또는 '吐蕃'이라고 표기하기도 하는데, 본래 의미는 지금의 티베트에 웅거한 종족의 이름이었다. 여기서는 '원주민'이라는 의미로 쓰였다.
14) 대좌大佐: 2차 대전 때까지의 일본에서의 대령大領을 일컫는다.

【㉐ 1장 2】前妻는 四子를 生ᄒᆞ야 二子는 早殂ᄒᆞ고 繼室은 叅將波路君의 女라 華盛頓을 生ᄒᆞ니 時는 一千七百三十二年二月二十二日러라 柯架斯頓이 死時에 華盛頓이 方十三歲라 其兄弟ㅣ 父의 遺言을 從ᄒᆞ야 生計를 各營홀시 華盛頓의 家屋土地는 弎福特郡에 在ᄒᆞ니 時에 諸弟ㅣ 皆幼ᄒᆞ고 母波路氏가 財産을 司홈이 謹愼勉强*ᄒᆞ야 義務를 克盡ᄒᆞ더라

* 謹愼勉强 이해조: 質慧且具謹愼勤勉之德 정금: 怜悧謹愼勉强 의춘

【번역】 오거스틴의 첫 번째 부인[15]은 네 아들을 낳았는데 두 아들은 일찍 죽었다. 두 번째 부인[16]은 참장叅將[17]인 볼波路[18]의 딸로 워싱턴을 낳으니, 때는 1732년 2월 22일이다. 오거스틴이 죽을 때에 워싱턴은 바야흐로 열세 살이었다. 그 형제가 아버지의 유언을 따라서 생계를 각자 꾀하니, 워싱턴의 가옥과 토지는 스태퍼드弎福特[19] 군에 있었다. 이때 여러 동생은 모두 어렸다. 어머니 볼은 재산을 신중하게 관리하였고 부지런히 노력하며 의무를 다했다.

---

15) 첫 번째 부인: 오거스틴의 사별한 부인인 '제인 버틀러 워싱턴(Jane Butler Washington, 1699~1729)'을 말한다.
16) 두 번째 부인: 오거스틴의 재혼한 부인인 '메리 볼 워싱턴(Mary Ball Washington, 1708~1789)'을 말한다.
17) 참장叅將: 소장少將에 해당하는 계급을 말한다.
18) 볼波路: 메리 볼 워싱턴의 아버지인 '콜 조셉 마테우스 볼(Col Joseph Matthaus Ball, 1649~1711)'을 말한다.
19) 스태퍼드弎福特: 미국 버지니아주에 위치한 스태퍼드 카운티(Stafford County)를 말한다.

【⊕ 1장 2】曾再婚。前妻有四子。二早殂。繼室爲參將波路君女。實
生華盛頓。時一千七百三十二年二月二十二日也。柯架斯頓死時。
華盛頓方十三歲。其兄弟從父遺言。各營生計。折其遺産。華盛頓所
得家屋土地。在弎福特郡。時諸弟皆幼。母波路氏爲司財産。氏質
慧。且具謹愼勤勉之德。克盡義務。故人多敬之。

【번역】오거스틴은 일찍이 두 번 결혼하였다. 첫 번째 부인에서 네 아
들을 두었지만 두 명은 일찍 죽었다. 두 번째 부인은 참장 볼의 딸로,
워싱턴을 낳은 이가 바로 이 분이다. 때는 1732년 2월 22일이다. 오
거스틴이 죽었을 때 워싱턴은 바야흐로 열세 살이었다. 그 형제는 아
버지의 유언을 따라 각자 생계를 꾀하고 그 유산을 나누었다. 워싱턴
이 얻은 가옥과 토지는 스태퍼드 군에 있었다. 이때, 여러 동생이 모두
어려 어머니 볼이 재산을 맡았다. 그녀는 자질이 지혜로운 데다가 신
중하고 근면한 덕을 갖춰 의무를 다했다. 사람들 대부분이 그녀를 존
경하였다.

【(韓) 1장 3】巴基尼惡地方 敎育의 缺點이 頗多흔지라 故로 華盛頓의 學홈이 但句讀、習字、筭術、簿記等項而己라 華盛頓의 性이 活潑흐야 競爭、飛躍、角力、抛鐵桿及其他輕快흔 需力의 遊戱를 皆好흐고 兵法을 尤好흐야 幼時에 兒童을 聚흐야 軍隊及營寨을 假立흐고 戰鬪戱를 作흐더라

【번역】 버지니아 지방의 교육은 결점투성이였다. 워싱턴이 배우는 것은 고작 읽기·쓰기·산수·부기 따위의 항목이었다.[20] 워싱턴의 성격은 활발하여 달리기·높이뛰기·씨름·창던지기 및 그밖에 경쾌한 힘이 요구되는 놀이를 모두 좋아하였다. 병법을 특히 좋아하여 어렸을 때 아이들을 모아 군대와 진지를 가짜로 세우고 전쟁놀이를 일삼았다.

20) 읽기…항목이었다: 흥미로운 점은 이해조가 우리의 초등교육에 해당하는 당시 서양의 보통교육에 대한 이해가 부족했다는 것이다. 이는 수사학과 산술에 대한 기술에서 확인된다. 그는 '수사학'을 '작문'으로, '산술'은 '실용학'이라는 별도의 분과로 기술했다.

【⊕ 1장 3】 巴基尼惡地方教育頗多缺點。欲子弟脩高等教育者。必送英吉利本域。其地則實地生計之智識。己爲絶頂之教育。而人亦以此自滿。卽有他教育家來者。亦係普通教育師。以故華盛頓常時所學。止句讀習字算術簿記等項而己。華盛頓雖爲力學之人。然性喜活潑。如競爭飛躍角力抛鐵桿*。與其他輕快需力之遊戲。皆好之。尤好兵。幼時嘗聚兒童。部勒軍隊。及假立營寨。作戰鬥狀。以爲戲焉。

* 桿 정금: 捍 의춘

【번역】 버지니아 지방의 교육은 결점이 자못 많았다. 자식이 고등교육을 받기를 바라는 사람은 반드시 그 자식을 영국 본토로 보냈다. 그 지역에서는 생계에 도움이 되는 실용 지식을 자신들의 최고의 교육으로 여겼다. 그래서 그 사람들은 이에 만족하여 다른 교육가[21]가 오더라도 보통 교육의 교사와 같은 취급을 했다.[22] 이런 이유로 워싱턴은 항상 배우는 것이 구두·습자·산술·부기 등의 항목에 그쳤을 뿐이었다. 워싱턴이 비록 배움에 힘쓰는 사람이었지만 성격이 활발한 것을 좋아하여 달리기·높이뛰기·씨름·투창 및 그밖에 경쾌하면서도 힘이 요구되는 놀이 등을 모두 좋아했다. 특히 전쟁놀이를 좋아했다. 어렸을 때 일찍이 아이들을 모아 군대를 배치하고 진지를 임시로 세우고 전투 상황을 만들어 놀이로 삼았다.

21) 다른 교육가: 고등교육(인문교육)을 가르칠 수 있는 교사.
22) 자식이…취급을 했다: 이해조본에서는 이 부분을 생략했다.

【🇰1장 4】華盛頓이 幼時에 作文이 甚拙ᄒ더니 經年攻苦ᄒ야 其 大意를 始通ᄒ고 後에 法語를 學ᄒ야 進步가 無ᄒ나 然筆記本을 作홈이 條理가 不紊ᄒ고 筭術의 實用學、幾何學及測量法의 正確 ᄒᆫ 圖式으로써 發明ᄒᆫ 者ㅣ 多ᄒ고 又諸證書式이 有ᄒ니 地契借 標*、收條發標及各項標卷**의 書式이라 後에 又數百種을 輯錄ᄒ 니 名論이 頗多ᄒ더라

* 標 이해조: 票 정금
** 卷 이해조: 券 정금·의춘

【번역】어렸을 적 워싱턴의 글짓기는 형편없었다. 여러 해에 걸쳐 열심히 공부하여 전하고자 하는 요지를 비로소 전달할 수 있게 되었다. 이후에는 프랑스어도 배웠지만 발전은 없었다. 하지만 그가 쓴 노트는 조리 있게 정리되었다. 산술은 실용학·기하학 및 측량법23)의 정확한 도식으로 설명된 것이 많았다. 또 여러 증명서도 정리되어 있었다. 토지매매계약서·차용증서·보관증·영수증 및 각 항의 표권의 서식이다. 후에 또 수백여 개의 글들을 모아 정리하였고, 그 가운데 유명한 문장24)도 꽤 되었다.

23) 산술은…측량법: 정금본에는 '산술과 실용 기하학 및 측량법'으로 기술했다. 아마도 이해조가 정금의 문장을 오해하여 산술을 '실용학·기하학·측량법'으로 구분한 듯하다. 하지만 '산술의 실용학'은 '실용 기하학'을 잘못 이해한 것에서 생겨난 오해이다.
24) 유명한 문장: 의춘은 '가치 있는 시詩나 도덕상의 격언'이라고 기술했다.

【⊕ 1장 4】華盛頓幼時。不善脩辭之學。所作文甚拙劣。經年攻苦。始通其大意。後學法語。亦無所進步。然其時所作筆記本。條理秩然不紊。多算術實用幾何學及測量法以正確之圖式明之。又有諸證書式。乃最古之寫本。地契借票收條發票。及各項票券之書式具焉。後又輯錄佳者數百種。頗多名論。此皆足見其性質者也。

【번역】 어렸을 적 워싱턴은 수사학[25]을 잘하지 못해 글짓기가 매우 형편없었다. 여러 해 동안 열심히 공부하여 그 대강의 뜻을 비로소 전달할 수 있었다. 이후에 프랑스어를 배웠는데 또 진보하는 바가 없었다.[26] 하지만 그때 쓴 노트는 조리가 정연하고 문란하지 않았다. 산술과 실용 기하학 및 측량법을 정확한 도식으로 설명한 것이 많았다. 또 여러 증명서 서식은 바로 가장 오래된 사본으로, 토지매매계약서·차용증서·보관증·영수증 및 각 항의 표권의 서식이 갖춰졌다. 이후에 또 집록 중에 아름다운 것이 수백 종인데, 유명한 문장이 자못 많다. 이는 모두 그의 성질을 보기에 충분하다.

---

25) 수사학: '말 다듬는 학문'이라는 뜻으로, 자신의 주장을 설득하는 방법을 연구하는 학문이다. 주로 공적 연설을 대상으로 삼는다. 흥미로운 점은 이해조는 '作文'으로 표기했고, 의춘은 '文法修辭'로 표기했다는 것이다. 이는 이해조가 수사학에 대한 개념을 갖고 있지 않았고, 정금은 문법에 대한 이해가 없음을 보여준다.
26) 프랑스어를…없었다: 의춘본에는 '프랑스어에는 큰 진보를 이루었다'라고 기술했다.

【韓 1장 5】華盛頓이 學課를 修治혼 外에 又言行을 愼ᄒ야 失德의 事ㅣ 無ᄒ고 禮讓을 維持코자 ᄒ야 格言을 選ᄒ야 一冊을 成ᄒ니 名曰言行規律이라 其幼時의 粗暴혼 氣와 激烈혼 性을 抑制ᄒ고 完全혼 自治力을 養成ᄒ니 其言行規律이 凡百十條라 今에 數條를 摘ᄒ야 左에 示ᄒ노라

他人面前에 在ᄒ야 或鼻中作聲 或唱歌 或舞蹈ᄂ 皆不敬의 類라
凡人의 冗迫홀 際를 當ᄒ야 與言홀 時ᄂ 單簡明瞭홈니 貴ᄒ니라

【번역】 워싱턴은 학교에서 교과목을 배우고 닦았다. 뿐만 아니라 말과 행동을 신중하게 해서 덕망을 잃는 일이 없었다. 예의와 겸양을 유지하기 위해 격언을 뽑아 한 권의 책으로 만들어서 〈언행규율〉이라고 불렀다. 어렸을 때 거칠고 사나운 기운과 격렬한 성격을 억제하고 자제력을 완전하게 길렀다. 〈언행규율〉은 모두 110 조목으로 이루어졌다. 이제 몇 조목을 들어 아래에 제시한다.

○다른 사람 앞에서 콧소리를 내거나 노래를 부르거나 춤을 추는 것은 모두 예의에 어긋난다.

○바쁜 사람에게 말할 때는 간단명료함이 귀하다.

【⊕ 1장 5】華盛頓脩治學課之外。又愼其言行。無失德之事。嘗欲維持禮讓。選格言。登諸一冊。名(言行規律)。以自反省。其目的在抑制幼時粗暴之氣激烈之性。而養成完全之自治力也。其(言行規律)都百十條。今摘擧數則於左。

在他人面前。鼻中作聲。或唱歌。或舞蹈。皆不敬也。〔原文二〕

凡人當冗迫之際。與之言。以單簡明瞭爲貴。〔原文十二〕

【번역】워싱턴은 학교에서 교과목을 배우고 닦았다. 뿐만 아니라 말과 행동을 신중하게 해서 덕망을 잃는 일이 없었다. 일찍이 예의와 겸양을 유지하기 위해 격언을 뽑아 한 권의 책으로 묶었다. 〈언행규율〉이라 이름 붙이고 스스로를 반성하였다. 그 목적은 어렸을 때 거칠고 사나운 기운과 격렬한 성질을 억제하고 자제력을 완전하게 기르는 데에 있었다. 〈언행규율〉은 모두 110 조목으로 이루어졌다. 이제 아래에 몇 가지 규율을 들어 제시한다.

○다른 사람 앞에서 콧노래를 부르거나 춤을 추는 것은 모두 불경하다. 〔원문 2조목〕

○아주 바쁜 사람에게 말할 때는 간단명료함을 귀하게 여겨야 한다. 〔원문 20조목〕

【🇰🇷 1장 6】凡達人*의 前엔 些細의 事로 喋喋지 말고 鄙人의 前엔 重大問題를 道치 말라 世俗에 疑를 起ᄒᄂ니라

事를 先ᄒ야 言홀 時ᄂ 其善惡을 考ᄒ고 其秩序**를 分ᄒ야 條理ᄒ라

凡言行을 其心에 恆常無愧홈을 求ᄒ라

以上事實로 察ᄒ면 其言語舉動이 雖奇偉磊落ᄒ나 實、嚴正貞肅ᄒ야 克己工夫로 精神을 陶冶ᄒ야 正確혼 人物을 養成혼 者라

* 達人 이해조: 通人 정금: 博識なる人士 의춘
** 秩序 이해조 · 정금: 順序 의춘

【번역】○통달한 사람 앞에서는 자질구레한 일로 재잘거리지 말고, 비루한 사람 앞에서는 중대한 문제를 말하지 마라. 세상 사람들에게 의심을 산다.
○일에 대해 미리 말할 때는 그 좋고 나쁨을 살피고, 그 순서를 구분하여 조리있게 말하라.
○말과 행동에서 자신의 마음에 항상 부끄러움이 없도록 하라.

이상의 사실로 살펴볼 때, 언어와 행동거지가 특출나고 활달하며 호탕하였지만 위싱턴은 사실 엄정하고 정숙하였다. 극기 공부로 정신을 도야하여 자신을 정확한 인물로 기른 것이다.

【中 1장 6】於通人之前。勿喋喋些細之事。於鄙人之前。勿道重大問題。以起世俗之疑。〔原文二十九〕

先事而言。應攷其善惡。分其秩序。而條理之。〔原文四十〕

凡言行常欲無愧于心。〔原文五十七〕

就以上事實察之。彼之言語擧動。雖奇偉磊落。而實嚴正貞肅。常以克己工夫。陶冶己之精神。養成正確之人物者也。

【번역】○통달한 사람 앞에서는 자질구레한 일을 재잘거리지 말고, 비루한 사람 앞에서는 중대한 문제를 말하지 마라. 세속의 의심을 일으키기 때문이다.〔원문 29조목〕

○일에 대해서 미리 말할 때는 당연히 그 좋고 나쁨을 살피고, 그 순서를 구분하여 조리 있게 해야 한다.〔원문 40조목〕

○무릇 언행은 마음에 항상 부끄러움이 없기를 바라야 한다.〔원문 57조목〕

　이상의 사실에 나아가서 살펴보면 그의 언어와 거동이 비록 기특하고 웅위하며 활달하고 호탕하였지만 실제로는 엄정하고 정숙하였다. 항상 극기 공부로 정신을 도야하여 자신을 정확한 인물로 기른 것이다.

【㉿ 1장 7】膽略이 素有ᄒ야 冒險을 不辭ᄒ더니 海軍이 大海로 壘*를 作ᄒ고 靑天으로 幕을 作ᄒ야 暴風怒濤에 決戰ᄒᄂ 壯快홈을 見ᄒ고 海軍에 投効홀 志가 有ᄒ니 時年이 十五歲라 小學校에 尙在ᄒ거늘 其兄이 海軍少尉候補生의 任書를 圖得ᄒ니 華盛頓이 喜甚ᄒ야 海軍에 方入홀시 其母ㅣ 海軍에 放縱홈을 素惡ᄒ야 彼少壯의 身으로 其間에 投効홈을 不許ᄒ니 華盛頓이 其志를 改ᄒ고 學에 復就ᄒ더라

* 壘 이해조: 壘 정금·의춘

【번역】워싱턴은 담력과 지략을 타고났고 모험도 마다하지 않았다. 워싱턴은 큰 바다를 진지로 푸른 하늘을 천막으로 삼으며 사나운 바람과 성난 파도에 맞서는 해군의 건장하고 멋진 모습을 보고 해군에 입대할 마음을 먹었다. 이때 나이가 고작 15세로 소학교에 재학 중이었다. 워싱턴의 형이 워싱턴을 위해 해군 소위 후보생으로 적합하다는 문서를 얻어주었다. 워싱턴이 몹시 기뻐하며 해군에 바야흐로 입대하려 하였다. 워싱턴의 어머니는 해군의 방종함을 본디 싫어하여 소년의 몸으로 해군에 입대함을 허락하지 않았다. 워싱턴이 그 마음을 고쳐먹고 학교에 다시 돌아갔다.

【⊕ 1장 7】華盛頓甚有膽略。不辭冒險。常愛海軍軍人之以大海爲疊靑天爲幕。及與暴風怒濤決戰之壯快。有投効海軍之志。十五歲時。彼尙在小學。伯兄爲彼奔走。得海軍少尉候補生適任書。喜甚。已決意入海軍。而當時海軍士官之放縱。其慈母雅惡之。不欲華盛頓以少壯之身。投効其間。華盛頓遂棄其初志。仍就學焉。

【번역】 위싱턴은 담력과 지략이 대단하여 모험을 마다하지 않았다. 큰 바다를 보루로 삼고 푸른 하늘을 천막으로 삼는 것과 사나운 바람과 성난 파도와 결전하는 해군의 장쾌함을 좋아했던 위싱턴은 해군에 입대할 뜻이 있었다. 나이가 15세로 소학교에 아직 재학 중이었다. 맏형이 위싱턴을 위해 바쁘게 움직여 해군 소위 후보생의 적임서를 얻어 주었다. 위싱턴이 몹시 기뻐하고 해군에 입대하기로 뜻을 이미 정하였다. 하지만 당시 해군 사관의 방종함을 본디 싫어했던 위싱턴의 어머니는 아들이 소년의 몸으로 해군에 입대하는 것을 원치 않았다. 위싱턴은 마침내 그 처음 뜻을 버리고 다시 학교로 돌아갔다.

【㉶ 1장 8】十六歲에 至ᄒ야 小學에 卒業ᄒ고 幾何、三角、測量 各法을 硏究ᄒ야 校傍平原을 實地鍊習ᄒ야 其近傍各地를 皆實 地鍊習으로 精細히 測量ᄒ야 手帳에 一々*書之ᄒ니 人或非笑호 ᄃᆡ 不顧ᄒ더라 盖何事를 不論ᄒ고 實驗**으로써 宗旨를 作ᄒ야 纖毫라도 苟且心이 無ᄒ지라 其細事도 如此ᄒ니 國家社會에 對 待홈을 可知로다

* 々: 같은 글자가 겹칠 때, 아래 글자를 생략한 것을 표시하는 부호.
** 實驗 이해조:實踐道德 정금:丁寧忠實 의춘

【번역】 16세에 이르러 소학교를 졸업하였다. 기하·삼각·측량 등의 여러 방법을 연구하여 학교 근방 평원에서 실습하였다. 그 근방의 여러 땅을 모두 실습하여 자세하게 측량하고 수첩에 일일이 기록하였다. 사람들이 간혹 비웃어도 신경 쓰지 않았다. 대체로 어떤 일이든지 실천하는 것을 으뜸 원리로 삼아서 털끝만큼도 구차한 마음을 가지지 않았다. 이와 같은 작은 일로부터 국가와 사회에 대하는 워싱턴의 태도도 마찬가지였음을 알 수 있다.

【⊕ 1장 8】至十六歲之秋。卒業小學。幾何三角測量各法。皆最後二年研究者。當十六歲夏期。在學校間。因實地練習。測量校舍傍平原。暇時復自測量近傍各地。皆精細行之。一一書之手帳。人或非笑之。不顧也。蓋不論何事。一以實踐道德爲宗旨。無纖毫苟且心者。細事如此。其對待國家社會。可以見矣。世之居常。無所表見而徒爲大言壯語者。豈不可以爲鑑耶。

【번역】16세에 소학교를 졸업하였다. 기하·삼각·측량 등의 여러 방법은 모두 마지막 2년 동안 공부한 것이다. 16세 여름에 학교에 머물며 실습으로 학교 근방 평원을 측량하였다. 한가한 때에 다시 스스로 근방의 여러 땅을 측량하였는데, 모두 세밀하게 실행하고 수첩에 일일이 기록하였다. 사람들이 간혹 비웃어도 신경 쓰지 않았다. 대체로 어떤 일을 막론하고 한결같이 실천도덕을 종지로 삼아 털끝만큼도 구차한 마음이 없었다. 작은 일도 이와 같으니, 그가 국가와 사회에 대응하는 일을 미루어 알 수 있다. 일상생활에서 겉으로 드러내지 않고 대언장어大言壯語27)를 쓸모없는 것으로 여겼다. 어찌 이를 거울삼지 않을 수 있겠는가?

---

27) 대언장어大言壯語: 자기 분수에 맞지 않은 말을 희떱게 지껄임.

【韓 1장 9】是時에 其兄이 培爾嫩邱에 居호지라 華盛頓이 旣卒業홈이 其母ㅣ 此地로 命送호야 其兄으로 同居케 호얏더니 其嫂氏의 父*威亞弗斯ㅣ 英國으로 自호야 來호다가 華盛頓을 見호고 甚히 愛重호니 華盛頓이 世人에 見重홈이 此로 始호더라

* 其嫂氏의 父 이해조: 嫂氏父執 정금: その親族 의춘

【번역】이때, 그 형[28]이 버넌培爾嫩[29] 언덕에서 살았다. 워싱턴이 졸업한 뒤에, 어머니가 이곳으로 보내어 형과 같이 살게 하였다. 형수[30]의 아버지 윌리엄 페어팩스威亞弗斯[31]가 영국에서 와서 워싱턴을 보고 매우 아끼고 존중하니, 세상 사람이 워싱턴을 존중한 것은 이때부터 시작되었다.

28) 형: 조지 워싱턴의 맏형 로렌스 워싱턴(Lawrence WASHINGTON, 1718~1752)을 말한다.
29) 버넌培爾嫩: 마운트 버넌(Mount Vernon)을 말한다. 미국의 초대 대통령 조지 워싱턴의 농원 저택으로, 포토맥강의 언덕에 놓인 페어팩스 군에서 버지니아주 마운트 버넌 근처에 위치하였다.
30) 형수: 로렌스 워싱턴의 부인 앤 페어팩스(Anne Fairfax, 1728~1761)를 말한다.
31) 윌리엄 페어팩스威亞弗斯: 조지 윌리엄 페어팩스(George William Fairfax, 1724. 1. 2.~1787. 4. 3.)는 미국 독립전쟁 이전 시기 식민지 버지니아에서 페어팩스 카운티(Fairfax County)를 대표하는 농장주였고, 조지 워싱턴의 강력한 후원자였다.

【⊕ 1장 9】是時。其伯兄居培爾嫩邱。華盛頓旣卒業於學校。母送之於此。使伯兄同居。適嫂氏父執威亞弗斯來自英國。因伯兄得見華盛頓。大重之。華盛頓之受知於世人。實始於此。

【번역】이때, 맏형이 버넌 언덕에 거주하였다. 워싱턴이 학교에서 졸업하자 어머니가 여기로 보내어 맏형과 같이 살게 하였다. 마침 형수의 아버지 친구[32] 윌리엄 페어팩스가 영국에서 왔다. 맏형을 통해 워싱턴을 만나게 되었는데, 그는 워싱턴을 매우 아끼고 존중하였다. 워싱턴이 세상 사람에게 알려지게 된 것이 실로 이때부터 시작되었다.

---

32) 형수의 아버지 친구: 의춘은 'その親族〔그의 친족〕'이라고 표기했고, 정금은 '嫂氏父執〔형수의 아버지 친구〕'라고 표기했다. 즉 영국에서 건너와 조지 워싱턴을 본 사람은 '페어팩스 卿'으로, 로렌스 워싱턴 장인의 친족이다. 그런데 이 '페어팩스 卿'을 정금은 '형수의 아버지 친구인 윌리엄 페어팩스'라고 했고, 이해조는 '아버지 윌리엄 페어팩스'라고 했다.

【韓】1장 10】威亞弗斯는 文學*에 嫺ᄒ고 賢才를 愛ᄒ더니 華盛頓의 年少質直ᄒ고 沈毅勇敢홈을 深愛ᄒ야 屬地에 出巡홀 時는 必偕行홀식 其判斷이 明晰홈을 愛ᄒ야 屬地의 測量을 付托ᄒ니 其中亞奈加尼山脉이 數十里를 綿亙ᄒ야 大澤、深溪**、谿谷이 多ᄒ고 土人이 猛惡ᄒ야 遷徙가 無常ᄒ고 殺人으로 爲事ᄒ니 堅忍勇敢***ᄒ 者ㅣ 아니면 能往치 못홀지오 當時에 土民****이 定居ᄒᄂ 者ㅣ 無ᄒ지라 故로 區劃處實홈이 實最要ᄒ 急務러라

* 文學 이해조·정금: 文學士 의춘
** 深溪 이해조: 深林 정금·의춘
*** 堅忍勇敢 이해조·정금: 忍耐勇氣 의춘
**** 土民 이해조·정금: 移住民 의춘

【번역】윌리엄 페어팩스는 문학에 능하고 뛰어난 인재를 사랑하였다. 그는 워싱턴이 어린 나이인데도 꾸밈없고 곧으며 침착하고 의연하며 용감한 것을 매우 사랑하여 식민지에 순찰을 나갈 때 반드시 데리고 갔다. 워싱턴의 명석한 판단을 좋아해서 식민지의 측량을 부탁하였다. 수십 리에 걸쳐 길게 이어진 앨러게이니(Allegheny) 산맥에는 큰 호수와 깊은 시내와 계곡이 많았다. 원주민은 몹시 사납고 모질어 끊임없이 이리저리 옮겨 다녔고 사람 죽이는 것을 일삼았다. 그래서 굳은 인내심과 용감성을 소유한 자가 아니면 갈 수 없었다. 당시 정착민 중에 거주지를 정한 자가 없었다. 그래서 구역의 경계를 갈라 처리하는 것은 실로 가장 중요한 급선무였다.

【⊕ 1장 10】威亞弗斯者。頗嫻文學。愛賢才。見華盛頓年少質直沈毅有勇。深愛之。時時偕之出巡屬地。及時從事狐獵。又見其判斷明晰善注意些細之事。遂延之。淺量*屬地。其中亞奈加尼山脈。綿亘數十里。有大澤深林谿谷。土人猛惡。遷徙無常。所以殺人爲樂。非有非常之堅忍勇敢。不能往也。而當時土民無定居是土者。故區劃處置。實最要之急務。

* 淺量 정금: 測量 이해조·의춘

【번역】윌리엄 페어펙스는 문학에 자못 능하고 뛰어난 인재를 사랑하였다. 그는 워싱턴이 어린 나이로 질박하고 곧으며 침착하고 의연한데다가 용기를 지녀 깊이 사랑하였다. 때때로 그와 함께 식민지에 순찰을 나가고 여우 사냥에 나갈 적에 그의 판단이 명석하고 작은 일에도 잘 주의하는 것을 보고 마침내 그에게 식민지를 측량하게 하였다. 그 중에서 앨러게이니 산맥은 수십 리를 길게 이어져 큰 호수와 깊은 숲과 계곡이 있었다. 원주민은 몹시 사납고 모질어 끊임없이 이리저리 옮겨 다녔고 사람 죽이는 것을 즐겨 하였다. 그래서 굳은 인내심과 용감성을 지닌 비범한 자가 아니라면 갈 수 없었다. 당시에 정착민 중에 이 땅에 거주지를 정한 자가 없었기에, 구역의 경계를 갈라 처리하는 것은 실로 가장 중요한 급선무였다.

【🇰🇷 1장 11】華盛頓이 威氏의 付託을 旣受ᄒᆞᆷ이 一七四八年*四月에 殘雪은 未消ᄒᆞᆫ데 測量器를 携ᄒᆞ고 威氏의 子로 同行ᄒᆞᆫ지라 四月十五日에 威氏子ㅣ 華盛頓伯氏에게 貽書ᄒᆞ야 曰某ᄂᆞᆫ 終日事冗이오 現居ᄂᆞᆫ 一小屋이라 每晚餐에 片刻傾談타가 遂皆就寢ᄒᆞ면 寢所ㅣ 不潔ᄒᆞ고 寢具ㅣ 不完ᄒᆞ야 情形이 殊窘이오 是屋이 又卑濕多虱故로 衣履를 不脫ᄒᆞ고 令季**로 共坐達旦云云

* 一七四八年 이해조: 千七百四十八 정금·의춘
** 令季 이해조: 華盛頓 정금: ジョージ 의춘

【번역】위싱턴은 윌리엄 씨의 부탁을 받고서 잔설이 아직 녹지 않은 1748년 4월에 측량기를 가지고 윌리엄 씨의 아들과 동행했다. 4월 15일에 윌리엄 씨의 아들이 워싱턴의 맏형에게 편지를 보냈다.

"저는 온종일 일이 바쁘고, 현재 한 작은 집에 거주하고 있습니다. 매일 저녁 식사에 잠깐 이야기를 나누고 모두 잠자리에 듭니다. 침실이 깨끗하지 않고 침구가 완비되지 않아 형편이 매우 군색합니다. 집은 또 낮은 땅에 위치하여 습기가 차고 이〔虱〕가 많습니다. 그래서 옷과 신발을 벗지 않고 당신의 동생[33]과 함께 앉아서 밤을 지새웁니다."

---

33) 당신의 동생〔令季〕: '남의 동생에 대한 존칭'의 의미이다. 이해조는 호칭을 서신 격식에 맞춰 '令季'로 표기하였고, 정금은 성姓인 '華盛頓'으로 표기하였고, 의춘은 이름인 '조지(George)' 즉 'ジョージ'로 표기하였다.

【㊥ 1장 11】華盛頓旣受威亞弗斯付託。於千七百四十八年四月。殘雪未消之頃。携測量器就道。威亞弗斯之子從焉。四月十五日。威氏子貽書華盛頓伯兄曰。某終日事冗。現所居爲一小屋。每當晚餐畢後。傾談片刻。遂皆就寢。寢所甚爲不潔。寢具亦不完備。情形殊窘。是屋又卑濕多虱。故常不脫衣履。與華盛頓坐以達旦云云。

【번역】워싱턴은 윌리엄 페어펙스의 부탁을 받고서 잔설이 아직 녹지 않은 1748년 4월에 측량기를 가지고 길을 떠났다. 윌리엄 페어펙스의 아들이 따라갔다. 4월 15일에 윌리엄 씨의 아들이 워싱턴의 맏형에게 편지를 보냈다.

"저는 온종일 일이 바쁘고, 현재 거주하는 곳은 한 채의 작은 집입니다. 매번 저녁 식사를 마친 뒤에 잠깐 이야기를 나누다가, 마침내 모두 잠자리에 듭니다. 침실이 너무 더럽고 침구 또한 완비되지 아니하여 형편이 매우 군색합니다. 이 집은 또 낮은 곳에 위치하여 습기가 차고 이[虱]가 많습니다. 그래서 옷과 신발을 벗지 않고 워싱턴과 앉아서 밤을 지새웁니다."

【🇰🇷 1장 12】此는 華盛頓이 其地에 初至ᄒ야 樵夫小屋에 夜宿ᄒ
는 景이라 盖彼ㅣ 富貴에 生長ᄒ야 簍貧의 況을 未知ᄒ니 翠帳紅
閨에 坐臥키는 不必ᄒ나 食은 足히 飢를 免ᄒ고 衣는 足히 寒을
禦ᄒ고 一帳의 床은 足히 安居ᄒ더니 今에 此景을 見ᄒ 則 엇지
驚歎치 아니리오 故로 其報書ㅣ 實不得已 홈이라 然此行이 足히
世人의 行路難을 敎ᄒ이로다 夫深林荊棘은 途에 遮ᄒ고 高山峻
谷은 前에 擁ᄒ며 猛獸는 來襲ᄒ고 土番은 劫掠ᄒ야 種種天然의
奮鬪가 皆英雄의 心膽을 磨鍊ᄒ고 身體를 强健케 홈이니 他年에
建功成業의 一助가 되얏도다

【번역】 이상은 워싱턴이 그 땅에 처음 도착하여 나무꾼의 작은 집에
서 밤을 지내는 광경이다. 대체적으로 부귀한 집에서 자란 그는 가난
을 알지 못하였다. 비취색 휘장과 붉은색 침실에서 앉거나 눕는 것을
바랄 수는 없으나, 먹는 것은 굶주림을 면할 수 있었고, 옷은 추위를
막을 수 있었으며, 휘장을 두른 침상은 편안히 쉴 수 있는 정도는 되
었다. 지금 이 광경을 본다면 어찌 놀라지 않으리오. 그러므로 그 편지
는 참으로 어쩔 수 없는 상황에서 보낸 것이었다. 그러나 이러한 경험
은 족히 세상살이 어려움을 가르치기에 충분하였다. 깊은 숲과 가시
덤불이 길을 막고 높은 산과 험한 계곡이 앞을 에워쌌으며, 사나운 짐
승이 습격해 오고 원주민이 위협하여 약탈해갔다. 가끔 자연과의 분
투는 모두 영웅의 심지와 담력을 갈고닦아 주었으며 신체를 굳세게
만들어주었다. 이는 이후에 공을 세우고 일을 이루는 데에 도움이 되
었다.

【⊕ 1장 12】此華盛頓初至其地。夜宿樵夫小屋時之景也。蓋彼之生長富家者。實未知窶貧之況。固不必起臥於翠帳紅閨。而食足以免飢。衣足以禦寒。一帳之床。足以安居。今觀此景。安得不驚歎耶。故其報書。實不得已也。然此行足敎人世之行路難矣。夫以深林荊棘遮於途。高山峻谷擁於前。有猛獸之來襲。有土番之刦掠。種種天然之奮鬪。皆爲英雄磨練心膽。强健身體。他年建功成業之一助耳。

【번역】이상은 워싱턴이 그 땅에 처음 이르러 나무꾼의 작은 집에서 밤을 지낼 때의 광경이다. 대체적으로 워싱턴은 부귀한 집에서 성장한 사람이라 실제로 가난한 형편을 알지 못하였다. 본디 비취색 휘장과 붉은색 침실에서 앉거나 눕기를 바랄 정도는 아니지만, 먹는 것은 굶주림을 면할 수 있고, 옷은 추위를 막을 수 있으며, 휘장을 두른 침상은 편안히 쉴 수 있었다. 지금 이 광경을 본다면 어찌 놀라지 않을 수 있겠는가. 그러므로 그 편지는 참으로 어쩔 수 없는 상황에서 보낸 것이었다. 그러나 이러한 경험은 세상살이의 어려움을 가르쳐주기에 충분하였다. 깊은 숲과 가시덤불이 길을 막고 높은 산과 험한 계곡이 앞을 에워쌌으며, 사나운 짐승이 습격해 오고 원주민이 위협하여 약탈해갔다. 가끔 자연과의 분투는 모두 영웅의 심지와 담력을 갈고닦아 주었으며 신체를 강건하게 하였다. 이는 나중에 공을 세우고 일을 이루는 데에 도움이 되었다.

【🇰 1장 13】華盛頓이 從事ᄒ지 兩月에 人欲*을 屛絶ᄒ고 精巧ᄒ
心力을 盡ᄒ야 職守를 完全ᄒ니 是後로 測量의 名이 大著ᄒ고 又
其間에 土地의 形勢와 土番의 內情을 知ᄒ야 後日軍事의 關係가
不少ᄒ더라 且決意코 測量學으로 世界에 大用코자 ᄒ야 又三年
을 硏究ᄒ지라 然、彼ㅣ 知己를 得흠이 其結果가 엇지 此에 止ᄒ
리오

* 人欲 이해조·정금: 萬障 의춘

【번역】워싱턴은 2개월 동안 측량하였다. 그는 이 기간에 욕망을 모두
이겨내고 마음의 힘을 다하여 맡은 임무를 정교하게 완수하였다. 이
뒤로 측량에 대한 명성이 크게 알려졌다. 또 그 기간에 지세와 원주민
의 내부 사정을 알아내니, 후일 군대의 일과 관련되는 것이 많았다. 장
차 측량학을 세상에 크게 쓰고자 하는 마음을 먹고 3년을 더 연구하
였다. 워싱턴은 자기를 알아주는 사람을 얻음에 그 결과가 어찌 여기
에 그쳤겠는가?

【⊕ 1장 13】華盛頓從事兩月。屏絶人欲。以綿密精巧之心力。完全
職守。由是測量之名大著。而彼於其間。亦得知土地之形勢土番之
內情。於後來之勝利。關係不少焉。且決意欲以測量之學大用於世。
由是硏究之又三年云。然彼之有此知己。結果尙不止此。

【번역】 워싱턴이 일하는 2개월 동안 인간적 욕망을 모두 끊고 면밀하
고 정교한 마음의 힘으로 맡은 임무를 완수하였다. 이 뒤로 측량에 대
한 명성이 크게 알려졌다. 또 그 기간에 지세와 원주민의 내부 사정을
알아내니, 후일의 군사적 승리는 이와 직결된 것이 많았다. 장차 측량
학을 세상에 크게 쓰고자 결심하여 3년을 더 연구하였다고 한다. 그런
데 그가 이렇게 자기를 알아주는 사람을 얻었으니, 그 결과는 여기에
만 그치지 않았다.

【🇰🇷1장 14】威氏家에 書籍이 甚富ᄒ딕 皆新著오 陳腐흔 者ᄂᆞᆫ 無ᄒ지라 故로 華盛頓이 好學의 宿願을 得償ᄒ야 識見이 益高ᄒ며 其中에 大家亞基遜의 著述을 尤愛ᄒ야 日廣智인딕 多聞을 必先ᄒ고 立德인딕 近仁을 必先ᄒ라 壯歲春秋ᄂᆞᆫ 忽々易逝라 ᄒ더니 英法殖民地戰爭이 初起ᄒᄂᆞᆫ지라 於是에 一世人傑華盛頓의 名이 中外에 聞ᄒ더라

【번역】 윌리엄 집에는 서적이 매우 많았다. 모두 새로운 저술이었고 진부한 책이 없었다. 배움을 좋아하는 워싱턴은 숙원을 이루어 식견이 더욱 높아졌다. 그중에 대가인 애디슨亞基遜[34]의 저술을 매우 좋아하여 이렇게 말하였다.

"지혜를 넓히려면 많이 듣는 것을 반드시 먼저 하며, 덕을 세우려면 인仁을 가까이하는 것을 반드시 먼저 하라. 젊은 시절은 홀연히 금세 지나간다."[35]

영국과 프랑스의 식민지 전쟁이 시작되었다. 이에 한 시대의 영웅 워싱턴의 이름이 안팎으로 알려졌다.

---

34) 애디슨亞基遜: 영국 수필가인 조셉 애디슨(Joseph Addison, 1672~1719)을 말한다.

35) 지혜를…지나간다: 이 구절은 의춘에 없는 내용이다. 정금이 번역하면서 워싱턴에 관한 다른 전기를 참조한 사실을 보여주는 대목이다.

【⊕ 1장 14】威氏之家藏書甚富。且皆新著。無陳腐者。華盛頓故好學。因此得償宿願。識見益高。其中大家亞基遜之著述。尤爲彼所愛讀云。廣智必先多聞。立德必先近仁。壯歲春秋。忽忽易逝。英法殖民地戰爭起。於是。一世之人傑華盛頓之名。聞於中外。

【번역】윌리엄 집에 소장한 책이 매우 많았다. 모두 새로운 저술이었고 진부한 책이 없었다. 워싱턴이 원래 배움을 좋아하였다. 그 덕분에 숙원을 이루고 식견이 더욱 높아졌다. 그중에 대가인 애디슨의 저술을 특히 그가 애독하였다고 한다.

"지혜를 넓히려면 많이 듣는 것을 반드시 먼저 하며, 덕을 세우려면 인仁을 가까이하는 것을 반드시 먼저 하라. 젊은 시절은 홀연히 금세 지나간다."

영국과 프랑스의 식민지 전쟁이 시작되자, 이에 한 시대의 영웅 워싱턴의 이름이 안팎에 알려졌다.

제2장: 영국과 프랑스 식민지 전쟁 및 육군 대좌
〔英法殖民地戰爭及陸軍大佐〕

1755년 7월 9일 새벽, 모논가헬라 강을 건너려 할 때 느닷없이 복병이 습격하였다. 만약 워싱턴이 의연하게 달려가 구원하고 이 큰 패배를 수습하지 않았다면 모논가헬라의 실패가 어찌 여기에 그쳤겠는가.

【🇰 2장 1】一四九二年十月十二日에 可侖布*ㅣ 亞米利加**新大
陸을 發見흔 新報가 西班牙로부터 全歐에 喧傳ㅎ니 各國政府가
其豐饒를 欽羨ㅎ야 其民을 爭移홀시 十七世紀末葉에 北美大西
洋沿岸에 各國殖民地가 殆遍ㅎ더라 先是에 西班牙ㄴ 中央亞米
利加의 墨西哥夫洛利達을 領ㅎ고 法蘭西ㄴ 北亞米利加의 北部
를 領ㅎ니 卽今坎拿大***東部라

* 可侖布 이해조: 哥崙波 정금
** 亞米利加 이해조·의춘: 亞美利加 정금
*** 坎拿大 이해조·정금: 加奈太 의춘

【번역】1492년 10월 12일에 콜럼버스可侖布[36])가 아메리카 신대륙을
발견한 소식이 스페인西班牙으로부터 전 유럽에 떠들썩하게 전해졌다.
여러 나라의 정부가 그 풍요로움을 부러워하여 자국의 백성을 다투어
이주시켰다. 17세기 말엽에 북미 대서양 연안에는 여러 나라의 식민
지가 널리 퍼져 있었다. 이보다 앞서 스페인은 중앙아메리카의 멕시
코墨西哥[37]) · 플로리다夫洛利達[38])를 차지하였고, 프랑스는 북아메리카의
북부를 차지하였으니, 지금의 캐나다坎拿大 동부이다.

36) 可侖布: 아메리카 대륙을 발견한 크리스토퍼 콜럼버스(Christopher Columbus)를
말한다.
37) 멕시코墨西哥: 미국 서남부에 접하여 있는 국가 멕시코(Mexico)를 말한다. 1821
년에 스페인에서 독립하였다.
38) 플로리다夫洛利達: 미국 남동부의 주州 플로리다를 말한다. 주의 면적 대부분은 멕
시코만과 대서양 사이에 위치한 플로리다 반도로 이루어졌다.

【⊕ 2장 1】千四百九十二年十月十二日。哥崙波發見亞美利加新大陸。自西班牙得報。全歐喧傳。各國政府利其豐饒。遂爭移民其地。十七世紀末葉。北美大西洋沿岸。各國殖民地殆遍。先是。西班牙領中央亞美利加墨西哥夫洛利達之地。法蘭西領北亞美利加北部。卽今之坎拿大東部也。自塊倍苦盆斯維克來克昂託沿米司希比大河。至墨西哥灣。

【번역】1492년 10월 12일에 콜럼버스可崙波가 아메리카 신대륙을 발견하였다. 스페인으로부터 소식을 받아 전 유럽에 떠들썩하게 전해졌다. 여러 나라의 정부가 그 풍요로움을 이롭게 생각하여 마침내 그 땅에 백성을 다투어 이주시켰다. 17세기 말엽에 북아메리카 대서양 연안에는 여러 나라의 식민지가 널리 퍼져 있었다. 이보다 앞서 스페인은 중앙아메리카의 멕시코·플로리다의 땅을 차지하였고, 프랑스는 북아메리카의 북부를 차지하였으니 곧 지금의 캐나다 동부이다. 퀘벡塊倍苦39) · 브런즈윅盆斯維克40) · 레이크 온타리오來克昂託41) 연안 · 미시시피米司希比42) 대하로부터 멕시코 만灣까지이다.

---

39) 퀘벡塊倍苦: 캐나다 동부에 있는 주州 퀘벡(Quebec)을 말한다.
40) 브런즈윅盆斯維克: 캐나다 동부에 있는 주州 뉴브런즈윅(New Brunswick)을 말한다.
41) 레이크 온타리오來克昂託: 미국과 캐나다 사이에 있는 5대호의 하나인 레이크 온타리오(Lake Ontario)를 말한다.
42) 미시시피米司希比: 미국 중앙부를 흐르는 미시시피강(Mississippi江)을 말한다. 본류는 아이태스커호(Itasca湖)에서 시작하며, 삼각주를 이루어 멕시코만으로 흘러들어간다. 길이는 6,238km.

【❀ 2장 2】英國殖民地ᄂᆞᆫ 其中央의 巴基尼亞及大西洋沿岸을 領
ᄒᆞ고 荷蘭領地ᄂᆞᆫ 其間에 僅點綴而已러라 當時에 唯英法*二國이
殖民地廣大ᄒᆞᆫ 權力이 有ᄒᆞ야 疆土를 互增ᄒᆞᆫ 故로 二國의 競爭이
愈益激烈ᄒᆞ니

* 英法 이해조 · 정금: 英佛 의춘

【번역】 영국의 식민지는 그 중앙의 버지니아 및 대서양 연안을 차지
하였고, 네덜란드荷蘭[43]의 영지는 그 사이에서 겨우 띄엄띄엄 이어져
있을 뿐이다. 당시에 영국과 프랑스 두 나라만이 광대한 식민지의 권
력을 행사하고 영토를 서로 확장했다. 이 때문에 두 나라의 다툼이 더
욱 격렬하였다.

43) 네덜란드荷蘭: 유럽 서북부에 있는 국가 네덜란드(Netherlands)를 말한다. 의춘은
'和蘭'으로 표기하였다. 荷蘭과 和蘭의 표기법은 'Holland(홀란드)'에서 음차하였
다. 그 이유는 홀란드 주가 네덜란드 영토의 거의 절반을 차지할 뿐만 아니라, 과
거에는 상업 중심지 역할을 하여 홀란드 출신 상인들이 많다 보니 네덜란드가 '홀
란드'로 알려지는 경우가 많았기 때문이다.

【⊕ 2장 2】英國殖民地位於其間。中央爲巴基尼亞。南北占領大西洋沿岸。荷蘭領地僅點綴其間而已。當時新大陸殖民地廣大。有權力惟英法。二國互增疆土。故二國之競爭軋轢。亦愈激烈。

【번역】영국의 식민지는 그 사이에 위치하여 중앙은 버지니아이고 남북은 대서양 연안을 차지하였다. 네덜란드의 영지는 그 사이에 띄엄띄엄 이어져 있을 뿐이다. 당시에 신대륙 식민지는 광대하였다. 영국과 프랑스만이 권력을 행사하여 두 나라가 영토를 서로 확장했다. 이때문에 두 나라의 경쟁과 충돌이 더욱 격렬해졌다.

【(韓) 2장 3】一六八九年으로 一六九七年에 至호야 八年間에 英王
威廉戰爭과 一七零二年으로 一七一三年에 至호야 十二年間에
女王亞睰戰爭과 一七四々年으로 一七四八年에 至호야 四年間에
專興王戰爭이 凡三次에 和局이 未定호더니 專興王戰爭後三年에
英法殖民地의 境界問題로 釁端이 再起호니 法人이 土番을 煽動
호야 英境을 侵홈이 人心이 將且決裂홀지라

【번역】 1689년부터 1697년까지 8년 동안 영국 '윌리엄威廉 왕 전
쟁'[44]과 1702년부터 1713년까지 12년 동안 '앤亞睰 여왕 전쟁'[45]과
1744년부터 1748년까지 4년 동안 '조지專興 왕 전쟁'[46] 등 모두 세
차례에 걸친 전쟁에도 평화 국면을 맞이하지 못했다. '조지 왕 전쟁'이
끝난 지 3년 뒤에 영국과 프랑스 사이의 식민지의 경계 문제는 다시
싸움의 발단이 되었다. 프랑스 사람이 원주민을 선동하여 영국의 경
계를 침입하자, 인심이 술렁거리기 시작하였다.

---

44) 영국 왕 윌리엄威廉 전쟁: 윌리엄 왕 전쟁(King William's War, 1689~1697)을 말한
다. 영국·프랑스 식민지간의 최초의 전쟁이다. 이 전쟁을 발단으로 약 1세기 간에
걸친 영국·프랑스 식민지 전쟁이 전개된다. 이 식민지 전쟁을 통해서 신대륙의 영
국 식민지는 착실히 확대되고, 프랑스 식민지의 후퇴가 시작된다.

45) 여왕 앤亞睰 전쟁: 앤 여왕 전쟁(Queen Anne's War, 1702~1713)을 말한다. 프랑
스의 스페인 병합에 의한 식민지 확대에 위협을 느낀 영국은 이 계승 전쟁에 적극
적으로 참가했다. 북아메리카 식민지에서 교전하였고, 캐나다에서의 프랑스령 식
민지를 공격했다.

46) 조지專興 왕 전쟁: 조지 왕 전쟁(King George's War, 1744~1748)을 말한다. 당시
영국을 통치하고 있던 조지 2세의 이름에 유래된 이름이다. 영국은 1742년 오스
트리아의 마리아 테레지아와 밀약을 맺어 프랑스와 전쟁을 시작했다. 북아메리카
대륙에서는 아카디아와 북부 뉴잉글랜드의 경계를 둘러싸고 식민지 전쟁이 일어
났다.

【⊕ 2장 3】自千六百八十九年。至九十七年。八年間稱爲英王威廉戰爭。自千七百零二年。至千七百十三年。十二年間稱爲女王亞晤戰爭。自千七百四十四年。至千七百四十八年。四年間稱爲專興王戰爭。前後凡三次。雖和局垂成。猶未確定二國殖民地界綫。識者早知其有爭端矣。夫最後之專興王戰爭三年之時。英法殖民地。因境界問題。再起釁。法人煽動土番。侵國境。人心不安。勢將且決裂。

【번역】1689년부터 1697년까지 8년 동안을 영국 '윌리엄 왕 전쟁'으로 일컫는다. 1702년부터 1713년까지 12년 동안을 '앤 여왕 전쟁'으로 일컫는다. 1744년부터 1748년까지 4년 동안을 '조지 왕 전쟁'으로 일컫는다. 지금까지 모두 세 차례의 전쟁에서 평화의 협정이 이루어졌지만, 두 나라의 식민지의 경계선은 아직 확정되지 못하였다. 유식한 자는 이것이 전쟁의 발단이 될 것을 이미 알고 있었다. 저 마지막 '조지 왕 전쟁'이 끝난 지 3년 만에 영국과 프랑스의 식민지 경계 문제는 다시 싸움의 발단이 되었다. 프랑스 사람이 원주민을 선동하여 영국의 국경을 침입하자, 인심이 불안해지고 평화의 국면이 깨지려고 하였다.

【🈯 2장 4】英領殖民地에 民兵을 大集홀식 時에 華盛頓이 年二十에 血氣方盛혼 一靑年이라 宿志를 得償코자 ᄒ야 慈母께 請ᄒ고 陸軍에 投身ᄒ니 是時에 民兵組織을 數區에 分ᄒ고 每區에 少佐 一名을 置ᄒ야 檢閱、監督、練兵三事를 任홀식 華盛頓이 友人의 周旋으로 監督의 命을 受ᄒ야 其間에 從事ᄒ더니 兵書를 繹ᄒ야 兵學家에 求敎ᄒ야 全力을 盡ᄒ기로 誓ᄒ더라

【번역】영국 관할 식민지에서 민병民兵을 크게 모집하였다. 이때 워싱턴은 스무 살의 혈기 왕성한 청년이었다. 일찍부터 품은 뜻을 이루고자 어머니께 간청하여 육군에 입대하였다. 이때, 민병조직을 여러 구역으로 나누고 각 구역에 소좌 한 명을 배치하여 검열·감독·연병練兵의 세 가지 임무를 부여했다. 워싱턴이 친구의 주선으로 감독의 임무를 부여받았다. 그 복무하는 곳에서 군사 서적을 연구하였고, 군사학 전문가에게 가르침을 얻으려 하였으며, 맡은 바 임무에 전력을 다하기로 맹세하였다.

【⊕ 2장 4】英領殖民地。大集民兵。時華盛頓年二十歲。血氣方盛之靑年也。欲乘此償宿志。請於母。投身陸軍。當時民兵之組織。分州爲數區。每區置少佐一名爲將。任檢閱監督練兵三事。華盛頓因友人周旋。受監督之命。從事於其間。意氣踴躍。繹所有兵書。乞敎於兵學家。誓盡全力以完其任焉。

【번역】영국 관할 식민지에서 민병을 크게 모집하였다. 이때 워싱턴은 스무 살의 혈기 왕성한 청년이었다. 이때를 틈타 일찍부터 품은 뜻을 이루고자 어머니께 간청하여 육군에 입대하였다. 당시 민병조직은 주州를 나누어 여러 구역으로 만들었다. 각 구역에 소좌 한 명을 배치하여 통솔자로 삼고, 검열·감독·연병의 세 가지 임무를 맡겼다. 워싱턴이 친구의 주선을 통해 감독의 임무를 받아 그 곳에 복무하였다. 의기가 드높아 소유한 군사 서적을 연구하며 군사학 전문가에게 가르침을 구하였고, 전력을 다하여 그 임무를 완수하기로 맹세하였다.

【🏷️ 2장 5】華盛頓이 受命ᄒ지 未幾에 伯兄의 病이 有ᄒ지라 兄의 病所에 往ᄒᆯᄉᆡ 又痘疾을 麗ᄒ야 叫苦ᄒ다가 不久에 幸愈ᄒ나 兄의 病이 益危ᄒ야 療治가 無效라 巴基尼亞에 偕往ᄒ다가 其兄이 卒ᄒ니 時ᄂᆞᆫ 一七五二年 七月二十六日이라 卒時에 遺囑호ᄃᆡ 遺土를 幼女에게 付ᄒ엿다가 女가 死ᄒ거든 汝ㅣ 繼ᄒ라 ᄒ더니 華盛頓이 嫂氏를 爲ᄒ야 善後히 處置호ᄃᆡ 其職務ᄂᆞᆫ 猶히 不怠ᄒ더라

【번역】워싱턴이 임무를 부여받은 지 몇 개월이 안 되어 맏형이 병에 걸렸다. 워싱턴은 형이 있는 병원에 갔다가 자신도 천연두에 걸렸다. 고통을 호소한 지 오래지 않아 다행히 나았다. 하지만 형의 병은 더욱 위중하여 치료의 효과가 없었다. 버지니아로 함께 갔으나 형이 죽으니, 때는 1752년 7월 26일이다. 형이 죽을 때 '남긴 땅은 어린 딸에게 주었다가, 딸이 죽거든 네가 이어받아라.'라고 유언하였다. 워싱턴은 형수를 위해 뒷마무리를 잘 처리하였다. 하지만 자신의 직무는 결코 소홀히 하지 않았다.

【⊕ 2장 5】華盛頓受命未幾。伯兄忽病。就醫於拔爾勃。後數月華盛頓亦不適。隨兄共至拔爾勃。又病痘痕大苦之。幸不久而愈。然兄病益危。療治罔效。乃偕歸巴基尼亞。無何兄竟卒。時千七百五十二年七月廿十六日也。遺囑遺土與幼女。女死則華盛頓繼之。是時。華盛頓爲嫂處置善後。而己之職務仍不稍怠。

【번역】 워싱턴이 임무를 부여받은 지 몇 개월이 안 되었는데, 맏형이 갑자기 병에 걸려 바베이도스拔爾勃[47]에 치료하러 갔다. 그 뒤 수개월 동안 워싱턴 역시 몸이 편치 않아서 형을 따라 함께 바베이도스에 이르렀다. 또 천연두에 걸려 큰 고통을 겪었지만 다행히 오래지 않아 나았다. 그러나 형은 병이 더욱 위중하여 치료의 효과가 없었다. 그래서 형과 함께 버지니아로 돌아왔다. 얼마 뒤에 형이 갑자기 죽었다. 때는 1752년 7월 26일이다. 형은 '남긴 땅은 어린 딸에게 주었다가, 딸이 죽거든 워싱턴이 이어받아라.'라고 유언하였다. 이때, 워싱턴이 형수를 위해 뒷마무리를 잘 처리하면서도 자신의 직무는 여전히 조금도 게을리하지 않았다.

---

47) 바베이도스拔爾勃: 중앙아메리카 카리브해에 위치한 섬나라이자 영연방 왕국의 일원인 바베이도스(Barbados)를 말한다. 형 로렌스가 결핵에 걸려 요양을 떠난 곳이다.

【🇰 2장 6】巴基尼亞北方監督의 任을 又受ᄒ니 是時ᄂ 華盛頓의 年이 二十二歲러라 越一年에 國民의 一大任務가 華盛頓身上에 又任ᄒ니 時에 英法이 亞奈加尼山西部에 屋淮郁等沃野를 互爭ᄒᆯᄉᆡ 法人은 藉口曰此地ᄅᆯ 法人이 首見ᄒ니 法人이 宜領이라 ᄒ고 英人은 曰土人에게 得ᄒ얏다 ᄒ야 互相不退ᄒ더니

【번역】버지니아 북방을 감독하는 임무를 또 받으니, 이때가 워싱턴의 나이 22세였다. 한 해가 지나자, 국민의 가장 큰 임무가 워싱턴의 몸에 또 맡겨졌다. 이때, 영국과 프랑스가 앨러게이니산 서부의 오하이오星淮郁[48] 등 기름진 들판을 두고 서로 다투었다. 프랑스인이 구실을 대며 말하였다.

"이 땅은 프랑스 사람이 먼저 발견하였으니, 프랑스 사람이 마땅히 차지해야 한다."

영국인이 말하였다.

"원주민에게 얻었다."

서로 물러서지 않았다.

---

48) 오하이오星淮郁: 미국 북동부의 주인 오하이오(Ohio)를 말한다.

【中 2장 6】巴基尼亞州知事亭維棣分州爲四大區。命華盛頓爲北方監督。夫若此大隊區。其責任之大可知。而所委之人之心思才力。爲州知事所依賴。又可知。是爲千七百五十二年。華盛頓二十二歲之時也。越一年。有國民最憂慮之一大任務。臨華盛頓之身。先時。以英法殖民地界綫未劃定。互爭亞奈加尼山西部之屋淮郁等沃野。法人藉口。國人首見其地。宜爲法領。英人亦主張。早自土人得之。各不相讓。

【번역】 버지니아 주지사 딘위디亭維棣[49]는 주州를 나누어 네 개의 대대大隊 구역으로 만들고, 워싱턴에게 북방을 감독하게 하였다. 이와 같이 대대 구역을 나눈 것은 그 책임의 중대함을 알 수 있고, 주지사가 또한 위촉된 사람의 두뇌와 재능을 믿고 의지했음을 알 수 있다. 이는 1752년으로, 워싱턴이 22세 때이다. 한 해가 지났다. 국민이 가장 우려하는 큰 임무가 있었는데, 워싱턴에게 맡겨졌다. 이보다 앞서, 영국과 프랑스가 식민지 경계선을 확정하지 못하였기에 앨러게이니산 서부의 오하이오屋淮郁 등 기름진 들판을 놓고 서로 다투었다. 프랑스 사람이 구실을 대며 '우리나라 사람이 그 땅을 먼저 발견하였으니, 마땅히 프랑스 영토가 되어야 한다.'라고 하였다. 영국 사람도 주장하기를 '일찍이 원주민으로부터 얻었다.'라고 하였다. 각각 서로 양보하지 않았다.

---

49) 딘위디亭維棣: 로버트 딘위디(Robert Dinwiddie, 1693~1770)를 말한다. 영국 식민지 행정 관료로 1751년부터 1758년까지 버지니아 식민지의 총독 대리를 맡았던 인물이다. 1752년 맏형 로렌스가 마운트 버넌에서 죽어갈 때 워싱턴은 로버트 딘위디 버지니아 주지사에게 버지니아 시민군의 행정책임 부관(adjunct-general)의 자리를 청원했다.

【🇰🇷 2장 7】法人이 兵을 大驅ᄒ야 屋淮郁에 入ᄒ야 土人을 誘ᄒ야 英人을 襲殺ᄒ고 其機를 乘ᄒ야 城寨를 完코자 ᄒ니 英官이 不可不一人을 法軍에 送ᄒ야 其由를 詰問ᄒᆯ식 專對의 才ᄂ 少佐 華盛頓을 捨*ᄒ면 足히 當ᄒᆯ 者ㅣ 無ᄒ지라 故로 華盛頓이 其選을 被ᄒ다 旣已오 法軍이 堅壘를 屋淮郁에 盛築ᄒ고 土人을 誘ᄒ야 英小壘를 破壞ᄒ고 商人을 捕ᄒ야 坎拿大로 送至ᄒ니 土番長이 大驚ᄒ야 其意를 詰問ᄒ딕 法將이 己意를 此土地에 行ᄒ다 ᄒ거ᄂᆯ

* 捨 이해조: 舍 정금

【번역】프랑스인이 군사를 크게 몰아 오하이오에 들어가 원주민을 꾀어 영국인을 습격하여 죽이게 하였다. 그리고 그 기회를 틈타서 성채를 완성하려고 하였다. 영국 관리가 할 수 없이 한 사람을 프랑스 군대에 보내어 그 이유를 따져 물으려 하였다. 소좌 워싱턴을 제외하면 사절의 임무를 제대로 수행할 사람은 아무도 없었다. 워싱턴이 그 선택을 받았다. 얼마 있다가 프랑스 군대가 견고한 보루를 오하이오에 성대하게 쌓고, 원주민을 꾀어 영국의 작은 보루를 파괴하고 상인을 사로잡아 캐나다로 보냈다. 원주민 추장이 아주 놀라 그 속셈을 따져 물었다. 프랑스 장군은 '내 뜻을 이 땅에 행사한다.'라고 하였다.

【⊕ 2장 7】 至是。法人率兵。自坎拿大侵入屋淮郁。誘土人襲殺英人。欲乘隙建城寨於此。殖民地之知事議先馳使法軍詰問。挾何權利侵害領土。留兵不退。果是何意。時專對之才。舍少佐華盛頓。無足當者。遂充其選。時華盛頓年二十三耳。既已。法軍於屋淮郁盛築堅壘。誘土人壞英軍小壘。捕貿易商人。送至坎拿大。土番酋長見之大驚。遣使詰問。法將第以行己意於土地爲對。置不理。

【번역】이때 이르러, 프랑스인이 군사를 거느리고 캐나다로부터 오하이오에 침입했다. 원주민을 꾀어 영국인을 습격하여 죽이게 하고, 기회를 틈타서 여기에 성채를 세우려고 했다. 식민지의 주지사가 의논하여 먼저 프랑스 군대에 대사를 보내 다음과 같이 따져 물으려 했다.

"무슨 권리로 영토를 침해하여 군사를 주둔시키고 물러나지 않는데, 과연 이것은 무슨 속셈인가?"

이때, 사절의 임무를 수행할 사람은 소좌 워싱턴을 빼놓고는 감당할 사람이 없었다. 마침내 워싱턴이 선출되어 그 임무를 담당하였다. 이때, 워싱턴의 나이는 겨우 23세였다.

얼마 있다가 프랑스 군대가 오하이오에 견고한 보루를 성대하게 쌓고, 원주민을 꾀어 영국의 작은 보루를 파괴하고 무역 상인을 사로잡아 캐나다로 보냈다. 원주민 추장이 이를 보고 매우 놀라 사절을 보내 따져 물었다. 프랑스 장군은 '내 뜻을 땅에 행사한다'라고 대답할 뿐, 내버려 두고 거들떠보지 않았다.

【🇰 2장 8】於是에 英人에게 救援을 請호니 英州知事가 華盛頓을
立命호야 屋淮郁*으로 送홀시 時는 一七五三年十月三十一日이
라 華盛頓이 四土人及一法語通譯官**을 携호고 溫司里克에 至호
니 其地紳士克士脫氏가 土地情狀에 頗熟혼지라 同行홈을 勸호야
七人이 殖民地를 漸離호고 不毛地를 深入홀시 威亞弗斯의 測量
事를 因호야 其四近을 熟知호니 故道에 重來홈이 甚便호더라

* 屋淮郁 이해조: 維里亞勃 정금: ウィリアムスバーグ 의춘
** 通譯官 이해조·의춘: 繙譯官 정금

【번역】이에 영국사람에게 구원을 요청하니, 영국 주지사가 워싱턴에
게 즉시 명령하여 오하이오[50]로 보냈다. 이때가 1753년 10월 31일이
다. 워싱턴이 4명의 원주민과 1명의 프랑스어 통역관을 이끌고 윌스
크리크溫司里克[51]에 이르렀다. 그 지역의 신사 기스트克士脫[52]가 토지
상황에 자못 익숙하였기에 동행하기를 권하였다. 일곱 사람은 식민지
에서 점차 멀어져 불모지로 깊이 들어갔다. 워싱턴은 윌리엄 페어팩
스가 맡긴 측량 일 덕분에 그 사방 인근 지역을 익숙하게 알고 있었
다. 옛길에 다시 왔기에 매우 편하였다.

50) 오하이오: 정금과 의춘은 각각 '윌리엄즈버그維里亞勃'와 '윌리엄즈버그[ウィリア
   ムスバーグ]'로 표기하였다. 이해조는 독자의 이해를 돕기 위해 워싱턴이 출발하는
   도시인 윌리엄즈버그 대신 도착지인 오하이오屋淮郁로 표기하였다.
51) 윌스크리크溫司里克: 미국 오하이오주州 동부에 있는 윌스크리크(Wills Creek)를
   말한다. 머스킹엄강(Muskingum River)의 지류이다. 미시시피강江 유역에 포함되
   며 유역면적은 2,209km²이다. 건지카운티(Guernsey County) 남부 플레전트시
   (Pleasant市) 근처에서 몇몇 지류가 합류하여 강이 형성된다.
52) 기스트克士脫: 탐험가와 측량사로 활동했던 크리스토퍼 기스트(Christopher Gist,
   1706~1759)를 말한다. 그는 프렌치-인디언 전쟁 기간 동안 워싱턴을 보조하여 전
   령, 국경 안내, 인디언 대응 등의 임무를 수행하였다.

【⊕ 2장 8】遂求援於英。州知事得報。立命華盛頓直發維里亞勃。時千七百五十三年十月三十一日也。華盛頓携四土人及一法語繙譯官。同行至溫司里克。時得其地紳士克士脫氏。頗熟土地情狀。勸之行。於是。同行者七人漸離殖民地。深入不毛。往嘗因威亞弗斯之事。探險亞奈加尼四近。至此。故道重來甚便。

【번역】마침내 영국에 구원을 요청하니, 주지사가 소식을 받고 워싱턴에게 즉시 명령하여 윌리엄즈버그維里亞勃[53]를 곧장 떠나게 하였다. 이 때가 1753년 10월 31일이다. 워싱턴이 4명의 원주민과 1명의 프랑스어 번역관을 이끌고 동행하여 윌스크리크溫司里克에 이르렀다. 이때 그 지역의 신사 기스트克士脫를 만났는데 토지 상황에 자못 익숙하여 동행하기를 권하였다. 이에 동행하는 사람 7명은 식민지에서 점차 멀어져 불모지로 깊이 들어갔다. 지난번에 윌리엄 페어팩스의 일로 말미암아 앨러게이니 사방 인근 지역을 탐험하였었다. 이때 옛길에 다시 와서 매우 편하였다.

---

53) 윌리엄즈버그維里亞勃: 미국 버지니아(Virginia)주 동남부에 있는 도시 윌리엄즈버그(Williamsburg)를 말한다.

【㊐ 2장 9】行未幾에 屋准郁大河上流에 至ᄒ니 其地名은 比次罷古니 卽亞奈加尼及木諾軋拉二大川이 相合혼 處라 華盛頓이 其要害를 見ᄒ고 一寨를 築코자 하다가 使命未畢홈을 因ᄒ야 未果ᄒ고 此大河를 沿ᄒ야 二十英里*를 行ᄒ다가 一村落에 至ᄒ야 土人**을 募集ᄒ야 平議會***를 開ᄒ고 使命의 目的及知事의 意見을 通ᄒ고 數日을 留ᄒ다가 法軍總督牙營을 向ᄒ야 進홀식 酋長이 土人四名을 送ᄒ야 沿道****를 保衛ᄒ다

* 英里 이해조·정금: 英哩 의춘
** 土人 이해조: 土人酋長 정금·의춘
*** 平議會 이해조·정금: 評議會 의춘
**** 沿道 이해조: 沿途 정금

【번역】얼마 안 가서 오하이오 대하 상류에 이르렀다. 그 땅 이름은 피츠버그比次罷古[54]이다. 엘러게이니와 모논가헬라木諾軋拉[55] 두 개의 큰 하천이 서로 합하는 곳이다. 워싱턴은 그 땅이 요해지要害地임을 알고 성채 한 개를 짓고자 하였다. 하지만 사절로서 받은 명령을 아직 완수하지 않았기에 이를 실행에 옮기지 못했다. 이 대하를 따라서 20마일을 가다가 한 촌락에 이르렀다. 원주민을 모집하여 평의회評議會를 열고 사절로서 받은 명령의 목적과 주지사의 의견을 알렸다. 며칠을 머무르다가 프랑스군 총독의 아영牙營[56]을 향하여 나아갈 때, 추장이 원주민 4명을 보내어 연도沿道를 호위했다.

54) 피츠버그比次罷古: 미국 펜실베이니아주에 있는 상공업 도시인 피츠버그 (Pittsburgh)를 말한다. 엘러게이니 강과 모논가헬라 강이 합류하여 오하이오 강이 되는 지점의 엘러게이니 대지 위에 발달한 도시다.
55) 모논가헬라木諾軋拉: 미국 West Virginia주 북부로부터 Pennsylvania주 서남부를 지나 오하이오 강과 합류하는 모논가헬라(Monongahela) 강을 말한다.
56) 아영牙營: 예전에, 지휘를 하는 본부가 있던 군영. 본영本營.

【⊕ 2장 9】行未幾。至屋淮郁大河之始點。其地名比次罷古。卽亞奈加尼木諾軋拉二大川相合處。華盛頓見其地居要害。謀築一寨。置兵守之。以使命未畢。未果。自此沿屋淮郁大河。行二十英里。至一邨落。集土人酋長。開平議會。述使命之目的。通知事之意見。留數日。向法軍總督牙營而進。酋長另遣土人四名。沿途保衛。

【번역】얼마 안 가 오하이오 대하가 시작되는 지점에 이르렀다. 그 땅 이름은 피츠버그이다. 엘러게이니와 모논가헬라 두 개의 큰 하천이 서로 합하는 곳이다. 워싱턴은 그 땅이 요해지임을 알고 성채 한 개를 짓기를 꾀하여 병사를 배치하여 지켰다. 하지만 사절로서 받은 명령을 아직 마치지 않은 까닭에 실행에 옮기지 못하였다. 이로부터 오하이오 대하를 따라서 20마일을 가다가 한 촌락에 이르렀다. 원주민 추장을 모아 평의회를 열고 사절로서 받은 명령의 목적을 말하고 주지사의 의견을 알렸다. 며칠을 머무르다가 프랑스군 총독의 아영을 향하여 나아갔다. 추장이 원주민 4명을 따로 보내어 연도를 호위하게 하였다.

【韓 2장 10】法軍大尉*가 種々謀略을 起ㅎ야 土人을 誘迷코자 ㅎ나 엇지 華盛頓을 欺ㅎ리요 華盛頓이 伊犁湖南에 至ㅎ야 使命을 傳ㅎ니 法總督沈布가 答語호디 某는 長官의 命을 奉ㅎ야 屋淮郁城寨를 守ㅎ니 某는 職을 行홀 뿐이라 ㅎ니 此答詞가 英人所料에 不出ㅎ나 華盛頓이 無禮의 答詞를 得ㅎ고 其城寨陳地**及兵力强弱을 竊探ㅎ야 回歸홀시 道路의 艱阻는 又尋常人의 可堪홀 비 아니라

* 大慰 이해조: 大尉 정금
** 陳地 이해조: 陣地 정금·의춘

【번역】프랑스군 대위가 종종 모략을 세워 원주민을 유혹하였지만, 어찌 워싱턴을 속일 수 있겠는가? 워싱턴이 이리伊犁호[57] 남쪽에 이르러 사절로서 받은 명령을 전하니, 프랑스 총독 생피에르沈布[58]가 대답하였다.

"나는 장관의 명령을 받들어 오하이오 성채를 지키는 것이오. 나의 임무를 행할 뿐이다."

이 대답은 영국인이 헤아린 데에서 벗어나지 않았다. 워싱턴은 무례한 대답을 듣고, 그 성채의 진지 및 병력의 강약을 염탐하였다. 돌아올 때 도로의 험난함은 또 보통 사람이 견딜 바가 아니었다.

57) 이리伊犁호: 오대호를 구성하는 5개 호수 중 가장 남쪽에 위치한 호수 이리호(Lake Erie)를 말한다. 미국 내륙 깊숙한 곳에 있는 이리호의 남쪽 끝자락에 오하이오 주에 속한 커다란 도시 클리블랜드가 있다.

58) 생피에르沈布: 프렌치-인디언 전쟁 시기에 북미 전역에서 요직을 역임한 캐나다의 식민지군 사령관인 자크 르가르되르 드 생피에르(Jacques Legardeur de Saint-Pierre, 1701.10.24.~1755.9.8.)를 말한다.

【⊕ 2장 10】至武嫩谷。法軍大尉種種起謀略。欲迷土人。然終不能欺華盛頓。法軍總督沈布者。在伊犁湖南十五英里。華盛頓旣至。傳使命。而沈布答語甚簡謂。奉長官命。得屋淮郁城寨。某此來。知行職而已。此答詞不出英人所料。而華盛頓旣得其無禮答詞。遂竊探其城寨陣地及兵力强弱而歸。歸路之艱阻。又非常人所堪云。

【번역】 베난고武嫩谷[59]에 이르렀을 때, 프랑스군 대위[60]가 종종 모략을 세워 원주민을 유혹하였다. 하지만 끝내 워싱턴을 속일 수 없었다. 프랑스군 총독 생피에르가 이리호 남쪽 15마일 떨어진 곳에 있었다. 워싱턴이 도착한 뒤에 사절로서 받은 명령을 전하니, 생피에르가 매우 간략하게 말하였다.

"장관의 명령을 받들어 오하이오 성채를 얻기 위해 나는 이곳에 왔다. 행해야 할 임무로 알고 있을 뿐이다."

이 대답은 영국인이 헤아린 데에서 벗어나지 않았다. 워싱턴은 무례한 대답을 듣고 나서, 마침내 그 성채의 진지 및 병력의 강약을 염탐하여 돌아왔다. 돌아오는 길의 험난함은 또 보통 사람이 견딜 바가 아니었다.

---

59) 베난고武嫩谷: 프렌치 크릭(French Creek)과 앨러게이니 강이 합류하는 지점에 위치했던 미국 원주민 마을로인 베난고 카운티(Venango County)를 말한다.
60) 프랑스군 대위: 의춘은 프랑스군 대위의 이름을 '욘셀(ヨンセール)'로 표기하였는데, 뉴 프랑스 장교이자 프렌치-인디언 전쟁 기간 동안 이로쿼이 부족들과 함께 일했던 통역가인 루이-토마 샤베르 드 존케르(Louis-Thomas Chabert de Joncaire, 1760~1739. 6. 29.)를 말하는 것으로 보인다.

【🇰 2장 11】維里亞勃의 道ㅣ 艱險으로 天下에 冠絕이라 懸崖絕壁이 磴道의 可尋도 無ㅎ고 緪繂의 可挽도 無흔데 況窮陰殺節에 積雪이 載途라 崩雪이 墮下ㅎ니 可避홀 所를 不得ㅎ고 波浪이 大起ㅎ니 可渡의 方이 全迷흔지라 其護衛의 土人이 法人의 持囑을 承ㅎ야 中途暗走ㅎ고 法人이 間諜을 又遣ㅎ야 頻々暗擊ㅎ니 愛馬忠僕이 或仆或臥에 侍從者ㅣ 唯克斯脫一人이 僅脫흔지라 一望迷漫에 村舍를 未得ㅎ고 糇糧이 見無ㅎ나 然華盛頓이 不撓不屈ㅎ고 精神을 益勵ㅎ야 翌年一月二十六日에 維里亞勃에 乃歸ㅎ니 克斯脫이 自此로 華盛頓을 服事ㅎ더라

【번역】 윌리엄즈버그의 길은 험난한 것으로 천하에 으뜸이었다. 깎아지른 언덕과 낭떠러지에 난 비탈길을 찾을 수도 없고 밧줄을 당길 수도 없었다. 더군다나 섣달의 살벌할 계절에 쌓인 눈이 길에 가득하였다. 무너진 눈이 아래로 떨어져 피할 곳을 찾지 못하였고, 물결이 크게 일어나서 건널 수 있는 방법을 도무지 찾을 수 없었다. 호위하는 원주민은 프랑스인의 사주를 받아 중도에 몰래 달아났고, 프랑스인은 간첩을 보내어 자주 습격하였다. 아끼는 말과 충직한 노복이 쓰러지거나 드러누웠다. 시종하는 사람 중에 기스트 한 사람만 겨우 탈출하였다. 시야가 너무 흐려 시골 마을 집을 찾지 못하였고 양식도 얻을 수 없었다. 하지만 워싱턴은 흔들리거나 굽히지 않고 정신을 더욱 가다듬어 다음 해 1월 26일에 윌리엄즈버그에 마침내 돌아왔다. 기스트가 이때부터 워싱턴을 복종하여 모시었다.

【⊕ 2장 11】維里亞勃之道。本以艱險冠絶天下。懸崖絶壁。無磴道可尋。無緪繘可挽。矧窮陰殺節。急景凋年。積雪戴途。朔風裂膚。崩雪墮於上。失却避之所。波浪起於壑。迷欲渡之方。其護衛之土人。又受法人指使。棄之于途。法軍之間諜。屢要而擊之。愛馬忠僕。仆而又起。時侍從者。僅克斯脫一人而已。滿望迷漫。曠無村舍。身無見糧。幾瀕於危。然華盛頓以不撓不屈之精神。益因此磨練勇氣。翌年一月二十六日*。乃歸於維里亞勃。克斯脫自此。長事華盛頓之下矣。

* 一月三十六日 정금: 一月二十六日 독도 수정

【번역】 윌리엄즈버그의 길은 본래 험난한 것으로 천하에 으뜸이었다. 깎아지른 언덕과 낭떠러지는 비탈길을 찾을 수도 없고 밧줄을 당길 수도 없었다. 더군다나 이미 한 해가 저무는 섣달의 살벌할 계절에 쌓인 눈이 길에 가득하였다. 북풍이 살갗을 에이었고, 무너진 눈이 위에서 떨어져 피할 곳을 잃었다. 물결이 골짜기에서 일어나 건너려는 방법을 찾을 수 없었다. 호위하는 원주민은 프랑스인의 사주를 받아 그들을 길에 버렸다. 프랑스군의 간첩은 누차 잠복하였다가 그들을 공격하였다. 아끼는 말과 충직한 노복이 쓰러졌다가 또 일어났는데, 이때 시종하는 사람은 겨우 기스트 한 사람뿐이었다. 시야가 너무 흐려 시골 마을 집을 전혀 찾을 수 없었고 몸은 양식을 먹을 수 없어 거의 위태로운 지경에 빠졌다. 하지만 워싱턴은 흔들리거나 굽히지 않는 정신으로 이로 인하여 더욱 용기를 갈고 닦았다. 다음 해 1월 26일에 윌리엄즈버그에 마침내 돌아왔다. 기스트는 이때부터 워싱턴의 휘하에서 오래도록 모시었다.

【🇰 2장 12】知事亭維棣ㅣ 法總督의 言을 聞ㅎ고 大怒ㅎ야 兵備를 整頓ㅎ야 華盛頓에게 委任ㅎ고 比次罷古地에 城砦를 築홀ㅅ〕 知事ㅣ 民兵을 夏募ㅎ야 大佐夫里로 統ㅎ고 華盛頓을 擢ㅎ야 中佐를 삼으니 法將康帶克이 聞知ㅎ고 法兵及土人若干을 率ㅎ야 亞奈加尼를 來襲ㅎ다

【번역】 주지사 딘위디가 프랑스 총독의 말을 듣고 크게 노하여 군사 시설과 장비를 정돈하고 워싱턴에게 위임하였다. 피츠버그 땅에 성채를 쌓을 때 주지사가 민병을 다시 모집하여 대령 프라이夫里[61]가 통솔하게 하고, 워싱턴을 발탁하여 중좌로 삼았다. 프랑스 장군 콩트르쾨르康帶克[62]가 이 소식을 듣고 프랑스 병사와 원주민 약간을 이끌고 엘러게이니를 습격해 왔다.

---

61) 프라이夫里: 버지니아 민병대의 사령관인 조슈아 프라이(Joshua Fry)를 말한다. 그는 듀켄 요새를 점령하라는 명령을 받고, 오하이오 컨트리로 진군하는 동안 말에서 떨어져 부상을 입고 1754년 5월 31일 사망했다.
62) 콩트르쾨르康帶克: 당시 누벨 프랑스(Nouvelle France)의 식민지군 장교 클로드-피에르 페코디 드 콩트르쾨르(Claude-Pierre Pécaudy de Contrecœur, 1705.12.28.~1775.12.13)를 말한다.

【⊕ 2장 12】知事亭維棣聞總督言大怒。決意整頓兵備防法人蠶食。募勇二百。隷於華盛頓。命於所選要害比次罷古地築城砦。知事更募民兵。使大佐夫里統之。擢華盛頓於中佐爲之副。時大尉頓脫已先往。法將康帶克聞之。率法兵及土人若干。沿亞奈加尼來襲。捕獲兵士。急繕城據之。名梯肯城。

【번역】주지사 딘위디가 프랑스 총독의 말을 듣고 크게 노하고, 군사 시설과 장비를 정돈하여 프랑스인이 잠식해 들어오는 것을 막고자 결심하였다. 용감한 병사 2백 명을 모집하여 워싱턴에게 예속시켰고, 요해지로 선정된 피츠버그 땅에 성채를 지으라고 명령하였다. 주지사가 민병을 다시 모집하여 대좌 프라이로 하여금 통솔하게 하고, 워싱턴을 중좌로 발탁하여 그의 부관으로 삼았다. 이때 대위 트렌트頓脫[63]가 이미 먼저 갔었다. 프랑스 장군 콩트르쾨르가 이 소식을 듣고 프랑스 병사와 원주민 약간을 이끌고 엘러게이니 하천을 따라 습격해 와서 영국 병사를 붙잡아 갔다. 트렌트는 급히 성채를 수리하여 용감하게 지키고 '듀켄梯肯 성'[64]이라고 명명하였다.

---

63) 트렌트頓脫: 펜실베이니아 식민지를 거점으로 활동하던 모피 교역상 출신 군인 윌리엄 트렌트(William Trent, 1715.2.13.~1787)를 말한다.
64) 듀켄梯肯 성: 1754년 프랑스군이 엘러게이니 강과 모논가헬라 강의 합류 지점에 세운 듀켄 요새(Fort Duquesne)를 말한다.

【🇰🇷 2장 13】華盛頓이 中途에서 法兵의 來흠을 知ᄒ고 急히 知事께 報ᄒ야 兵備를 增ᄒ고 木諾軋拉에 築城흠을 請ᄒ더니 未幾에 克斯脫이 報호디 法軍一帶*가 格來特密五英里에 在ᄒ다 ᄒ니 華盛頓이 兵四十人을 率ᄒ고 潛夜에 土人村落에 至ᄒ야 其酋長을 誘ᄒ야 法兵을 擊ᄒ고 法將裘蒙弼을 殺ᄒ니 時ᄂ 一七五四年三月二十八日이러라

* 一帶 이해조: 一隊 정금·의춘

【번역】위싱턴이 중도에서 프랑스 병사가 온 것을 알고 급히 주지사에게 보고하여 군사 시설과 장비를 늘리고 모논가헬라木諾軋拉에 성채를 쌓을 것을 요청하였다. 얼마 안 되어 기스트가 보고하기를 '프랑스군 한 부대가 그레이트 메도우格來特密[65]에서 5마일 떨어져 있다'고 하였다. 위싱턴이 병사 40명을 이끌고 몰래 밤에 원주민 마을에 이르러 그 추장을 꾀어 프랑스 병사를 공격하게 하였고, 프랑스 장군 주몽빌裘蒙弼[66]을 죽였다. 때는 1754년 3월 28일이었다.

[65] 그레이트 메도우格來特密: 앨러게이니 산맥의 서쪽에 있는 고산 평야지대인 그레이트 메도우(Great Meadows)를 말한다.

[66] 주몽빌裘蒙弼: 프랑스 장교인 조제프 쿨롱 드 주몽빌(Joseph Coulon de Jumonville)을 말한다. 그는 '주먼빌 글렌 전투(Battle of Jumonville Glen)' 또는 '주먼빌 사건(Jumonville affair)'에서 조지 위싱턴이 이끄는 버지니아 식민지군에게 습격을 받고 포로로 잡혔다가 살해당하였다. 이 전투는 프렌치-인디언 전쟁의 첫 전투로, 7년 전쟁의 포문을 연 사건이다.

【⊕ 2장 13】華盛頓中途得報。急牒諸州知事。非增兵備。戰不可。己則欲於木諾軋拉沿岸急築一城。以資拒守。遂猛然前進。忽諜知法軍大進。因于格來特密。暫事堵禦以待之。未幾。克斯脫報法軍一隊已在格來特密五英里以內。華盛頓欲急捕之。率兵士四十。乘夜潛至土人邨落。誘酋長。突擊其兵。殺法將裘蒙弼。兵士或死或傷。俘二十一名以歸。時千七百五十四年三月二十八日也。

【번역】워싱턴이 중도에서 소식을 듣고 주지사에게 급히 보고하기를 '군사 시설과 장비를 늘리지 않으면 싸움을 할 수 없습니다. 저는 모논가헬라 연안에 한 개의 성채를 급히 쌓아 적군을 막아 지키는 바탕으로 삼고자 합니다.'라고 하였다. 드디어 맹렬하게 전진하는데, 뜻밖에 프랑스 군대가 대규모로 행진한다는 것을 첩보로 알았다. 그레이트 메도우에 의지하여 잠시 방어벽을 설치하면서 기다렸다. 얼마 안 되어 기스트가 보고하기를 '프랑스군 한 부대가 그레이트 메도우로부터 5마일 거리에 있다'고 하였다. 워싱턴이 급히 사로잡고자 병사 40명을 이끌고 밤을 틈타 몰래 원주민 마을에 이르렀다. 추장을 꾀어 프랑스 병사를 공격하였고, 프랑스 장군 주몽빌을 죽였다. 병사가 죽거나 다쳤고, 21명을 사로잡아 돌아왔다. 때는 1754년 3월 28일이었다.

【㊐ 2장 14】是時에 夫里大佐ㅣ 病死ㅎ니 華盛頓이 其職을 繼ㅎ야 巴基尼亞兵士를 麾下에 盡集ㅎ실ㅅ 法軍이 必來復襲*홈을 知ㅎ고 格來特密牙營을 修ㅎ야 百計로 防禦ㅎ니 此ᄂᆞᆫ 奈塞啓寨**라

* 復襲 이해조: 復讐 정금·의춘
** 寨 이해조: 塞 정금·의춘

【번역】이때, 프라이 대령이 병으로 죽었다. 워싱턴이 그 직책을 이어 받아 버지니아 병사를 휘하에 다 모았다. 프랑스군이 다시 와서 반드시 습격할 것을 알고 그레이트 메도우 아영을 수리하여 온갖 계책으로 방어하니, 이것이 네세시티奈塞啓[67] 요새이다.

---

(67) 네세시티奈塞啓 요새: 1754년 조지 워싱턴이 이끄는 버지니아 민병에 의해 세워진 작은 방책으로, 오늘날 펜실베이니아 주 파예트(Fayette) 카운티의 파밍턴 인근에 위치했던 네세시티 요새(Fort Necessity)를 말한다. '네세시티 요새 전투(Battle of Fort Necessity)'는 '그레이트 메도우 전투(Battle of the Great Meadows)'라고 불리는데, 이 전투는 프렌치 인디언 전쟁의 단서가 된 전투 중하나였다. 이 전투는 조지 워싱턴에게 유일한 항복의 패전을 안겨주었으며, 같은해 5월 28일 '주먼빌 글렌 전투'와 함께, 7년 전쟁이 확전되는 원인을 제공했다.

【⊕ 2장 14】斯時。夫里大佐病斃。因氏繼之。華盛頓盡集巴基尼亞兵于己下。指揮其聯隊。知法軍必來復讐。遂脩格來特密牙營。百計防禦。是爲奈塞啓塞。

【번역】이때 프라이 대령이 병으로 죽었다. 이네스因[68] 씨가 그 뒤를 물려받았고, 워싱턴은 버지니아 병사를 자기 휘하에 다 모아 그 연대聯隊를 지휘하였다. 프랑스군이 반드시 와서 복수할 것을 알고, 마침내 그레이트 메도우 아영을 수리하여 온갖 계책으로 방어하니, 이것이 네세시티 요새이다.

---

[68] 이네스因: 조슈아 프라이의 뒤를 이어 프렌치-인디언 전쟁 기간 동안 식민지 군의 총사령관을 역임했던 제임스 이네스(James Innes, 1700~1759. 9. 5.)를 말한다. 그는 조슈아 프라이 대령이 병사하자, 버지니아 연대의 지휘를 맡은 워싱턴의 상사로 부임하였다.

【🇰🇷 2장 15】時에 法軍이 屋淮郁野에 在호야 尼恰軏*、爾布夫**
二寨로 根據地를 作호고 大軍數萬을 擁호야 西方으로 向호야 英
殖民地를 侵코자 홀시 香巴侖湖畔에 城을 築호고 間道로 紐約을
將迫호야 數千兵士를 常屯호고 英殖民地에 虛實을 窺호더라

* 尼恰軏爾 이해조: 尼恰軏 독도 수정
** 布夫 이해조: 爾布夫 독도 수정

【번역】이때, 프랑스군은 오하이오 들판에 있었다. 나이아가라尼恰軏[69]
와 르뵈프爾布夫[70] 두 요새를 근거지로 삼았다. 수만 명의 대군을 거느
리고 서쪽 방면으로 향하여 영국 식민지를 침입하고자 샘플레인香巴
侖[71] 호숫가에 성을 쌓았다. 샛길로 뉴욕紐約[72]을 장차 치려고 수천의
병사가 상시 주둔하였고, 영국 식민지의 내부사정을 엿보았다.

69) 나이아가라尼恰軏: 미국과 캐나다 사이에 걸쳐있는 나이아가라 폭포(Niagara Falls)
　　를 말한다. 미국 뉴욕 주와 경계를 이루면서 온타리오 호수(Ontario Lake)와 이리
　　호수(Erie Lake)를 잇는 나이아가라 강 서쪽에 위치한다.
70) 르뵈프爾布夫: 펜실베이니아주 워터포드에 있는 르뵈프(Leboeuf) 요새를 말한다.
71) 샘플레인香巴侖: 샘플레인호(Lake Champlain)를 말한다. 미국 뉴욕주州 북동부와
　　버몬트주 사이에 있는 호수이다. 1609년 프랑스 탐험가 S.샹플랭이 발견하였고,
　　전략 요충지인 이곳에서 인디언과 프랑스군의 전쟁(1754~1760), 미국 독립군과
　　영국군과의 밸쿠어섬 전투(1776)가 있었다.
72) 뉴욕紐約: 허드슨 강 어귀에 자리잡은 항구도시이며 미국에서 가장 큰 도시권의 중
　　심지인 뉴욕시티(New York City)를 말한다. 맨해튼·스테튼·롱 아일랜드의 서쪽
　　끝부분, 본토의 일부, 뉴욕 항과 롱 아일랜드 해협의 여러 섬으로 이루어져 있다.

【⊕ 2장 15】時法軍在屋淮郁之野。以尼恰軋爾布夫二塞爲根據。兼有梯肯之要害。擁大軍數萬。將自西方衝英領殖民地中央。在聖多廉士灣者。有塊培苦之堅壘。嵬然高聳。將於香巴侖湖畔築啓孔突城。自開道迫紐約。近里司巴格亞爾干棟二砦之國境。屯數千兵士守之。常窺英殖民地虛實。

【번역】이 때에 프랑스군은 오하이오 들판에 있었다. 나이아가라와 르뵈프 두 요새로 근거지를 삼았고, 겸하여 듀켄梯肯의 요해지를 두었다. 수만 명의 대군을 거느리고 장차 서쪽 방면으로부터 영국 식민지 중앙을 치려고 하였다. 세인트로렌스聖多廉士 73)만灣은 퀘벡塊培苦74)의 견고한 보루가 우뚝 솟아 있다. 장차 샘플레인 호숫가에 타이콘데로가啓孔突75)성을 쌓아 샛길로부터 뉴욕을 치려고 하였다. 루이스버그里司巴格76)와 아카디아亞爾干棟77) 두 성채에 가까운 국경에 수천의 병사가 항상 주둔하여 지키며 항상 영국 식민지의 내부 사정을 엿보았다.

---

73) 세인트로렌스聖多廉士: 세인트로렌스-만(Saint Lawrence灣)을 말한다. 캐나다 동남부, 래브라도반도와 노바스코샤반도 사이로 깊숙이 들어간 만이다.

74) 퀘벡塊培苦: 캐나다 동부에 위치한 퀘벡(Quebec) 주를 말한다. 북쪽은 허드슨 해협·언게이바 만, 동쪽은 뉴펀들랜드 주, 남동쪽은 세인트로렌스 만·뉴브런즈윅 주, 남쪽은 미국, 서쪽은 온타리오 주·허드슨 만과 경계를 이룬다.

75) 타이콘데로가啓孔突: 타이콘데로가 요새(Fort Ticonderoga)를 말한다. 전략적 요충지인 샘플레인 호수(Lake Champlain)에 위치한 요새이다. 이 요새는 프랑스가 이 지역의 지배권을 유지하기 위해 만든 요새이다.

76) 루이스버크里司巴格: 캐나다 Nova Scotia 주州 Cape Breton 섬 남동부의 요새인 루이스버그(Louisbourg)를 말한다.

77) 아카디아亞爾干棟: 캐나다 동북부 지역에 존재하던 옛 프랑스 식민지인 아카디아(Acadia)를 말한다. 퀘벡 주의 동쪽과 노바스코샤 주, 뉴브런즈윅 주, 프린스에드워드아일랜드주(PEI), 그리고 미국의 뉴잉글랜드 북부 메인 주와 중서부 시카고, 디트로이트, 클리블랜드 등의 지역이 여기에 해당한다.

【㉠ 2장 16】時에 英殖民地의 形勢가 常備軍隊는 無호고 倉皇失
措호야 民兵을 徵募호딕 兵額이 未足호고 器械及彈藥이 未備호
고 軍壘及城寨가 未成이라 故로 若、法軍이 一步를 得進호면 諸
城이 繼陷호야 英有는 夏無홀지라 當時法軍의 兵力이 亞奈加尼
方面으로 專注호니 華盛頓의 責任이 重大훈지라

【번역】이때 영국 식민지의 형세는 상비군이 없어 당황하여 어쩔 줄
몰랐다. 민병을 불러서 모집하였는데 군사의 수효가 부족하였다. 병기
와 탄약이 갖춰지지 않았고 군루와 성채가 완성되지 못하였다. 그러
므로 만약 프랑스군이 한 걸음만 전진하면 여러 성이 연이어 함락하
여 영국의 차지는 다시는 되지 못할 것이다. 당시 프랑스군의 병력이
앨러게이니 방면으로 전력을 집중하니, 워싱턴의 책임이 중대하였다.

【⊕ 2장 16】時英殖民地之形勢。以平時無常備軍隊。一時倉皇失措。徵募民兵。尚未足額。兵器彈藥。則未備。城寨守備則未成。故法軍得進一步。即諸城相繼告陷。無有爲英有者矣。而當時敵軍兵力全注亞奈加尼方面。華盛頓責任亦大矣哉。故彼無論如何。必阻法軍在亞奈加尼以西。不得東進一步。始得乘間布置。使殖民地兵備稍固。再謀進擊也。

【번역】 이때, 영국 식민지의 형세는 평상시에 상비군이 없어 한동안 당황하여 어쩔 줄 몰랐다. 민병을 불러서 모집하였는데 아직 군사의 수효가 부족하였다. 병기와 탄약은 갖춰지지 않았고 성채의 방비는 마무리되지 않았다. 그러므로 만약 프랑스군이 한 걸음만 전진하면 곧 여러 성이 잇따라서 함락을 고하여 영국을 위한 소유는 되지 못할 것이다. 당시 적군의 병력이 앨러게이니 방면으로 전력을 쏟으니, 워싱턴의 책임이 또한 중대하였다. 그러므로 그는 어떻게 해서든지 반드시 프랑스군이 앨러게이니 서쪽에 머무르도록 저지하여 동쪽으로 한 걸음도 전진할 수 없게 하였다. 비로소 틈을 타서 적절히 배치하여 식민지 군사시설과 장비를 점점 견고하게 하고, 다시 진격을 도모하였다.

【(韓) 2장 17】時에 幕下에 大尉*麥寇者ㅣ 有ᄒ니 卽英國에셔 派來
ᄒ 陸軍士官이라 固請호ᄃᆡ 殖民地를 退保ᄒ야 英王의 命을 待ᄒ
자 ᄒ니 華盛頓이 堅持ᄒ야 曰吾ㅣ 國境을 退守ᄒ면 吾軍은 可安
이나 然吾軍이 屢敗라도 數日을 遲滯ᄒ면 吾殖民地의 兵備가 稍
固ᄒ리라 ᄒ야 巴基尼亞隊將을 率ᄒ고 數英里를 進ᄒ야 防敵코
자 ᄒ더니**

* 大慰 이해조: 大尉 독도 수정
** '巴基尼亞隊將을 率ᄒ고 數英里를 進ᄒ야 防敵코자 ᄒ더니' 이해조: '巴基尼亞隊를
率ᄒ고 將數英里를 進ᄒ야 防敵코자 ᄒ더니' 독도 수정

【번역】이 때에 막하에 맥케이麥寇[78] 대위가 있었는데, 바로 영국에서
파견되어 온 육군 장교였다. (그는) 강경하게 요청하기를 '식민지를 물
러나 지키면서 영국 왕의 명령을 기다립시다'라고 하였다. 워싱턴이
자신의 주장을 고수하며 말했다. "내가 국경을 물러나 지키면 우리 군
사는 안전할 수 있다. 하지만 우리 군사가 누차 패하더라도 며칠을 버
티면 우리 식민지의 군사 시설과 장비가 점점 견고해질 것이다." 버지
니아 부대를 거느리고 몇 마일을 전진하여 적군을 막고자 하였다.

78) 맥케이麥寇: 프렌치-인디언 전쟁에서 영국군 대위로 복무했던 제임스 맥케이
(James Mackay, 1718~1785)를 말한다. 1754년 7월 3일 그레이트 메도우 혹은 네
세시티 요새 전투에 조지 워싱턴과 함께 공동 사령관으로 참전했다.

【⊕ 2장 17】時幕下有大尉麥寇者。英國派來之陸軍士官也。固請此策甚危。不如退保殖民地以從英王命。華盛頓堅持不可。以爲退守國境。固將使吾軍安全。然縱使吾軍屢敗。寧防之於途。荏苒數日。得使殖民地兵備稍固也。由是華盛頓奮然。率巴基尼亞隊。將占領距前數英里之一地以防敵。

【번역】이 때에 막하에 맥케이麥寇 대위가 있었는데, 영국에서 파견되어 온 육군 장교였다. (그가) 강경하게 요청하기를 '이 계책은 매우 위험합니다. 물러나 식민지를 지키면서 영국왕의 명령을 따르는 것만 못합니다.'라고 하였다. 워싱턴은 '불가'하다는 주장을 고수하며 말하였다. "물러나 국경을 지키면 진실로 우리 군사를 안전하게 할 수 있을 것이다. 하지만 가령 우리 군사가 누차 패하더라도 차라리 길에서 방어하며 며칠을 보내면 식민지의 군사시설과 장비를 점점 견고하게 할 수 있을 것이다." 이로 말미암아 워싱턴은 용감하게 일어나 버지니아 부대를 거느리고 장차 전방 몇 마일 떨어져 있는 한 지역을 점령하여 적군을 막으려 하였다.

【㉿ 2장 18】法軍의 大兵이 其地를 已占호지라 巴基尼亞*聯隊를 命호야 法軍를 敵호니 麥竂ㅣ 必敗홈을 亟稱호딕 華盛頓이 叱호야 日吾ㅣ 胸中에 有策이어늘 爾ㅣ 何憂오 호고 士卒을 督促호야 防禦의 未成호 者를 續修호더라 忽、敵軍이 大至호야 砲擊이 甚 烈호거늘 華盛頓이 應戰치 아니호야 寂々홈이 無人과 如호더니 移時에 法軍이 直至호는지라

* 基尼亞雅 이해조: 巴基尼亞 독도 수정

【번역】프랑스 대군이 그 지역을 이미 점령하였기에 버지니아 연대에 명령하여 프랑스군을 대적하게 했다. 맥케이가 '반드시 패할 것이다' 라고 자주 말하자, 워싱턴이 질책했다. "내 마음에 계책이 있는데 그대 는 무슨 걱정을 하는가?" 병사들을 독촉하여 온전치 못한 방어벽을 보 수했다. 갑자기 적군이 대거 쳐들어와 대포의 공격이 몹시 매서웠다. 워싱턴이 싸움에 응하지 않아 사람이 없는 것처럼 고요하였는데, 잠 시 뒤에 프랑스군이 곧바로 들이닥쳤다.

【⊕ 2장 18】忽得報法軍大兵已陣其地。不得已退。阨奈塞啓塞。命巴基尼亞聯隊。當敵之大軍。麥寇亞稱必敗。華盛頓奮叱之曰。胸中有策。何憂爲。益督促士卒。續脩防禦之未成者。旣而敵軍大至。砲擊甚猛烈。我軍不卽應。寂若無人。移時敵軍迫塞。

【번역】뜻밖에 프랑스 대군이 그 지역에 이미 진을 쳤다는 첩보를 들었다. 어쩔 수 없이 물러나 엣세시치 요새에 웅거하고, 버지니아 연대에게 명령하여 프랑스군을 대적하게 하였다. 맥케이가 '반드시 패할 것이다'라고 자주 외치자, 워싱턴이 질책하였다. "마음에 계책이 있는데 무슨 걱정을 하는가?" 병사들을 더욱 독촉하여 온전치 못한 방어벽을 보수하였다. 이윽고 적군이 대거 쳐들어와 대포의 공격이 대단히 맹렬하였다. 아군은 곧장 싸움에 응하지 않아 사람이 없는 것처럼 적막하였는데, 한참 뒤에 적군이 요새를 공격하였다.

【🇰🇷 2장 19】於是에 英兵이 吶喊衝出ᄒ고 伏兵이 又應ᄒ야 勇戰
奮鬪ᄒ니 法兵의 死者ㅣ 無算이라 華盛頓이 鼓*勇不屈ᄒ야 越屍
曼進ᄒᄃᆡ 法將杜理ㅣ 和를 請ᄒ니 此ᄂᆞᆫ 華盛頓의 絶妙機會라 因
約ᄒᄃᆡ 城寨를 讓出ᄒ면 一年을 休戰ᄒ다 ᄒ니 法將이 許諾ᄒ다
是役에 英兵死者ㅣ 僅十二오 傷者ㅣ 四十二라 旣還에 知事ㅣ 稱
賞ᄒ니 此ᄂᆞᆫ 一七五四年七月三日이라 殖民地에서 此機를 因ᄒ
야 兵備를 大修ᄒ다

* 皷 이해조: 鼓 독도 수정

【번역】이에 영국군이 일제히 함성을 지르며 돌진하여 나갔고, 복병이
또 조응하여 힘을 다해 용감하게 싸웠다. 프랑스군의 사망자는 헤아
릴 수 없이 많았다. 워싱턴이 용기를 북돋으며 굴복하지 않고 시체를
넘어 다시 전진하자, 프랑스 장군 드 빌리에杜理[79]가 강화를 요청하였
다. 이는 워싱턴에게 더없이 훌륭한 기회였다. 이로 인하여 약속하기
를 '성채를 양보하여 나가면 1년을 휴전한다'라고 하니, 프랑스 장군
이 허락하였다. 이 싸움에 영국 병사의 사망자는 겨우 12명이고, 부상
자는 42명이었다. 돌아온 뒤에 주지사가 칭찬하여 상을 내리니, 이때
가 1754년 7 월 3일이었다. 식민지에서 이 기회로 말미암아 군사 시
설과 장비를 크게 수리하였다.

79) 드 빌리에杜理: 주몽빌의 이복동생인 프랑스군 장교 루이 쿨롱 드 빌리에(Louis
    Coulon de Villiers, 1710.8.17.~1757.11.2)를 말한다

【⊕ 2장 19】我軍吶喊衝出。伏兵相應。勇戰奮鬪。敵兵斃者無算。砲丸更深入敵陣。法軍大苦。然仍不屈鼓勇。越屍而進。互不相讓。直至日暮罷兵。法將杜理遣使請和。此華盛頓絶妙之機會也。因約讓出城寨。不築英塞於亞奈加尼以西。則當休戰一年。法將諾之。華盛頓乃退守國境。是役也。我軍死者僅十二。負傷者四十二。蓋兵士勇猛善戰。華盛頓亦指揮得宜。不失機會之故也。旣還。知事盛爲衆稱賞。此千七百五十四年七月三日之事也。殖民地因此。遂得大脩兵備。

【번역】아군이 일제히 함성을 지르며 돌진하여 나갔고, 복병이 호응하여 힘을 다해 용감하게 싸웠다. 적병의 사망자는 헤아릴 수 없이 많았다. 포탄이 다시 적진 깊숙이 떨어지자, 프랑스군이 크게 고전하였다. 그런데도 (프랑스군은) 여전히 굴복하지 않고 용맹을 떨치며 시체를 넘어 전진하였다. 서로 양보하지 않다가 날이 저물어서야 싸움을 그쳤다. 프랑스 장군 드 빌리에가 사신을 보내 강화를 요청하였다. 이는 워싱턴에게 더없이 훌륭한 기회였다. 이로 인하여 약속하기를 '성채를 양보하여 나가서 앨러게이니 서쪽에 영국군의 요새를 쌓지 않으면 바로 1년 동안 휴전한다'라고 하니, 프랑스 장군이 허락하였다. 워싱턴이 이에 물러나 국경을 지켰다. 이 싸움에 영국 병사의 사망자는 겨우 12명이고, 부상자는 42명이었다. 대개 병사가 용맹하게 선전한 것은 워싱턴이 또한 지휘를 적절하게 하여 기회를 잃지 않았기 때문이다. 돌아온 뒤에 주지사가 성대하게 무리를 위해 칭찬하여 상을 내리니, 이때가 1754년 7월 3일이었다. 식민지는 이 기회로 말미암아 마침내 군사시설과 장비를 크게 수리할 수 있었다.

【🅗 2장 20】殖民地의 兵備가 旣、漸固ᄒ니 知事、亭維棣ㅣ 言ᄒ
딕 亞柰加尼*에 城을 再築ᄒ야 梯肯을 進攻치 아니홈이 不可ᄒ다
ᄒ니 華盛頓이 極諫ᄒ야 曰 戍卒의 訓練이 未精ᄒ고 兵器가 未備
혼데 嚴冬動兵이 必不利오 且天下에 失信홈은 智將에 不取라 ᄒ
고 時에 州會가 亦議ᄒ딕 節令이 戰事에 適宜치 못ᄒ다 ᄒ나 知
事ㅣ 不允ᄒ야 華盛頓을 貶ᄒ고 其裨將으로 軍隊를 再組ᄒ야 屋
淮郁野에 出ᄒᆯ시 時에 慷慨의 軍이 稍有ᄒ나 能忍치 못ᄒ더라 華
盛頓은 軍隊를 辭去ᄒ야 田園에 歸臥ᄒ다

* 亞柰尼亞 이해조: 亞柰加尼 독도 수정

【번역】식민지의 군사시설과 장비가 점점 견고해진 뒤에, 지사 딘위디
가 말하였다. "앨러게이니에 성을 다시 쌓아서 듀켄으로 진격하지 않
을 수 없다." 워싱턴이 극력으로 간언하여 말하였다. "국경을 지키는
군사의 훈련이 미숙하고 병기가 갖춰지지 않았습니다. 몹시 추운 겨
울에 군사를 출동시키는 것은 반드시 불리합니다. 게다가 천하에 신
의를 잃는 것은 지혜로운 장수가 취하지 않는 것입니다." 이때에 주州
의회 또한 의론하기를 '계절이 전투를 수행하기에 적절하지 못하다'
라고 하였다. 하지만 주지사가 허락하지 않고 워싱턴을 강등시켰으며,
그 비장裨將[80]으로 하여금 군대를 재조직하게 하여 오하이오 들판에
출전시켰다. 이때에 분개하는 군사들이 조금 있어 참을 수 없었다. 워
싱턴은 군대를 떠나 전원에 돌아와 쉬었다.

---

80) 비장裨將: 부장副將. 대장大將을 돕는 장군.

【⊕ 2장 20】殖民地之兵備旣漸固。知事亭維棣言。非再築城砦於亞
奈加尼以西。進攻梯肯不可。華盛頓諫之曰。戍卒訓練未精。兵器
未備。嚴冬動兵。必不有利。且失信於天下。智將所不取。時州會亦
議。非節令適於戰事。不允供給軍資。知事不聽。再組織軍隊。貶
華盛頓爲大尉*。以其裨將臨其上。欲出軍屋淮郁之野。是稍有懷慨
之軍人。必不可忍。華盛頓乃辭去軍隊。歸臥於田園。

* 太尉 정금: 大尉 독도 수정

【번역】식민지의 군사시설과 장비가 점점 견고해진 뒤에, 지사 딘위디
가 말했다. "앨러게이니 서쪽에 성채를 다시 쌓지 않고서는 듀켄으로
진격하는 것은 불가하다." 워싱턴이 간언하여 말했다. "국경을 지키는
군사의 훈련이 정예롭지 않고 병기가 갖춰지지 않았습니다. 몹시 추
운 겨울에 군사를 출동시키는 것은 반드시 불리합니다. 게다가 천하
에 신의를 잃는 것은 지혜로운 장수가 취하지 않는 것입니다." 이때에
주州 의회 또한 의론하기를 '계절이 전투를 수행하기에 적절하지 않아
군자금을 공급하는 것을 허락하지 않는다'라고 했다. 하지만 주지사가
듣지 않고 군대를 재조직하고 워싱턴을 대위로 강등시켰다. 그의 비
장裨將을 그의 위에 임하게 하여 오하이오 들판에 군대를 출전시키려
고 했다. 이때에 분개하는 군인들이 조금 있었는데, 정녕코 참을 수 없
었다. 워싱턴은 이에 군대를 떠나 전원에 돌아와 쉬었다.

【🏛 2장 21】然知事ㅣ 梯肯에 汲汲흔 者는 盖數故가 有ᄒᆞ니
一은 梯肯이 亞奈加尼에 要害라 若敵兵이 此堅壘를 固守흔 則屋
淮郁과 開巴基尼*及奔鼻巴尼**州民이 敵兵의 來襲을 未免흘 것
이오 二는 法軍이 梯肯에 在흔 則里司巴格及亞里干棣***二地는
上游의 勢를 皆占ᄒᆞ니 殖民地에 腹心****의 憂가 必有흘 것이오
三은 夸侖冰忒、啓孔央*****二地는 乃香巴侖으로 紐約에 至ᄒᆞ는
要路라 法軍이 此로 由ᄒᆞ야 紐約을 進攻흠이 最便흔 故로 屋淮郁
을 速破ᄒᆞ야 敵軍을 進擊흠이 宜흘 것이오

* '屋淮郁과 開巴基尼' 이해조: '屋淮郁開에 巴基尼' 독도 수정 제안
** 奔鼻巴尼 이해조: 奔臭巴尼 정금
*** 亞里干棣 이해조: 亞爾干棣 정금
**** 腹心 이해조 · 정금: 復心 의춘
***** 啓孔央 이해조: 啓孔突 정금

【번역】그러나 주지사가 듀켄에 정신을 집중한 것은 대개 몇 가지 이유에서다. 첫째, 듀켄은 앨러게이니의 요해지이다. 만약 적병이 이 견고한 성루를 굳게 지킨다면 오하이오 중간에 있는 버지니아주와 펜실베이니아奔鼻巴尼[81]주 사람들은 적병의 습격을 면하지 못할 것이다. 둘째, 프랑스군이 듀켄에 있는 것으로 말하면, 루이스버그와 아카디아 두 지역에서 상유上游[82]의 형세를 모두 차지하였으니, 식민지는 마음의 근심이 반드시 있을 것이다. 셋째, 크라운 포인트와 타이콘데로가 두 지역은 바로 샘플레인에서 뉴욕에 이르는 길목이다. 프랑스군은 이 지역을 경유하여 뉴욕으로 진격하는 데 가장 편하다. 그러므로 오하이오를 빨리 함락시켜 적군을 향해 진격하는 것이 마땅할 것이다.

81) 펜실바니아奔鼻巴尼: 펜실베이니아(Pennsylvania)를 말한다.
82) 상유上游: 상류上流와 같은 뜻으로, 요충지를 가리킨다.

【⊕ 2장 21】然知事之汲汲於梯肯。蓋亦有故也。

一. 梯肯爲亞奈加尼要害。法軍若守此堅壘。則屋淮郁閒。巴基尼及奔臭巴尼州民。不免敵兵來襲。

二. 法軍在梯肯。則里司巴格亞爾干棣二地。皆占上游之勢。殖民地有腹心之憂。

三. 夸侖冰忒啓孔突二地。乃香巴侖湖至紐約之要路。法軍由此。進擊紐約最便。故宜速破屋淮郁敵軍以進攻之。

【번역】그러나 주지사가 듀켄에 정신을 집중한 것은 대개 또한 이유가 있어서이다.

첫째, 듀켄은 앨러게이니의 요해지이다. 프랑스군이 만약 이 견고한 성루를 지킨다면 오하이오 사이의 버지니아주와 펜실베이니아奔臭巴尼주 사람들은 적병의 습격을 면하지 못할 것이다.

둘째, 프랑스군이 듀켄에 주둔한다면, 루이스버그와 아카디아 두 지역에서 모두 요해지를 차지하게 될 것이니, 이는 식민지에 근심거리가 될 것이다.

셋째, 크라운 포인트와 타이콘데로가 두 지역은 바로 샘플레인에서 뉴욕에 이르는 길목이다. 프랑스군은 이 지역을 경유하여 뉴욕으로 진격하는 데 가장 편하다. 그러므로 오하이오의 적군을 빨리 깨뜨려서 진격하는 것이 마땅하다.

【㊗ 2장 22】四ᄂᆫ 尼亞軋이 伊黎*及翁他碌二湖間에 在ᄒ니 若法軍이 此를 占領ᄒ면 法人及土人의 貿易을 保護ᄒ리니 梯肯을 奪ᄒ則尼亞軋이 必危라 其 利益을 可奪ᄒᆯ 것이오

五ᄂᆫ 塊培古**ᄂᆫ 坎拿大의 最堅ᄒᆫ 砲壘라 法軍의 根據가 此地에 全在ᄒ니 若梯肯을 得ᄒ고 他의 要路를 戛絶ᄒ야 塊培古를 迫ᄒ면 是乃法軍의 咽喉를 扼흠이니 法人이 一步도 南進치 못ᄒᆯ 것이라

* 伊黎 이해조: 伊犁 정금
** 塊培古 이해조: 塊培苦 정금

【번역】 넷째, 나이아가라는 이리伊黎와 온타리오翁他碌 두 호수 사이에 있다. 만약 프랑스군이 이곳을 차지하면 프랑스인과 원주민의 무역을 보호할 것이니, 듀켄을 빼앗긴다면 나이아가라가 반드시 위태로울 것이다. 그 이익을 빼앗을 만하다.

다섯째, 퀘벡은 캐나다의 가장 견고한 포루砲壘[83]로, 프랑스군의 근거가 이 지역에 모두 있다. 만약 듀켄을 얻고 다른 길목을 또 끊어서 퀘벡을 압박하면, 이는 바로 프랑스군의 목구멍을 누르는 것이니, 프랑스군은 한 걸음도 남쪽으로 전진하지 못할 것이다.

83) 포루砲壘: 대포를 쏠 수 있는 진지.

【⊕ 2장 22】四. 尼亞軋在伊犁翁他碌二湖間。有尼亞軋瀑布之所也。法軍占之。得保護法人與土人之貿易。梯肯失則尼亞軋危。可奪其利益矣。

五. 塊培苦爲坎拿大最堅之砲壘。足左右聖多廉士運命。法軍根據全在於此。梯肯旣得。更進奪他要害而迫塊培苦。是乃扼法軍咽喉。至此彼必不能南進一步矣。

【번역】넷째, 나이아가라 요새는 이리伊犁와 온타리오 두 호수 사이에 있는데, 나이아가라 폭포가 있는 곳이다. 프랑스군이 이곳을 차지하여 프랑스인과 원주민의 무역을 보호할 수 있었다. 듀켄을 잃는다면 나이아가라가 위태로울 것이니, 그 이익을 빼앗을 만하다.

다섯째, 퀘벡은 캐나다의 가장 견고한 포루로, 세인트로렌스의 운명을 좌우할 수 있다. 프랑스군의 근거가 모두 여기에 있다. 듀켄을 얻은 뒤에 다시 진격하여 다른 요해지를 빼앗고 퀘벡을 압박한다면, 이는 바로 프랑스군의 목구멍을 누르는 것이다. 이러한 상황에 이른다면 저들은 반드시 한 걸음도 남쪽으로 전진하지 못할 것이다.

【㊅ 2장 23】知事의 意見이 如此ᄒᆞᆫ 故로 梯肯을 進攻ᄒᆞᆷ이 獨一無二의 急務로 知ᄒᆞ나 然不幸히 華盛頓의 談言이 微中ᄒᆞ야 嚴冬이 旣啓ᄒᆞ고 積雪이 漫山이라 英軍이 其苦를 不堪ᄒᆞ더니 轉瞬間에 法軍이 長驅大進ᄒᆞ야 其負約을 責ᄒᆞ고 大戰ᄒᆞ야 英人을 大勝ᄒᆞ니 殖民地의 情狀이 甚危라 知事ㅣ 惶急ᄒᆞ야 本國에 援助를 求ᄒᆞ다

【번역】 주지사의 의견이 이와 같았으므로, 듀켄으로 진격함이 유일무이한 급선무로 알았다. 하지만 불행하게도 워싱턴의 얘기하는 말이 은연중에 맞았다. 혹독하게 추운 겨울이 이미 시작되었고, 쌓인 눈이 산에 가득하였다. 영국군이 그 고난을 견디지 못하였다. 눈 깜작할 사이에 프랑스군이 거침없이 몰아치며 크게 진격해왔다. 약속을 저버린 것을 질책하고 크게 싸워 영국인을 크게 이겼다. 식민지의 상황이 매우 위태로웠다. 주지사가 두렵고 초조하여 본국에 도움을 요청하였다.

【⊕ 2장 23】知事意見如此。故攻梯肯。是其獨一無二之急務。不幸華盛頓談言微中。嚴冬旣屆。積雪漫山。英軍苦之。轉瞬凍解雪消。法軍長驅大進。責英負約。大戰而勝。時殖民地垂危。知事惶急萬狀。遂求援於本國。

【번역】주지사의 의견이 이와 같았기에, 듀켄을 진격함이 바로 그 유일무이한 급선무였다. 불행하게도 워싱턴의 얘기하는 말이 은연중에 맞았다. 혹독한 추운 겨울이 이미 이르렀고 쌓인 눈이 산에 가득하여 영국군이 고생을 하였다. 눈 한번 깜작할 사이에 얼음이 녹고 눈이 녹자, 프랑스군이 거침없이 몰아치며 크게 진격해왔다. 약속을 저버린 영국을 질책하고 크게 싸워 승리하였다. 이때, 식민지는 위험에 봉착하였다. 주지사는 매우 두렵고 초조하여 마침내 본국에 도움을 요청하였다.

【⟨韓⟩ 2장 24】一七五五年春에 布拉脫苦將軍이 精兵一隊*를 率ᄒ고 英國으로브터 巴基尼亞에 至ᄒ야 兵士를 準備홀시 華盛頓을 先擧ᄒ야 原職을 復ᄒ고 溫斯里克**에 集兵홀시 時方雪融에 諸川이 泛濫ᄒ야 輜重이 後至ᄒ고 道路가 險惡이라 華盛頓이 言ᄒ되 軍隊를 一處에 集合홈이 不利ᄒ니 一隊를 分ᄒ야 梯肯을 急衝ᄒ則 梯肯이 必陷ᄒ리라 將軍이 不聽ᄒ거늘 又言ᄒ되 間諜을 速出ᄒ야 敵勢를 偵察ᄒ라 ᄒ니 將軍이 不聽라 然梯肯을 未及ᄒ야 華盛頓의 言이 已驗이로다

* 一隊 이해조: 二隊 정금·의춘
** 溫斯里克 이해조: 溫司里克 정금

【번역】1755년 봄, 브래독布拉脫苦[84] 장군이 정병 한 부대를 이끌고 영국으로부터 버지니아에 이르러 병사를 준비하였다. 워싱턴을 먼저 등용하여 원래 직책에 복귀시키고, 월스크리크溫斯里克[85]에 병사를 모으게 하였다. 이때 바야흐로 눈이 녹고 모든 하천이 범람하여 짐수레가 뒤늦게 이르렀고 도로가 험악하였다. 워싱턴이 말하기를 '군대가 한 곳에 모이는 것은 이롭지 않습니다. 한 부대를 나누어 듀켄을 급습한다면 듀켄이 반드시 함락될 것입니다.'라고 하였지만, 장군이 이를 듣지 않았다. 또 말하기를 '간첩을 빨리 내보내 적군의 형세를 정찰하십시오.'라고 하였지만, 장군은 듣지 않았다. 하지만 듀켄에 이르기도 전에 워싱턴의 말은 이미 검증이 되었다.

84) 브래독布拉脫苦: 프렌치-인디언 전쟁 당시 영국 장군 에드워드 브래독(Edward Braddock, 1695~1755)을 말한다.
85) 월스크리크溫斯里克: 미국 오하이오주 동부에 있는 월스크리크(Wills Creek)를 말한다. 머스킹엄강(Muskingum River)의 지류이다. 미시시피강 유역에 포함되며 유역면적은 2,209km²이다. 건지카운티(Guernsey County) 남부 플레전트시(Pleasant市) 근처에서 몇몇 지류가 합류하여 강이 형성된다.

【⊕ 2장 24】千七百五十五年春。布拉脱苦將軍率精兵二隊。自英國至巴基尼亞。急準備出師。先擧華盛頓爲大佐。復其原職。使爲己輔。集兵溫司里克。適輜重在後。行甚遲。而軍隊前進頗勇。惟雪融之後。諸川泛濫。道路又多險惡。不得已遲遲而行。華盛頓數忠告將軍。言軍隊集於一處必不利。宜分一隊急衝梯肯塞。乘援軍未至而陷之。不聽。勸其速出閒諜。偵察敵勢。亦不聽。然未及梯肯而華盛頓之言驗矣。

【번역】1755년 봄, 브래독 장군이 정병 두 부대를 이끌고 영국으로부터 버지니아에 이르러 출병을 급하게 준비하였다. 우선 워싱턴을 대좌로 등용하여 원래 직책에 복귀시키고, 자기의 보좌로 삼아 윌스크리크溫司里克에 병사를 모으게 하였다. 마침 짐수레가 후방에 있어 행군이 매우 더뎠지만 군대의 전진은 자못 용감하였다. 다만 눈이 녹은 뒤라 모든 하천이 범람하고, 도로 또한 대부분 험악하였다. 하는 수 없이 더디게 행군하였다. 워싱턴이 장군에게 자주 충고하기를 '군대가 한 곳에 모이는 것은 꼭 이로운 것만은 아닙니다. 마땅히 한 개 부대를 나누어 듀켄 요새를 급습하고, 원군이 이르지 않는 틈을 타서 함락시켜야 합니다.'라고 하였지만, 장군은 듣지 않았다. 권유하기를 '간첩을 빨리 내보내 적군의 형세를 정찰하십시오.'라고 하였지만, 장군은 또 듣지 않았다. 듀켄에 이르기도 전에 워싱턴의 말이 검증되었다.

【㉠ 2장 25】時에 布拉脱苦將軍이 輕騎數千을 自率ᄒ고 古里巴*로 進ᄒᆯᄉ**華盛頓은 病臥ᄒ야 二週日을 稍後ᄒ더니 病愈에 將軍을 追及ᄒ니 實一七五五年七月八日이라 卽, 木諾軋拉大戰의 前夜니 此, 大戰의 致敗ᄒᆫ 原因은 實華盛頓의 言을 不納ᄒᆷ으로 由ᄒᆷ이라 七月 九日에 梯肯十英里를 未至ᄒ야 木諾軋拉을 將渡ᄒᆯᄉ 忽然伏兵이 來襲이라 英兵이 一部에 合ᄒ야 敵衝을 狰當ᄒᆷ이 立死ᄒᆫ 者ㅣ 數百餘人이라 若華盛頓의 毅然來赴ᄒᆷ이 아니면 木諾軋拉의 失이 엇지 此에 止ᄒ리오

* 古里巴 이해조: 古爾巴 정금
** '布拉脱苦將軍이 輕騎數千을 自率ᄒ고 古里巴로 進ᄒᆯᄉ' 이해조: '布拉脱苦將軍이 輕騎數千을 自率ᄒ고 進ᄒᆯᄉ 古里巴大佐는 本隊를 監하다' 독도 수정 제안

【번역】이때, 브래독 장군이 날쌘 기병 수천 명을 직접 거느리고 진격하였다. 덤버古里巴[86) 대좌는 본대를 지휘하였다.[87) 워싱턴은 병으로 2주일간 누웠다 멀찍이 뒤떨어졌는데, 병이 낫자 장군을 뒤쫓아서 따라붙었다. 이때는 1755년 7월 8일이니, '모논가헬라 대전大戰'의 전날 밤이다. 이 대전이 패배에 이른 원인은 실로 워싱턴의 말을 받아들이지 않음으로 말미암은 것이다. 7월 9일, 듀켄에서 10마일을 못 미쳐 모논가헬라 강을 장차 건너려 할 때, 느닷없이 복병이 습격하였다. 영국군은 한곳에 모였다가 적의 급습을 당하여 즉사한 자가 수백여 명이었다. 만약 워싱턴이 꿋꿋하게 달려오지 않았다면 모논가헬라의 실패가 어찌 여기에 그쳤겠는가.

86) 덤버古里巴: 지명이 아닌 인명이다. 누구인지 미상未詳이다. 이해조는 古里巴를 지명으로 오인하여 '布拉脱苦將軍이 輕騎數千을 自率ᄒ고 古里巴로 進ᄒᆯᄉ'로 번역하였다.
87) 덤버古里巴…지휘하였다: 정금은 이 부분을 '古爾巴大佐監本隊〔덤버 대좌는 본대를 지휘하다〕'로 번역하였는데, 이해조는 '덤버古里巴'를 지명으로 오인하였기에 뒷 구절인 '監本隊'를 생략하였다.

【⊕ 2장 25】時布拉脫苦將軍自率輕騎數千而進。古爾巴大佐監本隊。華盛頓抱病不能起。伏牀蓐者二週日。稍間。急馳進。在梯肯前十五英里之地。追及布拉脫苦將軍。實千七百五十五年七月八日。 木諾軋拉大戰之前夜也。此大戰本書不能具詳。要之致敗之原。實因布拉脫苦不納華盛頓之言所致。七月九日侵曉*。去梯肯十英里。將渡木諾軋拉時。忽爲敵軍伏兵所襲。而士卒本合於一部。猝當敵衝。立死數百名。餘者狼狽接戰不能支。使無華盛頓毅然赴援。收此大敗。則木諾軋拉之失。豈止此耶。

* 侵曉 정금: 拂曉 의춘

【번역】이때, 브래독 장군이 날쌘 기병 수천 명을 몸소 거느리고 진격하였다. 덤버 대좌는 본대를 지휘하였다. 워싱턴은 병을 앓아 일어날 수가 없었다. 침상에 2주일 동안 누워있느라 멀찍이 뒤떨어졌다. 급히 달려나아가 듀켄 전방 15마일 지점에서 브래독 장군을 뒤쫓아서 따라붙었다. 때는 1755년 7월 8일이니, '모논가헬라 대전'의 전날 밤이다. 이 대전을 본서에 상세하게 기술할 수 없다. 요컨대 패배에 이른 원인은 실로 브래독이 워싱턴의 말을 받아들이지 않음으로 말미암은 것이다. 7월 9일 새벽, 듀켄에서 10마일 떨어진 모논가헬라를 장차 건너려 할 때였다. 느닷없이 적군의 복병에게 습격을 당하였는데, 영국군이 한곳에 모여 있었기 때문에 적의 공격을 갑자기 당한 것이다. 즉사한 자가 수백 명이고, 나머지는 허둥지둥하여 맞붙어 싸우는 것을 지속할 수 없었다. 만약 워싱턴이 의연하게 달려가 구원하고 이 큰 패배를 수습하지 않았다면 모논가헬라의 실패가 어찌 여기에 그쳤겠는가.

【⊕ 2장 26】是役에 布拉脫苦는 戰死ᄒ고 其餘將校의 死傷ᄒᆫ 者ㅣ 六十三名이오 士卒의 死傷ᄒᆫ 者ㅣ 七百七十*餘名이라 華盛頓도 馬二頭와 火彈及外衣를 失ᄒᆞ되 四次戰爭ᄒ니** 其激烈을 可知로다 或云將軍의 戰死는 敵의 殺害홈이 아니라 頑固者ㅣ 以謂ᄒᆞ되 將軍이 不死ᄒ면 軍隊를 엇지 維持ᄒ리오 ᄒ고 暗殺ᄒ얏다 ᄒ더라 華盛頓이 敗兵을 根排侖***에 收ᄒ고 將軍의 死홈을 痛憤ᄒ나 歸咎홀 處가 無ᄒᆞ지라 巴基尼亞의 兵營을 別ᄒ고 培爾嫩으로 歸ᄒ다

* 七百二十 이해조: 七百七十 독도 수정
** '華盛頓도 馬二頭와 火彈及外衣를 失ᄒᆞ되 四次戰爭ᄒ니 其激烈을 可知로다' 이해조: '華盛頓도 馬二頭를 失하고 火彈이 及外衣者 四次ᄒ니 戰爭之激烈을 可知로다' 독도 수정 제안
*** 根排侖 이해조: 根排侖特 정금

【번역】이 전투에서 브래독 장군이 전사하였다. 그 이외에 장교 중에 죽거나 다친 자는 63명이었으며, 병사 중에 죽거나 다친 자는 770여 명이었다. 워싱턴도 말 두 필과 총알 및 외투를 잃었지만 네 차례나 전투를 치루었으니, 그 격렬함을 알 수 있다.[88] 어떤 이가 말하였다. "장군은 전투에서 적군에 의해 살해된 것이 아니다. 완고한 어떤 자가 '장군이 죽지 않는다면 군대를 어찌 유지하리오.'라 하고, 암살하였다." 워싱턴이 싸움에 패한 병사들을 컴벌랜드根排侖[89]에 거두고, 장군의 죽음을 원통해 하였다. 허물을 돌려씌울 데가 없어 버지니아 병영을 떠나 마운트버넌으로 돌아왔다.

88) 워싱턴도…알 수 있다: 이해조의 이 문장 번역으로는 전쟁이 얼마나 격렬했는지 실감할 수 없다. 이해조가 잘못 번역하게 된 발단은 '火彈及外衣'에서 '及'을 동사인 '~에 미치다(이르다)'로 풀이하지 않고 접속사인 '~와(과)'로 풀이하였기 때문이다.
89) 컴벌랜드根排侖: 미국 메릴랜드주州의 북서부에 있는 도시인 컴벌랜드(Cumberland)를 말한다. 컴벌랜드요새는 후에 조지 워싱턴 중위와 브래덕 장군이 프렌치-인디언전쟁에서 사령부로 삼았던 곳이다.

【⊕ 2장 26】是役也。布拉脫苦戰死。其餘將校死傷者六十三名。士卒死傷七百七十餘名。華盛頓亦失馬二頭。火彈及外衣者四次。戰爭之烈可知矣。或云將軍布拉脫苦之戰死。非敵擊之。頑固者以爲將軍不死不能維持軍隊。故一部兵竊擊之云。乘流則逝。得坎則止。華盛頓旣收敗兵於根排侖特。痛將軍之死無所歸。憤知事之窮不知變。乃皭然高蹈。倏爾長往。別巴基尼亞兵隊。歸於培爾嫩。

【번역】 이 전투에서 브래독 장군이 전사하였고, 그 이외에 장교 중에 죽거나 다친 자가 63명이었으며, 병사 중에 죽거나 다친 자가 770여 명이었다. 워싱턴도 두 필의 말을 잃었고 총알이 외투에 닿은 것이 네 차례나 되었으니, 전쟁의 격렬함을 알 수 있다. 어떤 이가 말하였다. "브래독 장군의 전사는 적군이 죽인 것이 아니다. 완고한 자가 '장군이 죽지 않으면 군대를 유지할 수 없다'고 하였다. 그러므로 일부 병사들이 몰래 그를 죽였다." 물결을 타면 흘러가고 구덩이를 만나면 멈춘다.[90] 워싱턴은 싸움에서 패한 병사를 컴벌랜드根排侖特에 거둔 뒤에, 장군이 죽어 의탁할 곳이 없음을 애통해하고, 주지사가 궁해도 변통할 줄 모르는 것에 화가 났다. 이에 깨끗하게 속세를 떠나 훌쩍 멀리 떠나갔다. 버지니아 군대를 떠나 마운트버넌으로 돌아왔다.

---

90) 물결을…멈춘다: 상황에 따라 진퇴의 거동을 정하는 일을 말한다. 한漢 나라 때 태부를 지낸 가의賈誼가 장사왕 태부長沙王太傅로 좌천되어 있으면서 지은 복조부鵩鳥賦에 나오는 구절이다.

【㉿ 2장 27】梯肯의 役에 法將이 英軍의 勢大흠을 聞ᄒᆞ고 梯肯을 棄코자 ᄒᆞ더니 其部下人이 勸止ᄒᆞ야 二隊*를 要道에 分遺ᄒᆞ니 此를 由ᄒᆞ야 得勝ᄒᆞ지라 英國殖民地人이 聞知ᄒᆞ고 大望을 失ᄒᆞ나 幸히 北部가 獲勝ᄒᆞ야 其失을 可償ᄒᆞ더라 先是에 法軍이 英壘를 襲擊ᄒᆞ고져 ᄒᆞ야 紐約으로 潛向ᄒᆞ다가 英北軍의 逆襲혼 비 되야 大敗ᄒᆞ니라

* 二隊 이해조 · 정금: 三隊 의춘

【번역】듀켄의 전투에서 프랑스 장군이 영국군의 군세가 크다는 것을 듣고, 듀켄을 버리려고 하였다. 그 부하가 그만둘 것을 권유하였다. 두 부대를 중요한 길목으로 나누어 보내어 승리를 거두었다. 영국 식민지 사람이 소식을 듣고 큰 희망을 잃었지만, 다행히 북부가 승리를 거두어 그 잃은 것을 보상받았다. 이보다 앞서 프랑스군이 영국의 보루를 습격하고자 뉴욕으로 몰래 향하다가, 영국 북부군의 역습을 당하여 크게 패하였다.

【⊕ 2장 27】梯肯之役。法將初聞英軍勢大。欲棄梯肯退保爾布夫塞。部下有止之者。乃分遣二隊要之於途。卒因是取勝。英國殖民地聞報。大失望。幸北部獲勝。得償所失。先是法軍擬襲擊英壘。潛向紐約州。英之北軍逆襲之。法軍大敗云。

【번역】듀켄의 전투에서 프랑스 장군이 영국군의 군세가 크다는 것을 처음으로 듣고, 듀켄을 버리고 르뵈프 요새로 물러나 지키려고 하였다. 부하 중에 만류하는 자가 있었다. 이에 두 부대로 나누어 보내고 길에서 기다리도록 하였다. 마침내 이로 말미암아 승리를 거두었다. 영국 식민지에서 소식을 듣고 크게 실망하였다. 다행히 북부가 승리를 거두어 그 잃은 것을 보상받았다. 이보다 앞서 프랑스군은 영국의 보루를 습격하고자 뉴욕주로 몰래 향하다가, 영국 북부군에게 역습당하여 크게 패했다고 한다.

【🇰🇷 2장 28】亞奈加尼[*]를 旣失ᄒ믜 英殖民地 ㅣ 法軍^{**}이 來襲홈을 恐ᄒ야 皆布拉脫苦에게 歸咎ᄒ니 華盛頓의 名이 大噪ᄒ야 或 其雄猛을 稱ᄒ고 或其卓見을 賞ᄒ야 前日州知事의 華盛頓을 左 遷홈을 怨ᄒ더라

* 西奈加尼 이해조: 亞奈加尼 독도 수정
** 諸軍 이해조: 法軍 독도 수정

【번역】앨러게이니를 잃은 뒤에 영국 식민지는 프랑스군의 습격을 두려워하였다. 모두가 브래독 장군에게 그 잘못을 돌렸다. 워싱턴의 명성은 떠들썩해졌다. 그의 뛰어난 용맹을 일컫기도 하고 그의 탁월한 식견을 칭찬하기도 하며 예전에 주지사가 워싱턴을 좌천했던 것을 원망했다.

【⊕ 2장 28】亞奈加尼*旣失守。因之全殖民地常恐法軍來襲。咸歸咎布拉脫苦。而華盛頓名大噪。譽詞或四至。或稱其雄猛。或賞其卓見。當時州知事之左遷彼也。皆妬之。不齒於口。唯達倍斯氏急稱之。謂可大任。

* 西奈加尼 정금: 亞奈加尼 독도 수정

【번역】앨러게이니를 지켜내지 못한 뒤, 이로 말미암아 모든 식민지는 늘 프랑스군이 습격해 오지 않을까 두려워하였다. 모두가 브래독 장군에게 허물을 돌려씌우자, 워싱턴의 명성이 떠들썩해졌다. 칭송의 말들이 사방에서 들렸는데, 그의 뛰어난 용맹을 일컫거나 그의 탁월한 식견을 칭찬하는 것들이었다. 당시에 주지사가 워싱턴을 좌천시켰을 때, 모두 그를 시기하여 이를 입에 올리지 않았다. 오직 데이비스達倍斯[91]씨만이 워싱턴을 자주 칭찬하며 '중대한 임무를 맡길 수 있다'고 하였다.

---

91) 데이비스達倍斯: 목사이자 교육가인 사무엘 데이비스(Davies, Samuel, 1723~1761)를 말한다.

【🇰🇷 2장 29】一七五六年에 法政府ㅣ 勇將蒙卡爾媄으로 ㅎ야금 駐美總將을 命ㅎ야 英軍의 主將이 無홀 際를 乘ㅎ야 諸城을 襲破코저 홀시 一七五七年에 蒙卡爾媄이 軍士를 率ㅎ고 坎拿大로 自ㅎ야 紐約에 入ㅎ니 其守將이 頗히 能戰ㅎᄂ지라 十英里에 英將 烏也布ㅣ 適在ㅎᄂ지라 守將이 相援을 求ㅎ되 烏也布ㅣ 法軍을 懼ㅎ야 赴援치 못ㅎ더니 城이 遂陷ㅎ고 將士ㅣ 皆死ㅎ니 法軍이 每戰每勝ㅎ야 其領地가 英領에 二十倍가 되더라

【번역】1756년 프랑스 정부가 용장 몽칼름蒙卡爾媄[92]을 주미총장駐美總將에 임명하여 영국군의 우두머리 장수가 없을 때를 틈타서 여러 성을 습격하여 무너뜨리도록 하였다. 1757년 몽칼름이 군사를 이끌고 캐나다로부터 뉴욕으로 들어갔다. 그 성을 지키는 장수가 자못 싸움에 능하였고, 10마일 떨어진 곳에 영국군 장군 웹烏也布[93]이 마침 있었다. 성을 지키는 장수가 도움을 구하였지만, 웹이 프랑스군을 두려워하여 구원하러 달려오지 않았다. 성이 마침내 함락되고 장수와 병졸이 모두 죽었다. 프랑스군이 싸울 때마다 승리하여 그 점령지가 영국 점령지에 20배나 되었다.

---

92) 몽칼름蒙卡爾媄: 프랑스의 군인 루이 조제프 드 몽칼름(Louis-Joseph de Montcalm-Grozon, 1712. 2. 28.~1759. 9. 14)을 말한다. 1759년 J.울프 장군의 공격을 받아 퀘벡은 함락되고 몽칼름은 전사하였다.

93) 웹烏也布: 다니엘 웹(Daniel Webb, ?~1773.11.11) 장군을 말한다. 당시 뉴욕의 방어를 맡은 그에게는 7천의 군대가 있었으나, 프랑스의 가짜 정보에 속아 윌리엄 헨리 요새에 지원군을 보내는 것을 거부했다.

【⊕ 2장 29】千七百五十六年。法政府使勇將蒙卡爾嗼爲駐美總督。
將乘英軍無主將。襲破諸城。千七百五十七年。蒙卡爾嗼合部軍土兵
自坎拿大入紐約。圍局其湖南岸之亨利塞。守將頗善戰。距此十五
英里。有英將烏也布。乞之相援。烏也布故懼法軍。不敢赴援。城遂
陷。將士多被屠。由是法軍所至得勝。領地二十倍於英領焉。

【번역】1756년 프랑스 정부가 용장 몽칼름을 주미총독駐美總督으로 삼
아 장차 영국군 우두머리 장군이 없는 틈을 타서 여러 성을 습격하
여 깨트리도록 하였다. 1757년 몽칼름이 거느리는 군사와 토병土兵[94]
을 합하여 캐나다로부터 뉴욕으로 들어가 호수[95] 남쪽 기슭의 헨리亨
利[96] 요새를 포위하였다. 성을 지키는 장수가 자못 싸움에 능하였다.
이곳에서 15마일 떨어진 곳에 영국 장수 웹이 있어 도움을 청하였다.
하지만 웹은 원래 프랑스군을 두려워하여 감히 달려나가서 구원하지
않았다. 성이 마침내 함락되어 장수와 병졸들 대부분이 도륙을 당하
였다. 이 때문에 프랑스군이 이르는 곳마다 승리를 거둬 점령지가 영
국에 20배나 되었다.

---

94) 토병土兵: 본시 그 땅에 붙박이로 사는 사람 가운데서 뽑은 군사.
95) 호수: 뉴욕의 북부에 위치한 조지 호수(Lake George)를 말한다.
96) 헨리亨利: 뉴욕 식민지 조지 호수 남단에 있던 영국군 요새인 윌리엄 헨리 요새
     (Fort William Henry)를 말한다. 1757년 전투 이후 프랑스는 요새를 부수고 퇴각
     했다.

【韓 2장 30】英法殖民地情形이 如此홈이 總督이 大懼ᄒ야 華盛頓을 再起ᄒ야 軍隊를 編集홀식 華盛頓이 彼等의 反覆을 旣遭혼지라 今에 엇지 遽允ᄒ리오 乃約曰殖民地將官의 任免權과 軍制改革은 吾意를 必從이라 ᄒ니 總督이 許혼딕 將軍의 印綬를 乃携ᄒ고 軍制를 大改ᄒ다

【번역】영국과 프랑스 식민지 사정이 이와 같았다. 총독이 매우 두려워하여 워싱턴을 다시 기용하여 군대를 조직하도록 하였다. 워싱턴이 저들의 변덕을 이미 겪었기에 지금 어찌 단박에 허락하겠는가? 이에 약속하기를 '식민지 장관의 임면권任免權[97]과 군대 제도의 개혁은 내 뜻을 반드시 따라야 한다.'라고 하니, 총독이 허락하였다. 워싱턴은 장군의 인수印綬[98]를 휴대하고 군대 제도를 대폭 개편하였다.

97) 임면권任免權: 임명하고 해임할 수 있는 권한.
98) 인수印綬: 병권兵權을 가진 무관이 군사를 출동시키는 징표 주머니를 매어 차던, 길고 넓적한 사슴가죽으로 만든 끈.

【⊕ 2장 30】英法殖民地之形勢如此。總督大懼。再起華盛頓。使編軍隊。然彼旣遭彼等反覆。豈肯遽允。約曰殖民地軍隊將官。任免之權當操之在我。改革軍制。亦宜悉從吾意。總督許之。乃帶將軍印綬。竭畢生之力。大改軍制。

【번역】영국과 프랑스 식민지 사정이 이와 같았다. 총독이 매우 두려워하여 워싱턴을 다시 기용하여 군대를 조직하도록 하였다. 그러나 그는 저들의 변덕을 이미 겪었기에 어찌 단박에 허락할 수 있겠는가? 약속하기를 '식민지 군대의 장관 임면권은 마땅히 나에게 맡겨야 하고, 군대 제도를 개혁하는 것도 의당 내 뜻을 모두 따라야 한다.'라고 하니, 총독이 허락하였다. 워싱턴은 이에 장군의 인수를 휴대하고 필생의 노력을 다하여 군대 제도를 대폭 개편하였다.

【🇰 2장 31】嗚呼라 先是에 殖民地兵制가 不完ᄒ야 兵則烏合이오 器則楛窳*라 紀律이 元無ᄒ야 戰地를 臨ᄒᆫ 則遁逃를 爭先ᄒ더니 木諾軋拉의 敗ᄒᆫ 後로 殖民地의 兵力은 惟、虛設而已러라 法軍이 戰勝餘威를 恃ᄒ고 土人을 誘ᄒ야 英領地를 劫掠ᄒ고 法兵을 國境에 屯ᄒ야 英軍의 虛實을 探ᄒ나 幸히 英總督希呀來將軍이 北部에 在ᄒᆫ 故로 法軍이 敢히 來侵치 못ᄒᆷ이 殖民地가 稍安ᄒ더라

* 楛窳 이해조: 楛窳 독도 수정

【번역】안타깝게도 그 이전에는 식민지의 군제가 완전하지 않아 병사는 까마귀가 모인 것처럼 질서가 없었고, 병기는 결함 있는 그릇처럼 불량하였다. 기율이 원래 없어 전쟁터에 나아가면 앞다퉈 도망쳤다. 모논가헬라 전투에서 패한 뒤로 식민지의 병력은 다만 형식적으로 배치되었을 뿐이었다. 프랑스군이 전투에 승리한 여세를 믿고 원주민을 꾀어 영국의 식민지를 약탈하게 하였으며, 프랑스 병사를 국경에 주둔시켜 영국군의 허실을 염탐하였다. 다행히 영국의 총독 찰스希呀來[99] 장군이 북부에 있었기 때문에, 프랑스군이 감히 침입하지 못하여 영국의 식민지는 점점 안정을 찾게 되었다.

---

99)   찰스希呀來: 영국의 군인이자 정치가인 찰스 콘월리스(Charles Cornwallis, 1738.
      12. 31.~1805. 10. 5.)를 말한다. 1776년 영국 본국군本國軍 사령관으로서 미국
      독립전쟁 진압을 위해 파견, 남부 진압에는 성공하였으나(1780~1781), 1781년
      요크타운 전투에서 식민지·프랑스 연합군에게 항복하였다.

【⊕ 2장 31】嗚呼。當時殖民地兵制。不忍言矣。兵則烏合。器則楛窳。無訓練。無紀律。一切悉任己意。事起則爭先遁逃。恬不知恥。故木諾軋拉大敗以來。殖民地之兵力。僅虛設而已。先是法軍以戰勝餘威。迫令土人以爲己援。又誘之劫掠英殖民地。法兵則屯國境以窺吾虛。我軍不遑他顧。土人羣集來侵。州民苦之。而民兵無如何也。幸英軍總督希呀來將軍在北部殖民地*。法軍不敢逞。殖民地因此稍安。

* 殖名地 정금: 殖民地 독도 수정

【번역】안타깝게도 당시의 식민지 군제는 차마 말할 수 없을 정도였다. 군사는 까마귀가 모인 것처럼 질서가 없었고, 병기는 결함 있는 그릇처럼 불량하였다. 훈련이 없고 기율이 없어 모두 다 자기 마음대로 하였다. 일이 일어나면 앞다퉈 도망쳤는데, 전혀 부끄러워할 줄을 몰랐다. 그러므로 모논가헬라 전투에서 대패한 이후로 식민지의 병력은 겨우 형식적으로만 배치되었을 뿐이었다. 이보다 앞서 프랑스군이 전투에서 승리한 여세로 원주민을 협박하여 자신들을 돕게 하고, 또 그들을 꾀어 영국의 식민지를 약탈하게 하였다. 프랑스 병사는 국경에 주둔하여 우리의 허점을 엿보았고, 아군은 다른 것을 돌아볼 경황이 없었다. 원주민이 떼를 지어 침입하자 주민州民이 괴로워했다. 하지만 민병이 어찌할 도리가 없었다. 다행히 영국군 총독 찰스 장군이 북부 식민지에 있었기에 프랑스군이 감히 마음대로 하지 못하였다. 식민지는 이로 말미암아 점점 안정을 찾게 되었다.

【㊧ 2장 32】華盛頓이 現狀을 目擊홈이 軍制를 不改ᄒ면 可用치 못홈을 知ᄒ고 羣議를 排ᄒ며 百難을 冒ᄒ야 兵額을 先定훌식 機械를 備ᄒ며 將校를 敎ᄒ며 紀律을 設ᄒ고 州會를 復說*ᄒ야 軍中에 或逃或叛者ᄂ 軍令을 按ᄒ야 罰ᄒ리라 ᄒ니 當時自由의 民兵으로 嚴正軍律에 服務키 難ᄒ나 然殖民地로 ᄒ야금 鞏固코자 훌진된 엇지 不服ᄒ리오

* 復設 이해조: 復說 독도 수정

【번역】 워싱턴이 이런 상황을 목격하고 군제를 고치지 않으면 써 먹지 못함을 알았다. 여러 사람의 의견을 배제하고 온갖 어려움을 무릅쓰며 군사의 인원수를 먼저 정하였다. 병기를 준비하고 장교를 교육시키며 훈련에 힘쓰고 기율을 세웠다. 다시 주州 의회를 설득하여 '군대에서 도망가거나 배반하는 자들은 군령에 의해 처벌한다.'라고 하였다. 당시의 자유 민병으로서 엄정한 군율에 복무하는 것은 어려웠다. 하지만 식민지를 굳건하게 지키려면 어찌 이를 따르지 않을 수 있었겠는가.

【⊕ 2장 32】華盛頓目擊現狀。知非改革軍制不可。因排羣議冒百難而急圖之。先定兵額。備器械。敎將校。勤訓練。設紀律。復說州會。有背命或逃軍謀叛者。得按軍令罰之。以一事權。夫使當時自由之民兵。服於嚴正之軍律。又於一期限之間。服從己意而不去。蓋亦難矣。然欲使殖民地鞏固。亦安得不爾耶。

【번역】 위싱턴이 이런 상황을 목격하고 군제를 고치지 않으면 안 됨을 알았다. 이로 인하여 여러 사람의 의견을 물리치고 온갖 어려움을 무릅쓰며 서둘러 도모하였다. 먼저 군사의 인원수를 정하고 병기를 준비하였으며, 장교를 교육시키고 훈련에 힘쓰며 기율을 세웠다. 다시 주州 의회를 설득하여 '명령을 어기거나 탈영하고 반역을 꾀하는 자가 있으면 군령에 의해 처벌한다'라고 하였다. 직무상의 권한만으로는 당시의 자유 민병으로 하여금 엄정한 군율에 복종하고, 또 복무 기한 내에 자기의 뜻에 따라 떠나지 않게 하는 것은 모두 어려웠다. 하지만 식민지를 군건히 지키려면 또 어찌 이처럼 하지 않을 수 있었겠는가.

【🏅2장 33】然其收効가 旦夕에 可致홀 비 아니라 二年으로 期限을 定ᄒ니 此二年間에 艱苦를 備歷홀ᄉᆡ 土人이 數侵ᄒ야 人命을 殺害ᄒ니 惜乎라 吾善良의 血液으로써 彼殘忍의 斧鉞에 釁ᄒ도다 時에 民兵이 未足ᄒ야 能救치 못ᄒ니 總督이 其等閒홈을 疑ᄒ야 切責ᄒᆞᆫ딕 華盛頓이 怒言호딕 諸人의 相責이 如此ᄒ나 兵備가 未完ᄒ니 良法이 實無라 ᄒ더라

【번역】그 효과를 거두는 것은 짧은 시간에 이룰 수 있는 게 아니었다. 2년으로 기한을 정하였으니, 이 2년 동안에 어려움을 두루 겪었다. 원주민이 여러 번 침입하여 사람들을 죽였다. 안타깝구나! 우리 선량한 사람들의 피로 저 잔인한 도끼를 칠하였도다. 이때 민병이 부족하여 구원하지 못하자, 총독은 그 소홀함을 의심하여 크게 책망하였다. 워싱턴이 화를 내며 말하기를 '여러 사람이 이와 같이 질책하지만 군사 시설이나 장비가 완전하지 않으니, 좋은 방도가 진실로 없다.'라고 하였다.

【⊕ 2장 33】然收効甚難。非旦夕可致。華盛頓因期以二年。此二年間備 歷艱苦。土人屢侵掠。草菅人命。以吾善良之血液。釁彼殘忍之斧鉞。時華盛頓民兵未足。不能救。總督疑其漠視。切責之。華盛頓怒言兵備未完。而諸人相責若此。舍退隱外實無良法。旋以戚友慰藉。民人請求。不果。

【번역】그 효과를 거두기가 매우 어려웠고, 짧은 시간에 이룰 수 있는 것이 아니었다. 워싱턴은 2년으로 기약했는데 그 2년 동안에 어려움을 두루 겪었다. 원주민들은 누차 침략하여 사람의 목숨을 풀 베듯 함부로 죽여 우리 선량한 사람의 피로 저 잔인한 도끼를 칠하였다. 이때 워싱턴은 민병이 부족하여 구원할 수가 없었다. 총독이 그 소홀함을 의심하여 크게 책망하였다. 워싱턴은 화를 내며 말하기를 '군사시설이나 장비가 완전하지 못하고 여러 사람이 질책함이 이와 같으니, 그만두고 은퇴하는 것 말고는 정말 좋은 방법이 없구나.'라고 하였다. 곧이어 친척과 친구들이 위로하고 식민지 주민들의 요청으로 이를 실행하지는 않았다.

【🇰🇷 2장 34】大尉*〈他〉古怒基**者는 本國에서 派遣호 者라 殖民
地士官을 輕視호야 華盛頓의 命을 數違호니 華盛頓이 罰호디***
大尉 ㅣ 大怒호야 駐美總督에게 訴쩌늘 華盛頓이 二百五十英里
를 馳走호야 波斯頓에 詣호야 其理由를 詳述호고 己****意를 並
陳호디 總督希呀來가 待遇를 甚勤호고 大尉*****를 슈호야 殖民
地總督幕下에 在호야 總督의 命를 悉遵케 호니

* 太慰 이해조: 大尉 독도 수정
** 古怒基 이해조: 他古怒基 정금
*** 華盛頓이 罰호디 이해조: 總督罰之 정금
**** 已 이해조: 己 독도 수정
***** 太慰 이해조: 大尉 독도 수정

【번역】닥워시他古怒基[100] 대위는 본국에서 파견한 사람으로, 식민지의
사관士官을 경시하여 워싱턴의 명령을 여러 차례 어기었다. 워싱턴이
그를 처벌하자, 대위는 크게 화를 내며 주미駐美 총독에게 하소연하였
다. 워싱턴이 250마일을 달려가서 보스턴波斯頓[101]에 도착했다. 그 이
유를 자세히 설명하고 자기의 뜻을 아울러 진술하였다. 총독 찰스가
매우 정성스럽게 대하였고, 대위를 식민지 총독 막하에 머물게 하여
총독의 명령을 따르게 하였다.

---

100) 닥워시他古怒基: 영국 군인인 존 닥워시(John Dagworthy, 1721~1784)를 말한다.
101) 보스턴波斯頓: 미국의 동북부에 있는 도시 보스턴(Boston)을 말한다.

【⊕ 2장 34】他古怒基者。自本國遣至之大尉也。不欲從殖民地士官後。數違華盛頓命。總督罰之。大尉大怒。訴於駐美之英軍總督。華盛頓不得已馳二百五十英里至波斯頓。詣督轅盡道其詳。幷陳述己意。總督希呀來慇懃迎之。令大尉在殖民地總督幕下。當遵總督命。

【번역】 닥워시는 본국으로부터 파견되어 온 대위이다. 식민지 사관士官의 뒤를 따르지 않고자 여러 차례 워싱턴의 명령을 어기었다. 총독이 그를 처벌하자, 대위는 크게 화를 내며 주미 영국군 총독에게 하소연하였다. 워싱턴은 어쩔 수 없이 250마일을 달려서 보스턴에 도착했다. 총독의 군영에 이르러 그 자세한 내용을 다 말하였고, 자신의 뜻도 아울러 진술하였다. 총독 찰스는 그를 정중하게 맞이하였고, 대위를 식민지 총독 막하에 머물게 하여 총독의 명령을 따르게 했다.

【🏛 2장 35】於是에 全軍將士가 一人도 方命홈이 無호나 最苦혼 者는 糧食衣服의 供給이 兵士의 數에 不及혼지라 每冬防을 當호면 其心이 最勞호고 若士卒의 怨望호는 色이 有호면 或起臥를 同호며 或飮食을 共호니 將士ㅣ 感泣호는 者ㅣ 多혼지라 一身으로써 庶務에 從事호야 軍制에 岌岌호니 彼 仁慈와 堅忍이 아니면 엇지 能及호리오

【번역】 이에 전군의 장교와 사병 중에 한 사람도 명령을 어기지 않았다. 하지만 가장 괴로운 것은 양식과 의복의 공급이 병사의 수효에 미치지 못하는 것이었다. 매번 동방冬防[102]할 때마다 그의 마음이 몹시 괴로웠다. 그는 병사들이 원망하는 기색이 있으면 간혹 기상과 취침을 같이 하거나 먹고 마시는 것을 함께 하였다. 장교와 사병 중에 감격하여 우는 사람이 많았다. 한 몸으로 여러 업무에 종사하면서도 군제軍制를 급선무로 여겼다. 저 인자함과 강인함이 아니면 어찌 이를 다 해낼 수 있었겠는가.

---

102) 동방冬防: 겨울철의 치안 방비.

【⊕ 2장 35】 於是全軍將士始無一人方命。然彼所最苦者。糧食衣服之供給。常不及兵士之數也。每屆冬防。最爲勞心。察士卒怨望。則與之同起臥共飮食。至將士爲之感泣者。以一身當庶務之衝。而岌岌於軍制。非仁慈如彼。堅忍如彼。烏乎能哉。

【번역】 이에 전군의 장교와 사병은 비로소 한 사람도 명령을 어기지 않았다. 그러나 그가 가장 괴로워하는 것은 양식과 의복의 공급이 항상 병사의 수효에 미치지 못하는 것이었다. 매번 동방에 이를 때마다 마음을 몹시 졸여야만 했다. 병사들의 원망을 살피면서 그들과 기상과 취침을 같이 했으며, 먹고 마시는 것을 함께 하였다. 장교와 사병이 이 때문에 감격하여 목메어 울기까지 하였다. 한 몸으로 여러 업무의 중요한 역할을 담당하면서도 군제를 급선무로 여기었다. 저처럼 인자하고 저처럼 강인하지 않았으면, 어찌 이를 해 낼 수 있었겠는가.

【㉻2장 36】改革의 效驗이 漸見ᄒ야 殖民軍의 精銳足恃ᄂᆫ 世人의 共知ᄒᆫ 비라 二年間에 干戈로 起臥ᄒ고 風雨를 醉飽ᄒ니 彼健强에 엇지 無害ᄒ리오 彼猛虎와 如ᄒ고 雄獅와 如ᄒᆫ 華盛頓이 一病에 沉綿ᄒᆷ이 醫師를 訪ᄒ야 培爾嫩에서 治療ᄒ니 時ᄂᆫ 一七五七年七月이라 自此로 明月에 心을 洗ᄒ고 淸風에 身을 浴ᄒ다가 翌年三月一日에 新療의 病體를 振ᄒ야 殖民地牙營에 復還ᄒ니

【번역】개혁의 효험이 점점 나타나서 식민군의 정예로움과 자부심은 세상 사람들이 모두 알았다. 2년 동안 무기 위에서 기상과 취침을 하고 비바람을 실컷 맞았으니, 저 건강한 몸에 어찌 해가 없겠는가. 저 사나운 범과 같고 수사자와 같은 워싱턴이 한번 병에 걸리자 오랫동안 낫지 않았다. 의사를 찾아 버넌에서 치료하니, 때는 1757년 7월이었다. 이로부터 밝은 달에 마음을 씻고 맑은 바람에 몸을 씻었다. 다음해 3월 1일에 새로운 치료로 병든 몸을 일으켜서 식민지 아영에 다시 돌아왔다.

【㊥ 2장 36】旣而改革之效驗漸見。殖民軍之精銳足恃。頗爲世人所知。而二年間之起臥干戈。醉飽風雨。實害彼健强之原因。於是華盛頓病。於是如猛虎。如雄獅之華盛頓。不得不從醫師之言。暫養痾於培爾嫩。時千七百五十七年七月也。自此洗心明月浴身淸風者數月。翌年三月一日以新療之病體。還於殖民地軍隊之牙營。

【번역】이윽고 개혁의 효험이 점점 나타나서 식민군의 정예로움과 자부심은 자못 세상 사람들에게 알려지게 되었다. 2년 동안 무기 위에서 기상과 취침을 하고 비바람을 실컷 맞았으니, 실로 저 건강한 몸을 해치는 원인이었다. 이에 워싱턴은 병이 들었다. 사나운 범과 같고 수사자와 같은 워싱턴은 의사의 말을 따르지 않을 수 없었다. 잠시 버넌에서 병을 치료하니, 때는 1757년 7월이었다. 이로부터 몇 달 동안 밝은 달에 마음을 씻고 맑은 바람에 몸을 씻었다. 다음 해 3월 1일에 병든 몸을 새롭게 치료하고 식민지 군대의 아영에 돌아왔다.

【㉿ 2장 37】時에 英相이 內閣을 新組ᄒ고 開議ᄒ야 曰殖民地問題를 不結ᄒ면 英國에 利가 아니라 ᄒ고 精銳를 夏出ᄒ야 勝負를 決코자 ᄒᆞᆯ식 福利培*將軍을 命ᄒ야 監督ᄒ고 華盛頓은 殖民地를 仍監케 ᄒ니 惜乎라 外患이 未除ᄒ고 內亂이 先起ᄒ야 豺虎의 慾이 未饜ᄒ며 兄弟의 鬪가 靡終ᄒ도다 本國將校及殖民地士官間에 衝突이 屢起ᄒ되 梯肯**의 役이 在前ᄒᆫ 故로 僅僅히 調停ᄒᆞᆫ지라

* 福利培 이해조: 福爾培 정금
** 棣肯 이해조: 梯肯 독도 수정

【번역】 당시 영국 수상[103]이 내각을 새롭게 조직하고 토의를 시작하며 '식민지의 문제를 매듭짓지 못하면 영국에 이롭지 않다.'라고 하고, 정예군을 다시 출전시켜 승부를 가리고자 하였다. 포브스 장군에게 명하여 감독하게 하고 워싱턴은 식민지를 예전과 같이 감독하게 하였다. 안타깝도다! 외부의 근심이 아직 제거되지 않았는데 내부의 환란이 먼저 일어나 승냥이와 호랑이 같은 욕심은 만족하지 않고 형제의 싸움은 끝나지 않았구나. 본국의 장교와 식민지의 사관 사이에 충돌이 여러 차례 일어났는데, 듀켄의 전투가 앞에 있었기 때문에 겨우 중재가 이루어졌다.

103) 영국 수상: 영국의 정치가인 윌리엄 피트(William Pitt, 1708~1778)를 말한다. 상세한 설명은 131쪽 주석 참조.

【㊥ 2장 37】當此之時。英相組織英內閣。知殖民地問題不結。必非英國之利。乃更出精銳。決勝負。使福爾培將軍督之。華盛頓仍監殖民地軍。惜也外患未除。內訌先起。 豺虎之欲未饜。兄弟之鬪靡終。本國將校與殖民地士官。屢起衝突。賴以調停兩軍。使劑於平者。首在梯肯之役。

【번역】당시에 영국 수상이 영국의 내각을 조직하였는데, 식민지 문제를 매듭짓지 않으면 결코 영국에게 이롭지 않다는 것을 알았다. 이에 정예군을 다시 출전시켜 승부를 가리고자 하였다. 포브스 장군으로 하여금 총독으로 삼고 워싱턴은 예전과 같이 식민지 군대를 감독하게 하였다. 안타깝구나! 외부의 근심을 제거하지 못하였는데 내부의 분쟁이 먼저 일어났다. 승냥이와 호랑이 같은 욕심은 만족함이 없었고 형제의 싸움은 끝나지 않았다. 본국의 장교와 식민지의 사관 사이에 충돌이 여러 차례 일어났다. 다행히 양쪽 군대를 중재하여 화해하도록 조절한 것은 무엇보다도 듀켄의 전투가 있었기 때문이다.

【韓 2장 38】是時에 福利培 ㅣ 壑鐵讕에 在ㅎ야 大佐、簿開氏로
ㅎ야곰 奔鼻巴尼에 開營ㅎ고 殖民地軍隊로 後盾을 作ㅎ니 七月
에 華盛頓이 巴基尼亞隊를 率ㅎ고 根排崙特*에 進홀식 其氣勢가
引滿의 矢와 如ㅎ고 出枏의 虎와 如ㅎ야 梯肯城을 先攻코자 ㅎ거
늘 福利培將軍이 力阻ㅎ되 舊路는 必不利ㅎ리니 他道를 別求홈
만 不如ㅎ다 ㅎ니 華盛頓이 得已**치 못ㅎ야 羅義享那***로 出ㅎ
다 十一月終에

* 根培崙特 이해조: 根排崙特 독도 수정
** 己 이해조: 已 독도 수정
*** 羅義享那 이해조: 羅義享那 정금

【번역】이때, 포브스 장군이 필라델피아壑鐵讕[104]에 있었다. 부케 대좌
로 하여금 펜실베이니아에 군영을 설치하고 식민지 군대로 뒤를 받치
게 하였다. 7월에 워싱턴이 버지니아 군대를 이끌고 컴벌랜드로 진출
하였는데, 그 기세가 팽팽하게 당긴 활의 화살과 같고 우리에서 나온
범과 같았다. 듀켄성을 선공하고자 하였으나 포브스 장군이 극력 저
지하며 '옛길은 꼭 이로운 것이 아니니, 다른 길을 따로 구하는 것이
좋을 것이다.'라고 하였다. 워싱턴은 어쩔 수 없이 로열해나羅義享那[105]
로 진출하니, 11월의 끝이었다.[106]

104) 필라델피아壑鐵讕: 미국 펜실베이니아주州의 동쪽 끝에 있는 도시인 필라델피아
(Philadelphia)를 말한다. 뉴욕과 워싱턴의 거의 중간인 델라웨어 강의 우안右岸
에 위치하며 미국 동북 메갈로폴리스(Northeast Megalopolis)의 중심 도시 가운
데 하나이다.
105) 로열해나羅義享那: 미국 펜실베이니아주 남서쪽에 있는 강인 로열해나 크리크
(Loyalhanna Creek)를 말하는데, 이 강은 키스키미네타스강의 지류이다.
106) 11월의 끝이었다: 이해조는 '十一月終'을 다음 문장의 첫 머리에 두었지만, 문맥
상 '羅義享那로 出ㅎ다'의 뒷 부분에 와야 한다.

【⊕2장 38】當時福爾培在塹鐵謔。使大佐簿開氏張牙營*於奔臭巴尼中央。部署殖民地軍隊。以爲後盾。七月華盛頓率巴基尼亞隊進於根排侖特。如引滿之矢。如出柙之虎。欲先攻梯肯城。福爾培將軍力阻。謂舊路不利。不如別求他道。不得已乃改道羅義亨那。十一月之終。

* 午營 정금: 牙營 독도 수정

【번역】당시 포브스 장군이 필라델피아에 있었다. 부케 대좌로 하여금 펜실베이니아에 군영을 설치하고, 식민지 군대를 배치하여 뒤를 받치게 하였다. 7월에 워싱턴이 버지니아 군대를 이끌고 컴벌랜드로 진출하였는데, 팽팽하게 당긴 활의 화살과 같고 우리에서 나온 범과 같았다. 듀켄성을 먼저 공격하고자 하였으나 포브스 장군이 극력 저지하며 '옛길은 꼭 이로운 것은 아니니, 다른 길을 따로 구하는 것만 못하다.'라고 하였다. 워싱턴은 하는 수 없이 로열해나羅義亨那로 노선을 바꾸었으니, 11월의 끝이었다.

【韓 2장 39】華盛頓의 熱心이 羮水에 蒸氣와 如ᄒ야 沸度가 益加
ᄒ니 雖萬鈞의 石이나 其蓬勃의 力을 엇지 壓ᄒ리오 將軍께 先請
ᄒ야 敵勢를 偵探ᄒ다가 敵兵이 始覺ᄒ고 急起迎擊ᄒ니 華盛頓
이 大軍을 揮進ᄒ딕 法兵이 能支치 못ᄒ야 城寨를 棄ᄒ고 屋淮郁
大河를 航ᄒ야 遁ᄒ거늘 華盛頓이 兵을 收ᄒ야 城에 入ᄒ고 國旗
를 高懸ᄒ니 翼日에 福利培가 亦至ᄒ더라

【번역】 워싱턴의 열의는 끓이는 물의 증기와 같이 그 온도가 더욱 끓
어 올랐으니, 비록 만 균釣[107]이나 되는 돌이라도 그 솟구치는 힘을
어찌 누르겠는가. 장군께 선봉에 서기를 요청하여 적의 형세를 정탐
하였다. 적병이 이를 비로소 알고 급히 출병하여 맞받아 치자, 워싱턴
이 대군을 지휘하여 진격하였다. 프랑스군이 버티지 못하고 성채를
버리고 오하이오 대하를 건너서 달아났다. 워싱턴이 군사를 거두어
성에 들어가 국기를 높이 매달았다. 이튿날에 포브스 장군도 도착하
였다.

---

107) 균釣: '서른 근斤'의 무게를 말한다.

【⊕ 2장 39】華盛頓之熱心。恰如煮水蒸氣。沸度益加。萬鈞之石。亦不能壓其蓬勃之力。請於將軍先焉。一面使達郎脫少佐*偵敵勢。敵兵覺之。急起迎擊。華盛頓亦麾兵前進。法兵不能支。棄城航屋淮郁大河以遁。華盛頓收兵不追。入城高樹國徽其上。翌日。福爾培亦至。

* 大佐 정금: 少佐 독도 수정

【번역】 위싱턴의 열의는 흡사 끓이는 물의 증기와 같아 끓는 온도가 증가하니, 비록 만 균이나 되는 돌이라도 그 솟구치는 힘을 누를 수 없었다. 장군에게 선봉에 서기를 요청하였다. 한편으로는 그랜트達郎脫[108] 소좌로 하여금 적의 형세를 정탐하게 하였다. 적병이 이를 알고 급히 출병하여 맞받아 치자, 위싱턴도 군사를 지휘하여 진격하였다. 프랑스군이 버티지 못하고 성채를 버리고 오하이오 대하를 건너서 달아났다. 위싱턴이 군사를 거두고 추격하지 않았다. 성에 들어가 그 위에 국가의 휘장을 높이 세웠다. 이튿날에 포브스 장군도 도착하였다.

---

108) 그랜트達郎脫: 제임스 그랜트(James Grant, 1720~1806)를 말한다.

【韓 2장 40】時에 英軍이 分道前進ᄒ야 次第로 得勝홀ᄉᆡ 里司巴格에 進흔 者는 烏爾夫가 領ᄒ야 亞爾干棣를 先略ᄒ고 夸崙冰忒啓孔突*에 進흔 者는 喬松이 領ᄒ야 敵將蒙卡爾嬷에게 見敗ᄒ더니 後에 得勝ᄒ야 其城을 據ᄒ고 尼亞軋에 進ᄒ는 者는 希爾가 領ᄒ야 久戰不勝이러니 一七五九年에 始勝ᄒ다

* 啓孔突 이해조: 啓孔突 정금

【번역】 이때 영국군이 길을 나누어 전진하여 차례로 승리하였다. 루이스버그에 진격한 자는 울프烏爾夫[109] 장군으로 아카디아亞爾干棣[110]를 먼저 빼앗았다. 크라운 포인트와 티콘데로가에 진격한 자는 존슨喬松[111] 장군으로 적장 몽칼름에게 패배를 당했었는데 후에 승리하여 그 성을 차지하였다. 나이아가라로 진격한 자는 셜리希爾[112] 장군으로 오랫동안 싸웠지만 승리하지 못하다가 1759년에야 비로소 승리하였다.

---

109) 울프烏爾夫: 영국 군인인 제임스 울프(James Wolfe, 1727. 1. 2.~1759. 9. 13.)를 말한다. '프렌치 인디언 전쟁' 또는 '7년 전쟁'(1756~1763)으로 알려진 이 전쟁에서 제임스 울프 장군의 영국군이 극적으로 퀘벡을 함락시켜 전세를 역전시킨 것은 많은 아메리카인들에게 감동을 주었다.
110) 아카디아亞爾干棣: 캐나다의 남동부의 예전 프랑스 식민지인 아카디아(Acadia)를 말한다.
111) 존슨喬松: 영국의 군인 윌리엄 존슨(William Johnson, 1st Baronet, 1715~1774)을 말한다. 북미에서 일어난 7년 전쟁의 일부인 프렌치 인디언 전쟁 동안 존슨은 이로쿼이 연방 병력과 식민지 민병대의 지휘관을 맡았고, 조지 호수 전투에서 영국에 승리를 안겨주었다.
112) 셜리希爾: 영국 군인인 윌리엄 셜리(William Shirley, 1694. 12. 2.~1771. 3. 24.)를 말한다.

【㊉ 2장 40】時英軍分道前進。次第得勝。進於里司巴格者。烏爾夫爲將。先略亞爾干棟。千七百五十八年。進兵會敵。劇戰數合陷之。進於夸侖冰忒啓孔突者。喬松爲將。嘗爲敵將蒙卡爾媒所破。而敵將卒敗走。英軍得其城。向尼亞軋者。希爾利爲將。久不下。曠日老師。至千七百五十九年乃降。

【번역】이때 영국군이 길을 나누어 전진하여 차례로 승리하였다. 루이스버그에 진격한 자는 울프 장군으로 아카디아를 먼저 빼앗았다. 1758년 진군하다가 적을 만나 격전을 벌인지 몇 합슴 만에 루이스버그를 함락시켰다. 크라운 포인트와 타이콘데로가에 진격한 자는 존슨 장군으로 일찍이 적장 몽칼름에 패배를 당했었는데, 적장이 마침내 패주하여 영국군이 그 성을 차지하였다. 나이아가라로 향한 자는 셜리 장군으로 오랫동안 함락시키지 못하고 허송세월하며 군대를 거느리다가 1759년에 이르러서야 마침내 함락시켰다.

【🇰 2장 41】時에 法兵의 堅壘가 但塊培古一城만 餘ᄒ지라 塊培古는 聖多廉士河를 臨ᄒ야 絕壁上에 直立ᄒ니 二百英尺에 過ᄒ야 堅銳로 宿號ᄒ 處라 法將蒙卡爾嫫이 精銳를 盡集ᄒ야 固守홀ᄉᆡ 英軍이 諸路旣捷에 勇將烏爾夫가 八千精兵을 領ᄒ고 四圍進攻ᄒ되 屢日不下라 乃乘夜ᄒ야 敵壘前에 沿行ᄒ다가 低平處를 得ᄒ야 岸上에 攀昇ᄒ야 卒地吶喊ᄒ고 一時殺來ᄒ니 時는 一七五九年九月十三日이라

【번역】이때 프랑스군의 견고한 성루는 오직 퀘벡 한 성만 남았다. 퀘벡은 세인트로렌스 강에 임하여 절벽 위에 200피트가 넘게 우뚝 서 있어 예로부터 군세고 날카로운 곳으로 불리었다. 프랑스 장군 몽칼름이 정예한 군사를 다 모아 굳게 지켰다. 영국군이 모든 길에서 승리한 뒤에 용장 울프가 8천 정예 병사를 거느리고 사방을 포위하고 진격하였지만, 여러 날 동안 함락시키지 못하였다. 마침내 밤을 틈타 적군의 성루 앞에까지 물길을 따라 갔다. 낮고 평평한 곳에 도착하여 둔덕 위에 올라가 갑자기 함성을 지르며 일시에 돌진하였다. 때는 1759년 9월 13일이다.

【⊕ 2장 41】時法將所有堅壘。止塊培苦一城。塊培苦壘宿號堅銳。臨聖多廉士河。於絶壁之上。直立二百英尺。法將蒙卡爾媄集精銳守之。英軍諸路旣捷。勇將烏爾夫率兵八千圍焉。累攻不下。因得一計。乃乘暗夜鼓棹泝敵壘前。尋其沿岸之低平處。使兵士攀昇岸上。吶喊驚守兵。乘虛殺之。兵士皆得上。與法軍大戰於平原。時千七百五十九年九月十三日也。

【번역】이때 프랑스 장군이 견고하게 지키고 있는 성루는 오직 퀘벡한 성뿐이었다. 퀘벡은 예로부터 굳세고 날카로운 곳으로 불리었다. 세인트로렌스 강에 임하여 절벽 위에 200피트 높이로 우뚝 서 있었다. 프랑스 장군 몽칼름이 정예한 군사를 모아 지켰다. 영국군이 모든 길에서 승리한 뒤에 용장 울프가 8천 병사를 거느리고 포위하였다. 여러 차례 공격했지만 함락시키지 못하였다. 한 계책을 얻어 마침내 어두운 밤을 틈타 노를 저어 적군의 성루 앞에까지 거슬러 올라갔다. 연안의 낮고 평평한 곳을 찾아 병사로 하여금 둔덕 위에 올라가게 하고, 함성을 질러 성루를 지키는 병사를 놀라 자빠지게 한 뒤에 허점을 틈타 돌진하였다. 때는 1759년 9월 13일이다.

【㉥ 2장 42】二國의 運命이 此一擧에 繫在흔 故로 英法將軍이 皆力戰ᄒ야 兩軍이 死흔 者쑨이오 傷흔 者도 無ᄒ더라 久之에 英軍이 大勝ᄒ니 大將烏爾夫가 重傷을 被ᄒ야 將死ᄒᆯ시 捷報를 聞홈이 笑를 含ᄒ고 逝ᄒ더라 敵將蒙卡爾嫫이 敗兵을 收拾ᄒ야 再擧코쟈 ᄒ다가 銃丸에 擊斃흔 빅 되니 法軍이 乃降ᄒ고 翼年에 孟爾利*가 又陷ᄒ니 於是에 英法專權大使가 法京巴黎에서 議和ᄒ야 西班牙의 夫洛利達地와 法蘭西의 米司希比以東이 英領에 盡屬ᄒ다

* 孟爾利 이해조: 孟利爾 정금

【번역】두 나라의 운명이 이 한 번의 일에 달려있었기에 영국과 프랑스 장군이 모두 힘써 싸웠다. 두 나라 군은 죽은 자뿐이고 다친 자도 없었다. 한참 뒤에 영국군이 크게 이겼다. 대장 울프가 중상을 입어 장차 죽을 즈음에 승전 소식을 듣고서 웃음을 머금고 죽었다. 적장 몽칼름이 패배한 병사를 수습하여 다시 군사를 일으키고자 하였지만 총환에 맞아 죽었다. 프랑스군이 마침내 항복하고, 다음 해에는 몬트리올 孟爾利[113]이 또 함락되었다. 이에 영국과 프랑스의 전권대사가 프랑스의 수도 파리巴黎에서 강화를 의논하여 스페인西班牙의 플로리다夫洛利達[114] 땅과 프랑스의 미시시피 강 동쪽이 영국 영토에 모두 귀속되었다.

113) 몬트리올孟爾利: 캐나다 퀘벡주州에 있는 도시인 몬트리올(Montreal)을 말한다. 캐나다에서 두 번째로 큰 도시로 프랑스어권 도시이다. 북아메리카의 파리로 불리는 도시로, 프랑스어로는 몽레알이라고 한다.
114) 플로리다夫洛利達: 미국 남부의 주인 플로리다(Florida)를 말한다. 16세기 초 스페인인이 처음으로 이주하였고, 1565년 이 나라 최초의 도시 세인트 오거스틴을 건설했다. 1819년 미국이 스페인으로부터 사들였다.

【⊕ 2장 42】英法雄將。以二國運命。繫此一舉。殊死戰。士卒有戰
死而無傷者。久之英軍卒大勝。大將烏爾夫創重且死。會勝報到。
遂含笑而逝。敵將蒙卡爾媄收拾敗兵。方擬再舉爲銃丸擊斃。法兵
遂降。翌年孟利爾陷。於是坎拿大全土屬英。英法全權大使會於法
都巴黎議和。從此西班牙夫洛利達之地。法蘭西米司希比以東之地。
全爲英有。

【번역】영국과 프랑스의 용감한 장수는 두 나라의 운명이 이 한 번의
일에 달려있었기에 죽음을 각오하고 싸웠다. 병사는 전사자만 있고
부상자는 없었다. 한참 뒤에 영국군이 크게 이겼다. 대장 울프가 상처
가 깊어 장차 죽으려 할 즈음에 마침 승전 소식이 도착하여 마침내 웃
음을 머금고 죽었다. 적장 몽칼름이 패배한 병사를 수습하여 바야흐
로 다시 군사를 일으키고자 하였지만 총환에 맞아 죽었다. 프랑스군
이 마침내 항복하고, 다음 해에 몬트리올孟利爾이 함락되었다. 이에 캐
나다의 전 지역은 영국에 귀속되었다. 영국과 프랑스의 전권대사가
프랑스 수도 파리에 모여 강화를 의논하였다. 이로부터 스페인의 플
로리다 땅과 프랑스의 미시시피 강 동쪽의 땅이 모두 영국의 소유가
되었다.

【韓 2장 43】此戰爭이 凡六年에 生命을 犧牲ㅎ고 軍費가 無筭ㅎ되 英國領土ᄂᆞᆫ 數十倍에 驟加ㅎ야 旌旗所至에 全球가 驚怖ㅎ고 亞美利加土番도 敢히 再犯치 못ㅎ더라 嗚呼라 有志면 事竟成이라 ㅎ더니 華盛頓을 爲ㅎ야 喜ㅎ노라

【번역】 이 전쟁은 도합 6년으로, 생명을 희생하고 군비가 헤아릴 수 없이 크게 소모되었다. 영국의 영토는 수십 배로 갑자기 증가하여 깃발이 이르는 곳에 전 세계가 놀라고 두려워하였다. 아메리카의 원주민도 감히 다시 침입하지 못하였다. 아, '뜻이 있으면 일이 마침내 이루어진다'라고 하였으니, 워싱턴을 위하여 기뻐하노라.

【⊕ 2장 43】是役也。戰爭凡六年。犧牲生命軍費無算。而英國領土
驟加數十倍。旌旗所至。全球驚怖。亞美利加土番不復敢犯矣。嗚呼
有志事竟成。吾於是不得不爲費试喜。更不得不爲華盛頓喜。

【번역】이 전쟁은 도합 6년을 싸웠는데, 생명을 희생하고 군비는 헤아
릴 수 없을 정도로 소진되었다. 영국의 영토는 수십 배로 갑자기 증가
하여 깃발이 이르는 곳에 전 세계가 놀라고 두려워하였다. 아메리카
의 원주민도 다시는 감히 침범하지 못하였다. 아, '뜻이 있으면 일이
마침내 이루어진다'라고 하였다. 나는 이에 피트費试[115]를 위해 기뻐하
지 않을 수 없고 워싱턴을 위하여 기뻐하지 않을 수 없다.

---

115) 피트費试: 영국의 정치가인 윌리엄 피트(William Pitt, 1708~1778)를 말한다. 7년
전쟁 당시 사실상의 수상으로서 전쟁을 지휘하여 인도 및 북아메리카에 있어서
의 프랑스와의 식민지 쟁탈전에서 승리하고, 영국 해외 발전의 기초를 공고히 하
였다. 둘째 아들 소 피트(William Pitt the Younger)와 구별하기 위하여 대 피트
(the Elder)라 불린다.

【🏃 2장 44】高鳥가 旣盡ᄒ고 狡兔가 旣死라 巴黎和議가 旣定에 華盛頓의 退志가 益堅ᄒ니 盖武職의 屢選홈이 初志가 아니오 況 今에 大功을 成홈이 엇지 歸志가 無ᄒ리오 十二月에 本職을 辭ᄒ 고 培爾嫩으로 歸홀ᄉᆡ 部下將校가 感謝書를 作ᄒ야 贈別ᄒ더라 彼七載를 從軍홈이 慈愛의 精神과 卓越의 才能과 堅忍의 意志가 世人의 腦際에 深印ᄒᆫ 故로 德望이 益顯ᄒ야 日後에 虎鬚를 捋ᄒ 고 鵬翼을 奮ᄒ야 强英을 脫ᄒ고 新國을 建홈이 皆此로 由홈이라

【번역】높이 나는 새도 이미 죽고 교활한 토끼도 이미 죽었다. 파리 강 화회의가 정해진 뒤에 워싱턴의 물러날 뜻이 더욱 굳어졌으니, 무관 직책에 누차 뽑힌 것은 처음에 품은 뜻이 아니었다. 하물며 지금 큰 공을 이룸에 어찌 돌아갈 뜻이 없으리오. 12월에 본직을 사임하고 버 넌으로 귀향할 때 부하 장교가 감사의 편지를 써서 작별하며 주었다. 저 7년을 종군할 때 자애로운 정신과 탁월한 재능과 강인한 의지가 세상 사람의 뇌리에 깊이 각인되었다. 그러므로 덕망이 더욱 드러나 뒷날에 범의 수염을 뽑고 붕새의 날개를 떨쳐서[116] 강한 영국에서 벗 어나고 새로운 나라를 건설함이 모두 여기에서 비롯된 것이다.

---

116) 범의…떨쳐서: '범의 수염을 뽑다'라는 것은 '모험을 하다'는 의미하고, '붕새의 날개를 떨치다'라는 것은 '원대한 포부를 펼치다'는 의미이다.

【⊕ 2장 44】高鳥盡矣。狡免死矣。巴黎和議旣定。華盛頓退志甚堅。蓋武職累遷。本非其初志。況今也大功旣成耶。十二月遂辭職歸於培爾嫩。部下將校悲司令官之去。送感謝書以爲贈別。而彼之七載從兵。慈愛之精神。堅忍之意志。卓越之才能。無一不〈顯〉於大刀匹馬時*。深印於世人腦際。故德望益顯。而後之事業所以持虎鬚奮鵬翼。脫强英造新國者。胥由此而已。

* ‘無一不於大刀匹馬時’ 정금: ‘無一不顯於大刀匹馬時’ 독도 수정

【번역】 높이 나는 새도 죽고 교활한 토끼도 죽었다. 파리 강화회의가 정해진 뒤에 워싱턴의 물러날 뜻이 더욱 굳어졌으니, 무관 직책에 누차 승진한 것은 본래 처음에 품은 뜻이 아니었다. 하물며 지금 큰 공을 이미 이룸에랴. 12월에 마침내 직책을 내놓고 버넌으로 귀향할 때 부하 장교가 사령관이 떠나감을 슬퍼하여 감사의 편지를 보내어 작별 선물로 삼았다. 저 7년을 종군할 때 자애로운 정신과 강인한 의지와 탁월한 재능이 큰 칼을 차고 말을 달릴 때 하나도 드러나지 않음이 없어서[117] 세상 사람의 뇌리에 깊이 각인되었다. 그러므로 덕망이 더욱 드러나 뒷날의 사업이 범의 수염을 뽑고 붕새의 날개를 떨쳐서 강한 영국에서 벗어나고 새로운 나라를 만든 것은 모두 여기에서 비롯된 것일 뿐이다.

117) 큰 칼을 …않음이 없어서: 문맥상 ‘큰 칼을 차고 말을 탈 때 하나도 〈드러나지〉 않음이 없다〔無一不〈 〉於大刀匹馬時〕’라고 풀이하는 것으로 볼 때, ‘不’과 ‘於’ 사이에 ‘드러나다’라는 뜻인 ‘顯’ 또는 ‘著’ 자가 누락된 듯하다.

【㉻ 2장 45】此時에 華盛頓이 未亡人*加基斯로 結婚ᄒ다 十七歲時에 一少女로 情交를 結ᄒ야 彼此愛情이 深ᄒ더니 不幸히 榮華가 未茂ᄒ고 弱質이 遽凋ᄒ야 此婉變**絕妙ᄒ 少女가 塵世를 永離ᄒ니 雖華盛頓의 堅忍威嚴으로도 蠟丸의 涙를 含ᄒ고 猩紅의 涕를 灑ᄒ야 匏瓜의 無匹홈을 傷ᄒ고 牽牛의 獨居홈을 咏ᄒ더니 測量에 從事ᄒ야 威亞弗斯家에 留ᄒ되 小女의 情愛를 猶哀ᄒ야 悲憐ᄒ 尺素를 作ᄒ야 親友에게 寄ᄒ야 自慰ᄒ니 其愛情의 濃홈과 節操의 富홈을 可知로다

* 末㐅人 이해조: 未㐅人 독도 수정
** 變 이해조: 變 독도 수정

【번역】이때 워싱턴이 미망인 커티스加基斯[118]와 결혼하였다. 그는 17세에 한 소녀와 정분을 맺어 서로 애정이 깊었다. 하지만 불행하게도 꽃이 활짝 피지도 못하고 허약한 체질로 갑자기 시들어 버렸다. 이 절세의 예쁜 소녀가 갑자기 속세를 영원히 떠났다. 비록 강인하고 위엄 있는 워싱턴이었지만 납환蠟丸[119]의 눈물을 머금고 선홍빛의 눈물을 뿌렸으며, 포과匏瓜가 짝이 없음을 서러워하고 견우牽牛가 홀로 지냄을 노래하였다.[120] 측량에 종사하여 윌리엄 페어팩스의 집에 머물렀다. 소녀에 대한 애정으로 아직도 슬퍼하며 비련의 편지를 써서 친구에 부치고 스스로 위로하였다. 그 애정의 깊음과 절조의 풍부함을 대략 알 수 있다.

118) 커티스加基斯: 조지 워싱턴의 부인인 마사 커티스(Martha Custis, 1731. 6. 2.~1802. 5. 22.)를 말한다.
119) 납환蠟丸: 밀랍을 둥그렇게 뭉쳐 그 속에 서류를 넣어 비밀로 통신하는 데 쓰였다.
120) 포과…노래하였다: 조식曹植의 〈낙신부洛神賦〉에는 '포과가 짝이 없음이여 견우가 홀로 있도다[歎匏瓜之無匹兮 詠牽牛之獨處]'라고 하였다. 포과와 견우는 모두 별 이름을 말한다.

【⊕ 2장 45】此時華盛頓與未亡人加基斯結婚。彼之天性愛情最厚。十七歲時。與一小女結情交。彼此愛憐深至。不幸榮華未茂。弱質遽凋。此婉變絶世之小女。遽離塵世。致堅忍威嚴之華盛頓。含蠟丸之淚。灑猩紅之涕。遇目無兆。寤寐弗夢。傷匏瓜之無匹。詠牽牛之獨居。及從事測量。主威亞弗斯氏家。猶哀小女之情。悁邑不能自持。致極悲憐之尺素於其親友。以自慰藉焉。其愛情之濃。節操之富。略可知矣。

【번역】이때 워싱턴이 미망인 커티스와 결혼하였다. 그의 천성은 애정이 매우 두터웠다. 17세에 한 소녀와 정분을 맺어 서로 애정이 매우 깊었다. 하지만 불행하게도 꽃이 활짝 피지도 못하고 허약한 체질로 갑자기 시들어 버렸다. 이 절세의 예쁜 소녀가 갑자기 속세를 영원히 떠났다. 강인하고 위엄있는 워싱턴이었지만 납환의 눈물을 머금고 선홍빛의 눈물을 뿌렸다. 시선이 닿는 곳에도 아무런 흔적도 없었고, 자나 깨나 그리워해도 꿈에 나타나지 않았다.[121] 포과가 짝이 없음을 서러워하고 견우가 홀로 지냄을 노래하였다. 측량 일을 하면서 윌리엄 페어팩스의 집에 머물렀는데, 소녀에 대한 정으로 아직도 슬퍼하였다. 울분을 스스로 억제할 수가 없어 친구에게 아주 슬픈 편지를 보내서 스스로 위로하였다. 그 애정의 깊음과 절조의 풍부함을 대략 알 수 있다.

---

121) 시선이…못했다: 중국 진晉나라의 시인 반악潘岳이 지은 〈애영서문哀永逝文〉의 한 구절인 "旣遇目兮無兆, 曾寤寐兮弗夢."을 인용한 것이다.

【㊿ 2장 46】爾後에 英法殖民地事ㅣ 起홈이 正*是國家多難의 秋
라 英雄의 眼淚가 兒女에게 遑及지 못홀지라 歲月이 如流ㅎ고 人
事가 荏苒ㅎ야 翩翩少年이 二十七歲春秋에 大英國威名이 轟轟烈
烈ㅎ야 大陸에 震盪홀 時를 已啓ㅎ도다 巴基尼亞**客舍에 偶在
ㅎ더니 加基斯를 見ㅎ고 意氣相合ㅎ야 婚姻을 成ㅎ니 加基斯氏
의 才色으로 華盛頓의 英傑을 備配홈이 彼此의 遺憾이 無ㅎ도다
前夫所生혼 兒女二人이 有ㅎ거늘 華盛頓이 厚愛ㅎ야 親父와 如
ㅎ더라

* 政 이해조: 正 독도 수정
** 巴基亞 이해조: 巴基尼亞 독도 수정

【번역】이후에 영국과 프랑스 식민지의 일이 벌어졌다. 마침 국가가
어려움이 많았던 시기였기에 영웅의 눈물이 소녀에게 미칠 겨를이 없
었다. 세월은 흐르는 물과 같고, 사람의 일은 덧없이 흘렀다. 생기발
랄했던 소년이 27살의 나이가 되었을 때에는 대영국의 명성이 드높
아 대륙을 진동하는 시기를 이미 열었다. 워싱턴이 버지니아 객사에
우연히 있다가 커티스를 보고 의기투합하여 혼인을 하였다. 커티스는
재능과 미모를 아울러 갖춰 영웅호걸인 워싱턴과 짝지었으니 서로 아
쉬움이 없었다. 전 남편의 소생인 딸 2명이 있었는데, 워싱턴이 친아
버지와 같이 매우 사랑하였다.

【⊕ 2장 46】爾後英法殖民地事起。正國家多難之秋。志士捐軀之日。英雄眼淚。不遑及於兒女。歲月如流。人事荏苒。翩翩少年。已屆二十七之春秋。大英國之威名轟轟烈烈。震盪大陸之時。偶在巴基尼亞客舍。見加基斯夫人。意氣投合婚焉。夫人爲加基斯氏未亡人。才色竝備。配華盛頓。誠無遺憾。前夫生兒女二人亦偕往華盛頓厚愛之。雖親父不是過。

【번역】이후에 영국과 프랑스 식민지의 일(전쟁)이 발생하였다. 마침 국가가 어려움이 많은 시기였고 지사志士가 목숨을 바치는 날이었기에 영웅의 눈물이 소녀에게 미칠 겨를이 없었다. 세월은 흐르는 물과 같고, 사람의 일은 덧없이 흘렀다. 생기발랄했던 소년은 벌써 27살의 나이에 이르렀다. 대영국 명성이 드높아 대륙에 진동할 때, 워싱턴이 버지니아 객사에 우연히 머물다가 커티스를 보고 의기투합하여 혼인을 하였다. 부인은 커티스의 미망인으로 재능과 미모를 아울러 갖춰 워싱턴과 짝지었으니 진실로 아쉬움이 없었다. 전 남편의 소생인 두 딸 또한 함께 왔는데, 워싱턴이 매우 사랑하였다. 비록 친아버지라도 이보다 더하지는 못할 것이다.

【🏅 2장 47】加基斯ㅣ 華盛頓에게 歸ᄒᆞᆫ 後로 生育이 無ᄒᆞ야 春花
가 已開에 秋苗가 不秀ᄒᆞ니 此ᄂᆞᆫ 華盛頓의 大憾이라 然厥後大功
을 旣成ᄒᆞ야 卓然히 北美合衆國의 始祖가 되니 今日合衆國千萬
生靈에 何人이 其愛兒가 아니리오 生흠이 自由의 民을 作ᄒᆞ고 死
흠이 自由의 鬼를 作ᄒᆞ야 萬邦이 攘々*ᄒᆞ딕 西半球風月은 無恙ᄒᆞ
고 羣吠가 猖々ᄒᆞ딕 北美洲山河ᄂᆞᆫ 如古ᄒᆞ니 嗚**呼其目을 地下
에 可瞑ᄒᆞ갯도다

* 讓々 이해조: 攘々 독도 수정
** 鳴 이해조: 嗚 독도 수정

【번역】커티스가 워싱턴에게 시집간 뒤로 아이를 낳아서 기르는 일이
없었다. 봄꽃이 이미 피었는데도 가을 이삭이 패지 않았으니, 이는 워
싱턴에게 크게 안타까운 일이었다. 그러나 그 뒤에 큰 공을 이루고 우
뚝이 북미합중국의 시조가 되었다. 오늘날 합중국 천만 생명 중에 어
느 누구라도 그에게 사랑하는 아이가 아니겠는가. 살아서는 자유의
국민이 되었고, 죽어서는 자유의 귀신이 되었다. 모든 나라가 어지러
운데 서반구[122]의 풍월은 근심이 없고, 으르렁거리며 떼로 짖어대도
북미주의 산하는 예전과 같았다. 아! 그 눈을 지하에서 감을 수 있을
것이다.

---

122) 서반구西半球: 유럽을 가리킨다. 정금의 입장에서 본 생각을 붙인 것이다. 당시
　　중국을 비롯한 아시아는 서구열강의 침탈을 받아 어지러운 상태였다.

【⊕ 2장 47】惟加基斯自適華盛頓。終身不育。春花已開。秋苗未
秀。此則華盛頓之大憾也。然厥後大功旣成。卓然爲北美合衆國之
始祖。至於今合衆國千萬生靈。何一非其愛兒。生爲自由民。死作自
由鬼。萬邦攘攘。西半球之風月無恙。羣吠狺狺。北美洲之山河如
故。嗚呼其亦可瞑於地下矣。其亦可瞑於地下矣。

【번역】커티스가 워싱턴에게서 유유자적할 뿐 종신토록 아이를 낳아
기르는 일이 없었다. 봄꽃이 이미 피었는데도 가을 이삭이 패지 않았
으니, 이는 워싱턴에게 크게 안타까운 일이었다. 그러나 그 뒤에 큰 공
을 이루고 우뚝이 북미합중국의 시조가 되었다. 지금 합중국 천만 생
명에 이르러 어느 한 사람이라도 그가 사랑하는 아이가 아니겠는가.
살아서는 자유의 국민이 되었고, 죽어서는 자유의 귀신이 되었다. 모
든 나라가 어지러운데 서반구의 풍월은 근심이 없고, 으르렁거리며
떼로 짖어대도 북미주의 산하는 예전과 같았다. 아! 그 또한 지하에서
눈을 감을 수 있을 것이다. 그 또한 지하에서 눈을 감을 수 있을 것이
다.

제3장: 영국왕의 압제와 주의회 의원

〔英國王之壓制及州會議員〕

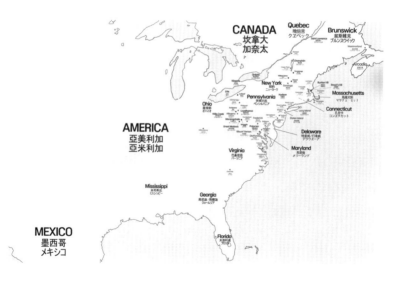

【韓 3장 1】一七六三年에 英法戰事 l 旣終ᄒ고 巴黎和議가 旣結에 英國旗幟가 煥然增輝ᄒ야 東ᄋ로 法蘭西를 壓ᄒ고 南ᄋ로 西班牙를 壓ᄒ야 十三州*人口二百萬人口에 金銀이 充滿ᄒ고 米穀이 豐饒ᄒ야 山高水淸ᄒ고 氣溫 土肥의 樂土에 永히 大英國旗幟를 高立이나 雖然이니 日中則仄ᄒ고 月盈則虧ᄒ며 樂極驕生ᄒ고 興盡悲來라 英王의 貪亂壓制ᄂ 日甚ᄒ고 殖民의 革命自由ᄂ 日進ᄒ야 於是에 七年獨立大戰이 起ᄒ고 於是에 北美洲新國이 建ᄒ고 於是에 一世人傑華盛頓의 歷史가 完全ᄒ도다

* 洲 이해조: 州 독도 수정

【번역】1763년에 영국과 프랑스의 전쟁이 이미 끝났다. 파리 강화회의가 체결된 뒤에 영국의 깃발이 환하게 더욱 빛났다. 동으로는 프랑스를 누르고 남으로는 스페인을 눌렀다. 13개 주의 2백만 인구에 금은이 가득 차고 곡식이 풍요하였다. 산은 높고 물은 맑으며 기후는 따뜻하고 흙은 기름진 낙토에 영원히 대영국의 깃발을 높이 세웠다. 그렇지만 해도 중천에 이르면 기울고 달도 차면 이지러지며, 즐거움이 지극하면 교만이 생기고 흥이 다하면 슬픔이 온다. 영국 왕의 탐욕과 압제는 날로 심하였고, 식민지의 혁명과 자유는 날로 진보하였다. 이에 7년의 독립대전이 일어났고, 이에 북미주의 새로운 나라가 건설되었으며, 이에 일세의 인걸 위싱턴의 역사[121]가 완성되었다.

---

121) 역사: 《안응칠 역사》에서 '역사'는 이야기와 정사 사이에 이중적 의미를 지니는 사례로 들 수 있다.

【⊕ 3장 1】一七六三年。英法戰事旣終。巴黎和議旣結。英國旗幟
煥然增輝。東凌法蘭西。南壓西班牙。決決新大陸。一任三島之英人
獨步。而無人過問。區域及十三州*人口至二百萬。金銀充滿。米穀
豐饒。山高水淸。氣溫土肥之樂土。將永爲大英國版圖。永樹旗幟。
雖然日中則昃。月盈必虧。樂極驕生。興盡悲來。英國王貪亂壓制之
擧。日甚一日。殖民地革命自由之機。亦日進一日。於是七年之獨立
大戰起。於是北美之民主新國建。於是一世人傑華盛頓之歷史全。

* 洲 이해조: 州 독도 수정

【번역】1763년에 영국과 프랑스의 전쟁 일이 이미 끝났다. 파리 강화
회의가 체결된 뒤에 영국의 깃발이 환하게 더욱 빛났다. 동으로는 프
랑스를 침범하고 남으로는 스페인을 억압하였다. 드넓은 신대륙은 세
섬[122]으로 이루어진 영국 사람에게 일임하여 활보하게 하였지만 누구
도 상관하지 않았다. 구역은 13개 주에 달했고 인구는 2백만에 이르
렀다. 금은이 가득 차고 곡식이 풍요하였다. 산은 높고 물은 맑으며 기
후는 따뜻하고 흙은 기름진 낙토에 장차 영원히 대영국의 영토로 삼
고 영원히 깃발을 세우고자 하였다. 그렇지만 해도 중천에 이르면 기
울고 달도 차면 이지러지며, 즐거움이 지극하면 교만이 생기고 흥이
다하면 슬픔이 온다. 영국 왕의 탐욕과 압제의 행태는 하루가 다르게
심해졌고, 식민지의 혁명과 자유의 기틀은 날로 진보하였다. 이에 7년
의 독립대전이 일어났고, 이에 북미의 민주 신국[123]이 세워졌으며, 이
에 일세의 인걸 워싱턴의 역사가 완전해졌다.

122) 세 섬: 영국을 구성하는 잉글랜드, 아일랜드, 스코틀랜드를 가리킨다.
123) 민주 신국: 국민이 주인인 새로운 나라. '民主'라는 용어를 정금은 사용하고 이해
    조와 의춘은 사용하지 않았는데, 정금은 청나라 왕조를 무너뜨리고 민주 공화정
    을 세우기 위한 신해혁명에 참여했기 때문이다.

【㊧3장 2】歐洲各國의 殖民이 亞美利加에 在ᄒ야 或云自由를 愛ᄒ다 ᄒ고 或云財寶를 愛ᄒ다 호ᄃᆡ 其地에 一臨ᄒ면 土人에 襲擊을 不免ᄒ야 今日通衢가 明日則 灰燼이라 若境土를 擴ᄒ고 職業을 安ᄒ고자 ᄒ면 不可不自由의 精神을 愛ᄒ야 自由主義로 ᄒ여금 勃興ᄒ야 賤夫*走卒도 生命과 如히 視홀지니 且優勝劣敗의 公理ᄂᆞᆫ 人世에 可逃치 못홀 者라 瘻人도 起홈을 不忘ᄒ고 盲者도 視홈을 不忘ᄒ야 幸히 觸物이 無ᄒᆫ 故로 不發ᄒ더니

* 賤夫 이해조: 販夫 정금

【번역】유럽 각국의 식민지가 아메리카에 있었다. 어떤 때는 '자유를 사랑하기 때문이다'라고 하고, 어떤 때는 '재화와 보물을 사랑하기 때문이다'라고도 한다. 그 땅에 한번 이르면 원주민의 습격을 피하지 못하여 오늘의 사통팔달의 도로가 내일은 잿더미가 된다. 만일 영토를 확장하고 생업을 안전하게 하려면 자유의 정신을 사랑하고 자유주의를 발흥하게 하여 신분이 낮은 자나 심부름꾼도 생명이 있는 사람으로 여기지 않으면 안 된다. 다만 '강한 자는 이기고 약한 자는 패한다'라는 통념은 인간 세상에서 피할 수 없다. 앉은뱅이도 일어서는 것을 잊고 소경도 보는 것을 잊어 요행히 자극하는 물건이 없기에 아무 일도 일어나지 않았다.

【⊕ 3장 2】歐洲各國之殖民。亞美利加也。或云愛自由。或云愛財寶。然一臨其地。終不免土人襲擊。今日通衢。明日灰爐者。往往有之。欲擴其境土。安其職業者。不可不恃己之智巧能力刀劍血肉。而以愛自由之精神。使自由主義勃焉而興。販夫走卒。亦視若生命。且群知優勝劣敗之公理。爲人世必不可逃。瘻人不忘起。盲者不忘視。惟無觸動。故不發耳。

【번역】 유럽 각국의 식민지가 아메리카에 있었다. 어떤 때는 '자유를 사랑하기 때문이다'라고 하고, 어떤 때는 '재화와 보물을 사랑하기 때문이다'라고도 한다. 그러나 그 땅에 한번 이르면 끝내 원주민의 습격을 피하지 못하여 오늘의 사통팔달의 도로가 내일은 잿더미가 되는 경우가 가끔 있다. 그 영토를 확장하고 그 생업을 안전하게 하려면 자기의 지모·능력·도검·혈육을 믿으며, 자유의 정신을 사랑하고 자유주의를 발흥하게 하여 소상공인이나 심부름꾼도 생명이 있는 사람처럼 여기지 않으면 안 된다. 다만 뭇사람은 '강한 자는 이기고 약한 자는 패한다'라는 것을 통념으로 알고 있으니, 인간 세상에서 반드시 피할 수 없다. 앉은뱅이도 일어서는 것을 잊고 소경도 보는 것을 잊었으며, 자극받아 움직이는 것이 없었기에 일어나지 않았을 뿐이다.

【韓 3장 3】適也에 奮然躍起ᄒ야 抗言호ᄃᆡ 天이여 我의게 自由를 畀ᄒ시니 否則死를 畀ᄒ시리라 ᄒ야 反旗를 高竪ᄒ고 母國을 戰ᄒ야 曠代未聞ᄒᆫ 新政府를 建ᄒ니 其勢ㅣ 熾矣로다 先是에 殖民地의 政權이 英政府에 全在ᄒ야 自治의 權利가 無ᄒ고 官吏는 必 英王이 派遣ᄒ야 商業利益을 英王의 全有ᄒᆫ ᄇᆡ 되니 土民이 漸漸 不平ᄒ야 驚天動地의 獨立戰爭이 此로 由ᄒ야 起ᄒ니라

【번역】 마침 그때 힘차게 뛰어 일어나 대항하기를 "하늘이여, 우리에게 자유를 주지 않으면 죽음을 주시옵소서."라고 하였다. 반기를 높이 세우고 모국과 싸워 세상에 한번도 듣지 못한 새로운 정부를 건설하니, 그 기세가 불길처럼 맹렬하였다. 이보다 앞서 식민지의 통치 권력이 영국 정부에 모두 있어 자치의 권리가 없고 관리는 영국 왕이 전적으로 파견하였으며, 상업의 이익을 영국 왕이 모두 소유하였다. 정착민의 불만이 점점 고조되어 하늘을 놀라게 하고 땅을 뒤흔든 독립전쟁이 이로 말미암아 일어났다.

【⊕ 3장 3】適也英王壓制日甚。一夫大呼。四方響應。十三州人民奮然躍起。抗言畀我自由否。則畀我以死。翻反旗。戰母國。[屬地對本國而言]124) 建曠代未聞之新政府。而其勢熾矣。先是殖民地行政之權。全在英政府。無自治之權利。官吏皆派遣自英王。商業利益。全爲英王所得。自是土民漸不平。而美國驚天動地之獨立戰爭。卽自此始。

【번역】마침 그때 영국 왕의 압제가 날로 심하여 한 사나이가 크게 부르짖자 사방에서 호응하여 13주州 인민이 힘차게 뛰어 일어나 대항하기를 "우리에게 자유를 주지 않으면 우리에게 죽음을 달라."고 하였다.125) 반기를 펄럭이며 모국[식민지가 본국에 대하여 한 말이다.]과 싸워 세상에 한번도 듣지 못한 새로운 정부를 건설하니, 그 기세가 불길처럼 맹렬하였다. 이보다 앞서 식민지의 행정 권력이 영국 정부에 모두 있어 자치의 권리가 없고 관리는 모두 영국 왕이 파견하였으며, 상업의 이익은 모두 영국 왕의 소득이 되었다. 이로부터 정착민이 점점 불평하여 미국이 하늘을 놀라게 하고 땅을 뒤흔든 독립전쟁이 바야흐로 이로부터 시작되었다.

---

124) 〔屬地對本國而言〕: 정금이 본문에 단 주석이다.
125) 한 사나이가…하였다: 이 말은 당시 버지니아 식민지 의회 의원이었던 패트릭 헨리가 버지니아 식민지 의회에서 행한 연설의 끝맺음이다.

【🏛 3장 4】然當時殖民地의 現狀이 何如오 其用法은 峻刻ᄒ고 其執政은 有力ᄒᆫ 者의 常有ᄒᆫ ᄇᆡ 되야 父子相代ᄒ고 敎育에 至ᄒ얀 雖土人이 極意歡迎ᄒᄂ 殖民地知事ᄂ 勉力지 아니ᄒ니 盖其意ㅣ 敎育이 日盛ᄒᆫ 則日後에 羈勒을 不受ᄒ고 獨立을 倡ᄒᆯ가 恐ᄒᆷ이라 故로 陰害가 滋甚ᄒ니 土人이 益憤ᄒ야 鏗鐵謔波斯頓諸都市에 市民會를 設ᄒ고 平等議를 倡ᄒ야 自由의 思想과 共和의 精神이 益練益發ᄒ야 民會를 又設ᄒ니 各州ㅣ 爭起響應ᄒᄂ지라 時에 華盛頓이 婚事를 初畢ᄒᆷ이 衆人의 推選ᄒᆫ ᄇᆡ 되야 斐狄克郡 代表者로 巴基尼亞州會議場에 來臨ᄒ다

【번역】 당시 식민지의 상황이 어떠한가? 법률은 가혹하였고 행정은 힘 있는 자가 항상 장악하여 아버지와 아들이 대물림하였다. 교육에 이르러서는 비록 정착민이 마음을 다해 환영하더라도 식민지의 주지사는 힘쓰지 않았으니, 대개 그 뜻은 교육이 날로 성하면 뒷날에 속박을 받지 않고 독립을 주창할 것을 두려워해서이다. 그러므로 음해가 더욱 심하였으니 정착민이 더욱 분노하여 필라델피아와 보스턴 등 여러 도시에 시민회를 설립하고 평등의 의론을 주창하였다. 자유의 사상과 공화의 정신이 더욱 세련되고 더욱 발달하여 민회를 또 설립하니, 각 주가 다투어 일어나 호응하였다. 이때, 워싱턴이 결혼을 막 치렀다. 뭇 사람들의 추천으로 프레데릭斐狄克[126]군郡의 대표자로 선출되어 버지니아 주 회의장에 이르렀다.

---

126) 프레데릭斐狄克: 미국 메릴랜드 주 중북부, 머나커시 강 지류 연안에 위치한 프레데릭 카운티(Frederick County)를 말한다.

【㊥ 3장 4】然當時殖民地現狀何如乎。其用法峻刻。其執政常在强
有力者。父子迭相遞嬗。至敎育雖爲土人極意歡迎。而殖民地知事。
輒置不理。恐敎育旣盛。日後或不受羈勒。思獨立。將不利英政府。
故陰尼之。由是土民益憤。塈鐵謔波斯頓諸都市先設市民會。倡平
等。議自治。自由之思想。共和之精神。益磨鍊。益發達。未幾組織
州會之議起。各州爭起響應。時華盛頓初結婚。衆推爲斐狄克郡代
表者。臨巴基尼亞州會議場。

【번역】 당시 식민지의 상황이 어떠한가? 법률은 가혹하였고 행정은
항상 강하고 힘 있는 자에게 있었기에 아버지와 아들이 번갈아 차례
로 바뀌었다. 교육에 이르러서는 비록 정착민이 마음을 다해 환영하
더라도 식민지의 주지사는 내버려두고 거들떠보지 않았다. 이는 교육
이 융성해진 뒤에, 뒷날에 혹 속박을 받지 않고 독립을 생각하고 장차
영국 정부에 불리할 것을 두려워해서이다. 그러므로 몰래 그것을 저
지하였다. 이로 말미암아 정착민이 더욱 분노하여 필라델피아와 보스
턴 등 여러 도시에 시민회를 설립하고 평등을 주창하고 자치에 대해
의논하였다. 자유의 사상과 공화의 정신이 더욱 세련되고 더욱 발달
하였다. 얼마 안 되어 주의회를 조직하자는 의론이 일어나니, 각 주에
서 다투어 일어나 호응하였다. 이때 워싱턴이 막 결혼을 하였다. 뭇 사
람들의 추천으로 프레데릭 군의 대표자가 되어 버지니아 주 회의장에
이르렀다.

【韓 3장 5】北美絶大의 威權과 絶大의 沃野를 英政府에 盡付ᄒ고 土民은 瘡痍가 百出ᄒ야 生計가 驟窘이라 乃奮然崛*起ᄒ야 實業을 將復코쟈 홀 際에 彼知事의 狼貪狗欲과 彼政府의 蠶目豺心이 永遠히 屬隸로 視ᄒ야 稅斂을 加重ᄒ며 製造를 或禁ᄒ며 航海船舶을 立限ᄒ야 土民의 利益을 犧牲으로 知ᄒ야 其母國의 實業을 興ᄒ고 其政府의 慾壑을 飽ᄒ더니

* 堀이해조: 崛 독도 수정

【번역】북아메리카의 절대적인 위엄과 권위, 막대한 옥토를 영국 정부에 모두 주고, 정착민의 고통은 갖가지로 생겨 생계가 갑자기 궁핍해졌다. 이에 힘차게 들고 일어나 실업實業을 장차 회복하고자 하였다. 저 주지사의 이리와 개 같은 탐욕과 저 정부의 벌 눈에 승냥이 마음127)은 영원히 북아메리카를 예속하기로 작정하여 과세를 무겁게 하고 제조업을 금하기도 하며, 항해 선박에 제한을 두었다. 정착민의 이익을 희생의 제물로 삼아 모국의 실업을 흥하게 하고 정부의 욕망의 골짜기를 배부르게 채웠다.

127) 벌 눈에 승냥이 소리: 초 성왕楚成王이 일찍이 큰아들인 상신商臣을 태자로 세우려 하자, 영윤슈尹인 공자 상上이 상신은 '벌 눈에 늑대 소리〔蜂目而豺聲〕'를 내는데다가 성격이 잔인하니 태자로 삼아서는 안 된다고 하였으나, 말을 듣지 않고는 태자로 세웠다가, 뒤에 다시 상신을 죽이고 서자庶子인 직職을 태자로 세우려 하였다. 이에 상신이 자신의 스승인 반숭潘崇의 계책에 따라 성왕의 뜻을 탐지해내고는 왕궁의 위병衛兵을 이끌고 가서 초 성왕에게 자살하도록 강요하였는데, 성왕이 곰 발바닥 고기를 삶아 먹고 죽게 해 달라고 간청하였으나 들어주지 않자 목매 죽었다. 상신이 즉위하니 이 사람이 초 목왕楚穆王이요, 재위 12년 만에 죽고 아들 여(侶)가 즉위하니 이 사람이 춘추 오패春秋五覇의 하나인 초 장왕楚莊王이다.《春秋左氏傳 文公元年》

【㊦ 3장 5】殖民地之戰爭也。徒以絶大之威權。絶大之沃野。授之
英政府。而土民瘡痍遍地。生計驟窘。乃不得不奮袂崛起。冀復實
業。雖然知事之狼貪狗欲。政府蠆目豺心。亦久以屬隷視之矣。益
於下必損於上。雖尸其咎。泹於彼而注於此。何愛斯民。果也稅欲
則加重矣。製造則有禁矣。航海船舶則發令立限矣。土民之利益。
犧牲之弋薙之。否則亦禁過焉限制焉。以興其母國之實業。飽其政
府之慾壑。

【번역】식민지 전쟁은 실속이 없었고, 절대적 권위와 막대한 옥토를
영국 정부에 주었을 뿐이다. 정착민의 고통은 두루 생겨 생계가 갑자
기 궁핍해졌다. 이에 어쩔 수 없이 옷소매를 떨치고 우뚝 일어나 실업
이 회복되기를 바랐다. 그렇지만 주지사의 이리와 개 같은 탐욕과 저
정부의 벌 눈에 승냥이 마음은 또 오래도록 북아메리카를 예속하기로
작정하였다. 아래에서 이로우면 반드시 위에서 손해를 본다. 비록 그
책임을 맡았더라도 저곳에서 퍼와서 이곳에 부으니, 어찌 이 정착민
을 사랑하는 것이겠는가. 참으로 과세는 무겁게 하였고 제조업을 금
하였으며, 항해 선박은 조례로 제한하였다. 정착민의 이익은 희생물처
럼 주살질[128]하고 앗아갔으며, 그렇지 않으면 금하고 제한하였다. 영
국의 실업을 흥하게 하고 영국 정부의 욕망의 골짜기를 채웠다.

---

128) 주살질: 활쏘기의 기본자세 연습에서, 오늬와 시위를 잡아매고 반복해서 쏘는
    짓.

【❖ 3장 6】又欺詐의 言으로 土民을 誘ᄒ야 曰此戰費에 國帑이 盡竭ᄒ니 此는 土民保護를 爲홈인 則土民이 不可不相當흔 租稅를 出ᄒ야 政府의 恩을 償ᄒ라 ᄒ니 土民이 此無禮의 言을 聞홈이 薪에 油를 加ᄒ며 鴆에 毒을 加홈과 如ᄒ야 向엔 黙然帖然者ㅣ 今엔 皆窅然히 悲ᄒ고 嗒然히 懼ᄒ고 幡然히 悔ᄒ고 蹶然히 起ᄒ야 其罪狀을 直揭ᄒ야 曰殖民地의 金으로 殖民地의 事를 治ᄒ면 獨立自治를 任ᄒ여야 可ᄒ니 엇지 屬邦으로 視ᄒ며 若屬邦으로 視흔 則國庫의 代償이 有ᄒ거늘 엇지 또 此稅案이 有ᄒ리오

【번역】또 속이는 말로 정착민을 유혹하며 말하길 "이 전쟁의 비용을 대기 위해 국고가 모두 고갈되었다. 이는 정착민 보호를 위한 것이었으니, 정착민은 상당한 세금을 내어 정부의 은혜를 갚지 않으면 안 된다."라고 하였다. 정착민은 이와 같은 무례한 말을 들었다. 이는 땔나무에 기름을 더하고 짐새[129]에 독을 더하는 것과 같았다. 지난번에 묵묵히 순종하던 사람들이 오늘은 모두 서운히 슬퍼하고 멍하니 두려워하며 문득 후회하고 벌떡 일어나서 그 죄상을 꾸밈없이 들추어내길 "식민지의 돈으로 식민지의 일을 다스리면 독립자치를 허용하는 것이 옳다. 어찌 속국으로 본단 말인가. 속국으로 여길 것 같으면 국고로 갚아야 하거늘, 어찌 또 이런 조세안租稅案이 있는가."하였다.

---

129) 짐새: 짐새는 흑색이고 목이 길며 눈과 부리가 붉은 새이다. 짐새는 살무사를 잡아먹고 사는데, 몸에 독이 있어서 그 털을 음식이나 술에 넣어서 먹으면 사람이 죽는다고 한다. 후세에는 대개 독약을 비유하는 말로 쓰였다.

【㊥ 3장 6】既又以市井欺詐之言語土民曰。此戰費國帑甚鉅。其原因乃保護土民利益耳。今殖民地不可不出相當之租稅以爲償。殖民地人民聞此無禮之言。如薪加油。如鳩止毒。向之黙然帖然呑聲飲泣者。今皆窅然悲嗒然懼幡然悔蹶然起。直揭其罪狀曰。欲以殖民地之金。治殖民地之事。則任其獨立自治可矣。安有屬邦視之之理。苟屬邦視之。是固應由國庫代償者。此議決之稅案。何自來耶。

【번역】이윽고 또 저잣거리의 속이는 말로 정착민에게 말하길 "이 전쟁에 국고를 아주 많이 썼다. 그 원인은 바로 정착민의 이익을 보호하는 데에 있었을 뿐이다. 지금 식민지에서 상당한 세금을 내어 갚지 않으면 안 된다."라고 하였다. 식민지 인민이 이런 무례한 말을 들었으니, 이는 땔나무에 기름을 더하는 것과 같고 짐새에 독을 더하게 하는 것과 같았다. 지난번에 묵묵히 순종하며 소리를 삼키고 눈물을 마시던 사람들이 오늘은 모두 서운히 슬퍼하고 멍하니 두려워하며 문득 후회하고 벌떡 일어나서 그 죄상을 꾸밈없이 들추어내며 말하길 "식민지의 돈으로 식민지의 일을 다스리고자 하면 그 독립자치를 허용하는 것이 옳다. 어찌 속국으로 여긴단 말인가. 만일 속국으로 여긴다면 이는 진실로 국고로 대신 갚아야 하는 것이 마땅하다. 이렇게 의결한 조세안은 어디에서 나온 것인가?"라고 하였다.

【🇰🇷 3장 7】伊時에 顯利氏가 巴基尼亞州의 公會黨이 되미 數千衆을 對ᄒ야 懸河의 舌로 政府의 無道홈과 英王의 悖亂홈을 痛斥曰 英政府ㅣ 엇지 殖民地의 租稅를 다시 干涉ᄒ리오 ᄒ고 最後에 厲聲曰 昔에 羅馬에 該撒이 有홈이 不盧多가 即有ᄒ고 英國에 査爾斯가 有홈이 克林威爾가 即有ᄒ니 엇지 可鑑치 아니리오 ᄒ는 聲音이 悲壯ᄒ야 聞者ㅣ 大激ᄒ더라

【번역】이때, 헨리顯利[130])씨가 버지니아 주에 공회당公會黨을 만들어 수천의 군중을 향하여 폭포수처럼 쏟아지는 연설로 정부의 도리가 어긋나고 영국 왕이 정도를 어지럽힘에 이를 통렬히 배척하며 말하였다. "영국 정부가 어찌 식민지의 조세를 다시 간섭하는가?" 마지막으로 소리를 높여 말하였다. "옛날 로마에 카이사르該撒[131])가 있자 브루투스不盧多[132])가 있었고, 영국에 찰스査爾斯[133])가 있자 크롬웰克林威爾[134])이 있었으니, 어찌 이를 거울삼지 않으리오." 그 음성이 비장하여 듣는 사람이 크게 격앙되었다.

130) 헨리顯利: 당시 버지니아 식민지 회의 의원이었던 패트릭 헨리(Patrick Henry, 1736.5.29.~1799.6.6)를 말한다.
131) 카이사르該撒: 고대 로마의 귀족 출신 군인·정치가인 카이사르(Caesar, Gaius Julius, B.C. 100~B.C. 44)를 말한다.
132) 브루투스不盧多: 카이사르를 암살한 로마 공화정 말기의 정치가인 마르쿠스 브루투스(Marcus Junius Brutus)를 말한다.
133) 찰스査爾斯: 1625년부터 1649년까지 잉글랜드를 통치한 국왕인 찰스 1세(Charles I, 1600.11.19.~1649.1.30)를 말한다. 권위적인 통치와 의회와의 알력으로 영국내란(청교도혁명)을 야기했으며 결국 이로 인해 처형당했다.
134) 크롬웰克林威爾: 영국의 정치가이자 군인인 올리버 크롬웰(Oliver Cromwell, 1599.4.25.~1658.9.3)을 말한다. 그는 청교도혁명(Puritan Revolution)이라고도 불리는 영국내전(English Civil Wars, 1642~1651)에서 활약하였다. 1642년 왕당파와 의회파 사이에 내전이 시작되자, 혁명군을 지휘하여 왕당파를 물리치고 공화정(Commonwealth)을 수립하는 데 큰 공을 세웠다.

【⊕ 3장 7】邇時顯利氏爲巴基尼亞州公會黨。對數千之衆。振懸河之辨。侃侃而鳴政府無道。痛斥英王悖亂。英政府不能復在殖民地收稅。最後厲聲曰。昔羅馬有該撒卽有不盧多。英國有查爾斯卽有克林威爾。豈不可以爲鑑。聲音悲壯。聞者大爲激昂。

【번역】이즈음에 헨리씨가 버지니아 주에 공회당을 만들어 수천의 군중을 향하여 폭포수처럼 쏟아지는 연설을 펼쳤다. 강직하게 정부의 도리의 어긋남을 드러내고 영국 왕이 정도를 어지럽힘을 통렬히 배척하였다. 영국 정부는 식민지에서 세금 징수를 다시는 할 수 없다고 하면서 마지막으로 소리를 높여 말하였다. "옛날 로마에 카이사르가 있자 브루투스가 있었고, 영국에 찰스가 있자 크롬웰이 있었으니, 어찌 이를 거울삼지 않으리오." 그 음성이 비장하여 듣는 사람이 크게 격앙되었다.

【㉻ 3장 8】英政府난 全盛時代를 當ᄒ야 殖民의 蠢動을 엇지 介
意ᄒ리오 依然히 印紙條令을 發ᄒ야 一切物品에 該印紙를 購用
ᄒ야 憑據를 作ᄒ고 其所入은 國債를 償ᄒ다 ᄒ니 殖民이 此報
를 聞ᄒ고 死力으로 堅拒ᄒ야 此紙를 不用ᄒ기로 發誓ᄒ니 時는
一七六五年*十一月一日이라

* 一七五六年 이해조: 一七六五年 독도 수정

【번역】전성시대를 맞이한 영국 정부가 어찌 식민지의 준동을 신경이
나 썼겠는가? 전과 다름없이 인지조례印紙條例[135]를 발령하였다. 모든
물품에 인지를 구매하여 사용함으로써 이를 증명할 수 있는 근거로
삼고, 그 수입은 국채를 갚는다고 하였다. 이 소식을 들은 식민지는 사
력을 다하여 굳게 저항하고, 인지를 사용하지 않기로 맹세하였다. 이
때가 1765년 11월 1일이다.

135) 인지조례印紙條例: 1765년에 영국 의회에서 식민지, 특히 북미 합중국에 대하여
수입세輸入稅를 폐지하고 거리증서證書, 신문新聞 등에 과세 증지證紙를 붙임으
로써 고율高率의 과세를 정한 법률法律.

【⊕ 3장 8】然英政府當全盛時之時。顧此蠢動。何足介意。依然
發印紙條令。一切物品必購用印紙。方足爲據。將以所入償國債
焉。殖民地聞此。堅拒甚力。誓不用此印紙。而此令之行期。在
千七百六十五年十一月一日。

【번역】그러나 전성시대를 맞이한 영국 정부가 이런 준동을 돌아보며
어찌 신경이나 썼겠는가. 전과 다름없이 인지조례를 발령하였다. 모든
물품에 인지를 반드시 구매하여 사용해야 비로소 증명할 근거가 되었
으니, 장차 그 수입으로 국채를 갚고자 하였다. 식민지에서 이 소식을
듣고 힘을 다하여 완강하게 버티며 이 인지를 사용하지 않기로 맹세
하였다. 이 조례가 행해진 시기가 1765년 11월 1일이다.

【🇰 3장 9】各地民이 旗竿을 擧ᄒ야 人心을 鼓動ᄒ싈 顯利氏ㅣ 公會堂에 復詣ᄒ야 慷慨演說ᄒ다가 大叫曰 我의게 自由를 與ᄒ니 否則 我의게 死를 與ᄒ리라 ᄒ더라 彼旣狡且狼ᄒ 英政府가 朝三暮四의 計로 此條令을 廢ᄒ고 新令을 另布ᄒ야 玻璃*、茶、紙 等의 日用品을 稅金으로 磨鍊ᄒ고 收稅局을 波斯頓에 設ᄒ야 徵 收ᄒ싈 一面으로 兵力을 用ᄒ야 目的에 到達코져 ᄒ니

* 琍 이해조: 璃 독도 수정

【번역】각 지역의 사람들이 깃대를 들어 사람의 마음을 고무시킬 때, 헨리씨가 공회당에 다시 이르러 비분강개한 연설을 하다가 크게 부르 짖기를 "우리에게 자유를 주지 않으면 우리에게 죽음을 달라."고 하였 다. 이윽고 저 교활하고 사나운 영국 정부는 조삼모사朝三暮四의 계책 으로 이 조례를 폐하고 새로운 조례를 따로 공포하여 유리·차·종이 등의 일용품을 세금 항목으로 정하고, 수세국을 보스턴에 설치하여 세금을 거두고자 하였다. 이때 다른 한편으로는 병력을 이용하여 목 적을 달성하려 하였다.

【㊦ 3장 9】是日各地乘之。鳴鐘振旗。以激民人。顯利氏復詣公會堂慷慨演說。大呌與我自由。否則與我以死。旣狡且狼之英政府。知鞭長莫及。不可過強。致難收拾也。又知爲虺弗摧噬臍無及。刁風之來。斷不容長也。乃出其朝三暮四之計。廢此條令而另布新令。玻璃茶紙等日用品。無不有稅。置收稅局於波斯頓以徵收焉。復一面威嚇。假手兵力。冀達目的。

【번역】이날, 각 지역에서 이틈을 타 종을 치고 깃발을 흔들어 사람들을 격앙시켰다. 헨리가 공회당에 다시 방문하여 비분강개한 연설을 하면서 크게 부르짖었다. "우리에게 자유를 달라. 그렇지 않으면 우리에게 죽음을 달라." 이윽고 교활하고 사나운 영국 정부는 '채찍이 길면 미칠 수 없다'[136]는 것을 알고 너무 강하게 할 수 없어 수습하기 어려움에 이르렀다. 또 '어린 뱀일 때 꺾어 놓지 않거나'[137] '배꼽을 물려고 해도 입이 닿지 않는다'[138]는 것을 알고 있던 영국 정부는 좋지 않은 풍습이 도입되어 자라나는 것을 결코 허용하려 들지 않았다. 이에 조삼모사의 계책을 내어 이 조례를 폐하고 새로운 조례를 따로 공포하였다. 유리·차·종이 등의 일용품은 세금을 거두지 않을 수 없어 수세국을 보스턴에 설치하여 세금을 거두었다. 또 다른 한편으로는 위협하고 병력을 이용하여 목적을 달성하고자 하였다.

---

136) 채찍이…없다:《춘추좌씨전》에 "채찍이 아무리 길어도 말의 배까지 휘두를 수는 없다[雖鞭之長 不及馬腹]"라 했다. 긴 채찍은 보기에는 그럴 듯해도 실제로는 효용 가치가 별로 없거나 역불급力不及인 경우를 비유한다.

137) 어린 뱀…않거나:《국어國語》〈오어吳語〉에 "어린 뱀일 때 꺾어 놓지 않으면 큰 뱀이 되면 장차 어떻게 하시겠습니까?'라고 하였다."

138) 배꼽을…않는다: 사향노루가 사람에게 잡힐 궁지에 이르면 제 배꼽을 물어뜯는다는 데서, 일이 잘못된 뒤에 후회해도 이미 소용이 없다는 비유로 쓰인다.

【🇰🇷 3장 10】殖民이 其隱情을 洞悉ᄒ고 聲言ᄒ되 英國議院이 課
稅의 權利가 無ᄒ니 不法의 課稅ᄂ 服從홀 義務가 無ᄒ다 ᄒ야
英國産物을 不用ᄒ고 家用什物을 妻女로 ᄒ야금 自製ᄒ고 飮料
則各地樹葉으로 代*用ᄒ되 英政府ㅣ 其方針을 更變ᄒ야 茶稅外
엔 一切豁免ᄒ라 ᄒ니 波斯頓市民이 港內에 夜集ᄒ야 茶艘三隻
을 沉破ᄒ지라 彼虎狼의 慾이 엇지 可忍ᄒ리오 政府ㅣ 聞ᄒ고 大
怒ᄒ야 最後에 處置를 將出홀ᄉ 北美戰雲이 穆穆沉沉ᄒ야 一轉
瞬에 獨一無二의 奇劇을 演成ᄒ도다

* 伐 이해조: 代 독도 수정

【번역】식민이 그 속사정을 꿰뚫어 보고 공언하기를 "영국 의회는 과
세의 권리가 없으니, 불법 과세는 복종할 의무가 없다."라고 하였다.
영국 생산품을 사용하지 않고 가정에서 사용하는 일상생활 용품을 부
인들로 하여금 스스로 만들고, 마실거리는 각 지역의 나뭇잎으로 대
신 사용하게 하였다. 영국 정부가 그 방침을 바꾸어 차세茶稅 외에는
모두 면제해준다고 하였다. 보스턴 시민은 밤에 항구에 모여 차를 실
은 배 3척을 침몰시켰다. 저 범과 이리 같은 욕심이 어찌 참을 수 있
으리오. 영국 정부가 이 소식을 듣고 크게 노하여 최후의 처리 방법을
장차 내놓으려 하였다. 북미에 전운戰雲이 깊게 드리워져 순식간에 유
일무이의 기이한 상황이 전개되었다.

【⊕ 3장 10】殖民地洞悉其隱。聲言英國議院無課稅之之權利。不法之課稅。無服從之義務。決意抵抗。誓不用英國產物。家用什物。皆取給於妻女自製。飲料則以各地樹葉代焉。英政府無奈。復一變其方針。除茶稅外。一切豁免。波斯頓市民以爲未足。乘夜潛集港內。破茶艘三。悉沈諸海而去。虎狼之欲。忍無可忍。英政府聞之大怒。不得不出最後之處置。而北美之戰雲。穆穆沈沈。一轉瞬而演成獨一無二之奇劇矣。

【번역】 식민지는 그 속사정을 꿰뚫어 보고 공언하기를 "영국 의회는 과세할 권리가 없으니, 불법 과세에는 복종할 의무가 없다."라고 하였다. 저항할 것을 결심하고 맹세하기를 "영국 생산품을 사용하지 않고 가정에서 사용하는 일용품은 부인들이 직접 만든 것을 가져다 공급하며, 마실거리는 각 지역의 나뭇잎으로 대신한다."라고 하였다. 영국 정부는 어쩔 수가 없어 그 방침을 다시 크게 바꾸어 차세 외에는 모두 면제해준다고 하였다. 보스턴 시민은 이 조치에 불만을 품어 밤을 틈타 항구에 몰래 모여 차를 실은 배 3척을 파손하고 모두 바다에 가라앉게 하였다. 범과 이리 같은 욕심에 차마 참을 수 없었다. 이 소식을 들은 영국 정부는 크게 노하였고, 최후의 처리 방법을 장차 내놓지 않을 수 없었다. 북미에 전운이 깊게 드리워져 순식간에 유일무이의 기이한 상황이 전개되었다.

【㉡ 3장 11】先是에 英將掰其*ㅣ 波斯頓府에 侵入ᄒ야 威力으로 市民을 壓制코자 ᄒ야 衝突이 無常ᄒ니 市民의 被害者ㅣ 數人이라 警報가 四達ᄒᆷ이 全殖民地ㅣ 一時鼎沸ᄒ야 各州志士가 墅鐵譡에 會議ᄒ야 英政府를 抗拒ᄒ니 時ᄂ 一七七四年九月五日이라 巴基尼亞州에 代表者七人이 有ᄒᆷ이 華盛頓이 其一이러라 華盛頓이 結婚ᄒᆫ 後十五年을 議員代表로 斐狄克會에 叅入ᄒ야[139] 雖吶吶寡言ᄒ나 然判斷力이 富ᄒ야 州會에 倚重ᄒᆫ 빅 되미 顯利氏ㅣ 其 腦力의 偉大ᄒᆷ을 恆常稱歎ᄒ더라

* 拜其 이해조: 掰其 독도 수정

【번역】 이보다 앞서 영국 장군 게이지掰其[140]가 보스턴 부府에 침입하여 위력으로 시민을 제압하였다. 충돌이 수시로 일어났다. 시민 가운데 피해자가 여러 사람이었다. 경보警報가 사방에 전해져 온 식민지가 일시에 떠들썩하였다. 각 주의 뜻있는 사람들이 필라델피아에 모여 의논하고 영국 정부에 항거하니, 이때가 1774년 9월 5일이다. 버지니아 주에 대표자 7명이 있었는데, 워싱턴이 그중 한 명이었다. 워싱턴이 결혼한 뒤 15년 동안을 의원 대표로 프레데릭 군의회에 참가하였다. 비록 어눌하고 말수가 적었지만 판단력이 뛰어나 주의회에서 두터운 신뢰를 받았다. 헨리가 그의 훌륭한 사고력을 항상 칭찬하였다.

---

139) 議員代表로…叅入ᄒ야: 이해조가 정금의 문장을 잘못 끊어 읽은 것으로 보인다. '州會議員이 되어 斐狄克郡을 代表ᄒ야'로 끊어 읽어야 한다.

140) 게이지拜其: 영국의 육군 장군인 토머스 게이지(Thomas Gage, 1721~1787)를 말한다. 그는 1763년 북아메리카 식민지 주둔 영국군 총사령관, 1774년 매사추세츠 총독을 역임하였다. 독립전쟁에서 벙커힐 전투를 치른 후에 총사령관 경질로 본국으로 돌아갔다.

【⊕ 3장 11】先是英將㧞其率兵侵入波斯頓府。欲以威力壓制市民。無端與市民衝突。至市民被殺者數人。殖民地初尚忍之。至是警報四達。全殖民地鼎沸。各州志士會於鍥鐵驢。議力抗英政府。此千七百七十四年九月五日也。時巴基尼亞州有代表者七人至。天之嬌兒華盛頓亦其一云。自華盛頓結婚至此凡十五年。常爲州會議員。代表斐狄克郡。彼在州會。雖吶吶寡言論。然富於判斷力。爲州會倚重。故議員共仰之。顯利氏尤常稱賞其腦力偉大。嘆不及焉。

【번역】이보다 앞서 영국 장군 게이지가 병사를 이끌고 보스턴 부府에 침입하였다. 위력으로 시민을 제압하고자 이유 없이 시민과 충돌했다. 시민 중에 피살된 사람이 여러 사람에 이르렀다. 식민지에서는 처음에 참았으나, 이 경보가 사방으로 전해짐에 온 식민지의 여론이 비등했다. 각 지역의 뜻있는 사람들이 필라델피아에 모여 영국 정부에 힘써 대항할 것을 의논하였다. 이때가 1774년 9월 5일이다. 당시 버지니아 주의 대표자 7명이 도착했는데, 천하의 귀염둥이 워싱턴도 그중 한 명이었다고 한다. 워싱턴이 결혼하면서부터 여기에 이르기까지 15년 동안 줄곧 주의회 의원이 되어 프레데릭 군을 대표하였다. 그가 주의회에 나설 때에는 비록 어눌하고 말수는 적었지만 판단력이 뛰어나 주의회에서 두터운 신뢰를 받았다. 그러므로 의원들이 모두 그를 우러러봤다. 헨리씨는 특히 그의 사고력이 훌륭함을 늘 칭찬하고 그에 미칠 수 없음을 탄식하였다.

【㉿ 3장 12】英政府ㅣ 壓制日甚ᄒ야 殖民이 激昻大起ᄒ을 時에 彼郡會議長이 絶英獨立을 倡ᄒ야 諸州會를 請ᄒ니 諸州會ㅣ 代表者를 塓鐵譃議會에 派送ᄒ다 各州代表人이 凡五十三名이라 州會의 議案及議決委任狀을 各持ᄒ고 衆議로 倫杜夫氏를 推ᄒ야 議長을 삼고 決意ᄒ야 日若英政府ㅣ 兵力을 藉ᄒ야 租稅를 加ᄒ거든 全殖民地가 抗拒홈을 盡力ᄒ을 것이오 若馬薩犬斯等州ㅣ 英政府의 壓制를 受ᄒ거든 宜相保護ᄒ을 것이오 若議定後에 或英의 威力을 怖ᄒ야 同盟者를 蔑視ᄒ거든 全殖民地ㅣ 羣起責之라 ᄒ다

【번역】영국 정부의 압제가 날로 심하여 식민지가 격앙하여 크게 일어났을 때, 저 군의회의 의장이 영국과 관계를 끊고 독립할 것을 주창하여 여러 주의회에 요청하였다. 여러 주의회가 대표자를 필라델피아 의회에 파견하였다. 각 주를 대표하는 사람은 모두 53명으로, 주의회의 의안과 의결 위임장을 각각 소지하였다. 여러 사람의 의견으로 랜돌프倫杜夫[141]씨를 추천하여 의장으로 삼고, 다음과 같이 결의하였다. "만약 영국 정부가 병력을 이용해 조세를 증세하면 온 식민지가 힘을 다해 항거할 것이다. 만약 매사추세츠馬薩犬斯[142] 등의 주州가 영국 정부의 압제를 받으면 마땅히 서로 보호할 것이다. 만약 의논하여 결정한 뒤에 혹시 영국의 위력威力을 두려워하여 동맹을 멸시한다면 온 식민지가 떼 지어 일어나 징벌할 것이다."

---

141) 랜돌프倫杜夫: 미국 버지니아 하원의장, 버지니아 회의 의장, 그리고 대륙 회의 초대 의장을 역임한 페이턴 랜돌프(Peyton Randolph)를 말한다.
142) 매사추세츠馬薩犬斯: 주도州都가 보스턴인 매사추세츠(Massachusetts) 주를 말한다. 매사추세츠는 동쪽은 대서양에 면하고, 북쪽은 뉴햄프셔주와 버몬트주, 서쪽은 뉴욕주, 남쪽은 로드아일랜드주와 코네티컷주 등 여러 주와 접한다.

【⊕ 3장 12】當英政府壓制日甚。殖民地激昂大起之時。彼爲郡會議長。倡議非分之要求不可不拒。乃議絕英獨立。請諸州會可之。於是以代表者七人至墼鐵讓議會焉。代表各州集於殖民地議會者凡五十三名。各持州會之議案及多數議決之委任狀。羣推倫杜夫氏爲議長。決意曰。如英國政府借兵力加稅。則全殖民地應盡力抗之。若馬薩犬斯等州爲英政府壓制所困。宜誓相保護。議定以後。有怖於英之威力。蔑視同盟者。全殖民地當羣起責之。

【번역】 영국 정부의 압제가 날로 심하여 식민지가 격앙하여 크게 일어났을 때, 그는 군의회 의장이 되어 부당한 요구에는 항거할 수밖에 없음을 발의하였다. 마침내 영국과 단절하고 독립할 것을 의결하고, 주의회에 제청하여 그 발의가 가결되었다. 이에 대표자 7명이 필라델피아 의회에 도착하였다. 각 주를 대표하여 식민지 의회에 모인 사람은 모두 53명으로, 주의회의 의안과 다수가 의결한 위임장을 각각 소지하였다. 여러 사람의 의견으로 랜돌프를 추천하여 의장으로 삼고, 다음과 같이 결의하였다. "만약 영국 정부가 병력을 이용해 조세를 증세하면 온 식민지가 응당 힘을 다해 항거할 것이다. 만약 매사추세츠 등의 주州가 영국 정부의 압제로 곤란을 당하면 의당 서로 보호할 것을 맹세한다. 의논하여 결정한 뒤에 영국의 위력威力을 두려워하여 동맹을 멸시한다면 전 식민지가 마땅히 떼 지어 일어나 징벌할 것이다."

【韓 3장 13】此一聲霹靂의 怒雷가 坎拿大에 馳報호딕 若英國虐
政에 迫호야 同情을 表키 願호는 者는 我行을 速從호라 호고 又
英國에 馳告호딕 我民은 自由를 愛호다가 倘或不成이면 有死而
已라 호더라 時에 華盛頓의 聲譽가 何如호뇨 維爾脫氏는 顯利氏
의 傳을 著혼 人이라 嘗言호야 曰一日은 顯利氏가 議會로브터 歸
홀식 或이 議員中의 最大人物을 問호니 荅曰若雄辯家則 淮弒爾
君이 翹楚가 되나 完全의 腦力을 具호고 天下의 重望을 負혼 者
는 華盛頓이 其人이라 호니

【번역】이 벼락 치는 한 줄기 성난 우렛소리가 캐나다에 급히 알려졌
다. "만약 영국의 학정에 핍박받아 같은 마음임을 드러내기를 원하는
자는 우리 행동을 빨리 따르라." 또 이 말도 영국에 급히 전해졌다. "우
리 시민은 자유를 사랑한다. 만일 이루지 못하면 죽음만이 있을 뿐이
다." 이때, 워싱턴의 명성과 명예는 어떠했는가? 워트維爾脫[143] 씨는 헨
리 씨의 전기傳記를 저술한 사람이다. 일찍이 말하기를 "하루는 헨리가
의회로부터 돌아왔다. 어떤 이가 '의원 중에 최고의 인물이 누구인가'
라고 묻자, 헨리는 '웅변가로 말할 것 같으면 러틀리지淮弒爾[144] 군이
출중하나, 생각의 힘이 완전하고 천하의 두터운 명성과 인망을 받는
자는 워싱턴이다.'라고 답하였다."

---

143) 워트維爾脫: 미국의 작가이며 미국 역사상 가장 오랫동안 법무부 장관을 지낸 윌
리엄 워트(William Wirt, 1772. 11. 8.~1834. 2. 18.)를 말한다.
144) 러틀리지淮弒爾: 사우스캐롤라이나의 정치가이자 주지사로, 훗날 대법원장을 역
임한 존 러틀리지(John Rutledge, 1739. 9. 17~1800. 7. 18.)를 말한다.

【⊕ 3장 13】此一聲霹靂之怒雷。馳報坎拿大。有迫於英之虐政。願表同情者速從我行。又馳告英國。我民愛自由。倘必相强。或有死而已。時華盛頓之聲望何如耶。維爾脫氏者。著顯利氏傳之人也。嘗語人曰。一日顯利氏自議會歸府。或有詢以議會議員孰爲最大之人物者。答曰若雄辨家則淮弑爾君可謂魁楚。至具完全之腦力。負天下之重望者。無過華盛頓其人。

【번역】이 벼락 치는 한 줄기 성난 우렛소리가 캐나다에 급히 알려졌다. "만약 영국의 학정에 핍박을 받아 같은 마음임을 드러내기를 원하는 자는 우리 행동을 빨리 따르라." 또 이 말도 영국에 급히 전해졌다. "우리 시민은 자유를 사랑한다. 만일 기어코 강요한다면 아마도 죽음이 기다리고 있을 것이다." 이때, 워싱턴의 명성과 인망人望[145]은 어떠했는가? 워트 씨는 헨리 씨의 전기를 저술한 사람이다. 일찍이 사람들에게 말하기를 "하루는 헨리씨가 의회로부터 집에 돌아왔다. 어떤 이가 '의원 중에 누가 최고의 인물인가'라고 물었다. 헨리는 '웅변가로 말할 것 같으면 러틀리지 군이 출중하다고 할 수 있다. 하지만 생각의 힘이 완전하고 천하의 두터운 명성과 인망을 짊어진 자로 말하면 워싱턴 그 사람보다 나은 사람이 없다.'라고 답하였다."

---

145) 인망人望: 세상 사람이 우러러 칭찬하고 따르는 덕망德望.

【韓 3장 14】噫라 石이 玉을 蘊홈이 山이 輝ᄒ고 水가 珠를 懷홈이 川이 媚ᄒ나니 英雄의 不遇홈을 言ᄒ지 말라 此鷄羣中에 鶴聲이 一發ᄒ면 人誰不驚ᄒ리오 議會를 旣定에 華盛頓이 義勇兵의 請을 從ᄒ야 步兵士官이 되야 軍務를 監督ᄒ다 風潮가 旣至ᄒ고 機會가 旣迫이나 然蟻垤이 不有ᄒ면 大堤를 何潰며 鍼芒이 不有ᄒ면 毒氣를 何泄이리오 殖民地의 精神은 大勢만 覘ᄒ고 先發코져 아니터니

【번역】아, '돌이 옥을 품으면 산이 빛나고, 물이 진주를 품으면 내[川]가 아름답다.'고 하였으니, 영웅의 불우함을 말하지 마라. 이 닭 무리 중에 두루미가 울음소리를 한번 내면 어느 누가 놀라지 않으리오. 의회를 마친 뒤에 워싱턴은 의용군의 요청에 따라 보병의 사관士官이 되어 군사 업무를 감독하였다. 풍조[146]가 무르익었고 기회가 이미 찾아왔다. 하지만 개밋둑이 없으면 큰 둑을 어찌 무너뜨리겠으며, 털끝만한 바늘이 없으면 독한 기운을 어찌 뺄 수 있겠는가. 식민지 사람들은 대세만 엿보고 먼저 움직이지 않으려고 하였다.

---

146) 풍조: 이해조는 '風潮가 旣至ᄒ고'라고 했는데, 이는 '풍조'를 '시대에 따라 변하는 세태'라는 의미로 본 것이다. 당시 미국 전역에서 영국의 압제에서 벗어나 자유를 쟁취하자는 민심이 비등했는데, 이해조는 이런 민심의 움직임이 자연히 영국에 대항할 수 있는 기반이 되고, 그 기반을 토대로 기회도 포착할 수 있는 것이라 본 것이다.

【⊕ 3장 14】噫石韞玉而山輝。水懷珠而川媚。毋謂英雄未達。不遇知音。此雞羣之鶴。儼然一鳴驚人矣。議會既終。華盛頓乃歸家。從義勇兵之請。爲步兵士官。以監督之。風潮迴矣。機會至矣。然不有蟻空。不能潰隄。不有鍼芒。不能泄氣。幸也。殖民地方覘英國形勢。未肯先發。

【번역】아, '돌이 옥을 감추면 산이 빛나고, 물이 진주를 품으면 내〔川〕가 아름답다.'라고 하였으니, 영웅이 미완성되었다고 말하지 마라. 지음知音을 만나지 못한 것이다. 이 닭 무리 중의 두루미가 엄숙하고 위엄있게 한번 울면 사람을 놀래킬 것이다. 의회를 마친 뒤에 워싱턴이 돌아가 의용군의 요청에 따라 보병의 사관士官으로 군대를 감독하였다. 풍조는 멀어지고[147] 기회는 찾아왔다. 그러나 개미구멍이 없으면 둑을 무너뜨릴 수 없으며, 털끝만한 바늘 끝이 없으면 기운을 빠져나가게 할 수 없다. 다행스럽게도 식민지는 바야흐로 영국의 형세를 엿보면서도 먼저 움직이지 않으려는 마음을 먹었다.

---

147) 풍조는 멀어지고: 정금은 '풍조가 멀어지다'라고 한 것은 '풍조'를 '거센 바람과 조수'의 의미로 본 것이다. 당시 세계의 해상권을 장악한 영국 해군의 전함은 범선帆船이었기에 바람이 없으면 군사작전을 수행하는 데 어려움을 겪는다. 그러므로 '풍조가 멀어지다'라는 것은, 시기적으로 볼 때 영국 전함이 바람(편동풍)을 이용하여 대서양을 횡단하여 북아메리카로 갈 수 있는 시기가 지났음을 말한다. 위 문장의 시간적 배경은 미국독립전쟁의 첫 전투인 렉싱턴 전투가 벌어지기 전인 3월경으로, 편동풍이 불지 않기에 영국의 전함이 올 수 없는 상황이다. 이런 상황을 고려하면 미국의 입장에서는 본국의 지원을 받지 못하는 영군과 대결에서 충분히 승산이 있다고 예상할 수 있는 것이다. 그러므로 정금은 이러한 현실 인식에 바탕을 두고 '풍조는 멀어지고 기회가 이르렀다'라고 한 것이다.

【㊦ 3장 15】彼頑固ᄒᆫ 英內閣과 昏憒ᄒᆫ 殖民地知事ㅣ 讒言을
日進ᄒᆞ야 英王의 宿志를 益堅케 ᄒᆞ야 日蘗爾叛徒ᄂᆞᆫ 大兵一隊
면 足히 鎭壓이라 ᄒᆞ니 費忒氏ㅣ 其誤計를 苦諫ᄒᆞ되 不用ᄒᆞ더라
一七七五年 二月에 叛黨을 進討ᄒᆞ다 ᄒᆞ야 全國*에 布告ᄒᆞ고 精兵
을 拜其將軍의게 專任ᄒᆞ야 波斯頓埠를 守ᄒᆞ되 三月에 巴基尼亞
**에 州會를 再開ᄒᆞ니 可羨可敬至榮至幸ᄒᆫ 亞美利加의 獨立一聲
이 顯利氏口中에 始發ᄒᆞ도다

* 全局 이해조: 全國 독도 수정
** 巴基亞 이해조: 巴基尼亞 독도 수정

【번역】저 완고한 영국 내각과 우매한 식민지 주지사가 참언讒言을 날
마다 올려 영국 왕의 숙원을 더욱 견고하게 하고, '보잘것없는 역적 무
리는 대군 한 부대면 충분히 진압할 수 있다'라고 하였다. 피트 씨가
그 잘못된 계획을 충심으로 간언하였지만 들어주지 않았다. 1775년 2
월에 '반역의 무리를 진격하여 토벌한다'는 것을 전국에 널리 알리고,
정병을 게이지 장군에게 단독으로 맡겨 보스턴 항구를 지키게 하였
다. 3월에 버지니아에 주의회를 다시 열었다. 부럽고 존경스러우며 지
극히 영광스럽고 지극히 행복한 '아메리카의 독립'이라는 한 마디가
헨리씨 입안에서 처음으로 나왔다.

【⊞ 3장 15】而頑固之英內閣。昏憒之殖民地知事。日進讒言。致英王宿志益堅。以爲叢爾叛徒。大兵一隊。卽得鎭定。費忒氏苦諫非計不用。千七百七十五年二月以申討叛黨。布告全國。委精兵於掯其將軍。守波斯頓埠。期先發制人。三月巴基尼亞再開州會。可敬可羨至榮至幸之亞美利加獨立之一聲。始發於顯利氏之口。

【번역】완고한 영국 내각과 우매한 식민지 주지사는 날마다 참언을 올려 영국 왕의 숙원을 더욱 견고하도록 하고, '보잘것없는 역도 무리는 대군 한 부대로 즉시 진압하여 안정시킬 수 있다'라고 생각하였다. 피트 씨가 그릇된 계획을 충심으로 간언하였지만 들어주지 않았다. 1775년 2월에 반역의 무리를 성토聲討하는 내용을 전국에 널리 알렸다. 정병을 게이지 장군에게 맡겨 보스턴 항구를 지키게 하니, 선수를 써서 상대방을 제압하기를 바라서이다. 3월에 버지니아에 주의회를 다시 열었다. 존경스럽고 부러우며 지극히 영광스럽고 지극히 행복한 '아메리카의 독립'이라는 한 마디가 헨리씨 입에서 처음으로 나왔다.

제4장: 독립전쟁과 미군 총독
〔獨立戰爭及美軍總督〕

1776년 크리스마스의 밤의 트렌턴 전투를 향해 델라웨어 강을 건너는 조지 워싱턴 장군. 엠마누엘 루츠 작. Washington Crossing the Delaware, 1851.

【㊋4장 1】掰其*氏ㅣ 波斯頓埠를 方守ᄒ올식 馬薩犬斯**民의 武器
及糧草를 已具ᄒ옴을 知ᄒ고 擊奪코져 ᄒ다가 民兵이 防禦를 益堅
ᄒ야 未成ᄒᆫ지라 未幾에 英軍이 復侵ᄒ니 民兵이 雖善防이나 終
然不支ᄒ야 輜重이 英兵의 占有ᄒᆫ 빅 되니 是役에 民兵의 死者ㅣ
僅七人이러라 一七七五年四月十九日에 英兵이 民兵을 又劫ᄒ야
殘暴가 備極ᄒ더니

* 拜其 이해조: 掰其 독도 수정
** 馬薩尤斯 이해조: 馬薩犬斯 독도 수정

【번역】영국 장군 게이지가 보스턴 부두를 바야흐로 지킬 때, 매사추
세츠 주민들이 이미 무기와 군량과 말먹이를 갖추었음을 알고 공격하
여 빼앗으려 했다. 하지만 민병이 방어를 더욱 단단히 하여 빼앗지 못
했다. 얼마 뒤에, 영국군이 다시 침공하였다. 민병이 비록 잘 막아냈지
만 끝내 버티지 못하고, 군수 물품은 영국 병사들이 차지해버렸다. 이
전투에서 죽은 민병은 겨우 7명이었다. 1775년 4월 19일에 영국군이
민병을 또 위협하였는데, 잔인하기 그지없었다.

【⊕ 4장 1】掎其氏方守波斯頓埠。知馬薩犬斯府民已具武器蓄糧食。欲擊而奪之。而所謀未遂。已爲民兵諜知。防禦益堅。更進據勒興頓曠原。未幾英軍來侵。民兵雖善防。卒不支而遁。輜重悉爲所奪。是役也。民兵死者僅七人。實千七百七十五年四月十九日也。英兵又轉向空売爾脱。掠民兵輜重糧食。備極殘暴。時民兵廖廖無如之何。

【번역】영국 장군 게이지씨가 보스턴 부두를 바야흐로 지킬 때, 매사추세츠 주민들이 이미 무기를 갖추고 군량과 양식을 비축해 놓았음을 알고 공격하여 빼앗으려 하였다. 도모한 바를 수행하지 못했으니, 이는 이미 민병이 염탐하여 알아버리고 방어를 더욱 단단히 하였기 때문이다. 민병은 다시 렉싱턴勒興頓[150] 들판으로 진격하여 점거하였는데, 얼마 뒤에 영국군이 다시 침공하였다. 민병이 비록 잘 막아냈지만 끝내 버티지 못하고 달아났고, 군수물품은 모두 빼앗겨버렸다. 이 전투에서 죽은 민병은 겨우 7명이었으니, 1775년 4월 19일이다. 영국군이 또 콩코드空売爾脱[151]로 방향을 바꾸어 민병의 군수물품과 양식을 약탈하였는데, 잔인하기 그지없었다. 이때, 민병은 인원이 적어 어찌할 도리가 없었다.

150) 렉싱턴勒興頓: 미국 매사추세츠주州에 있는 도시 렉싱턴(Lexington)을 말한다. 이 도시는 1775년 4월 19일 역사적으로 미국독립전쟁의 첫 교전이 일어난 장소이다.

151) 콩코드空売爾脱(Concorde): 보스턴 북서쪽에 위치한 콩코드(Concorde)를 말한다. 렉싱턴 콩코드 전투(Battles of Lexington and Concord): 1775년 4월 19일에 일어났다. 영국군이 보스턴 북서쪽에 위치한 콩코드에 있던 미국 식민지 민병대 무기고 접수 작전을 실시하므로 식민지 군이 영국군을 격파한 전투다. 1776년 3월 영국군은 보스턴에서 철수했고 대륙회의는 조지 워싱턴을 대륙군의 총사령관으로 임명했다.

【㉮ 4장 2】會에 少佐某가 新兵을 率ᄒ고 英軍을 共擊홀식 英軍
이 民兵의 驟加홈을 見ᄒ고 波斯埠*로 退守코져 ᄒ거늘 民兵이
要害의 道路를 阻絕ᄒ고 砲聲이 一發에 英兵이 三倒五斃라 既退
에 其尸를 檢ᄒ니 三百人에 過ᄒ더라

* 波斯埠 이해조: 波斯頓府 정금

【번역】 때마침 소령 아무개[152]가 신병을 이끌고 영국군을 함께 공격
할 때, 갑자기 늘어난 민병을 보고 영국군은 보스턴 부두로 물러나 지
키려 했다. 민병이 요해지의 도로를 끊어 막고, 포성이 한 발 울릴 때
마다 영국 병사 서너너덧 명은 넘어져 죽었다. 퇴각한 뒤에 그 시체를
헤아려보니, 300명이 넘었다.

152) 소령 아무개: '패트릭 헨리(Patrick Henry)' 소령을 말한다.

【⊕ 4장 2】會少佐某率新兵至。乃共擊英軍。英軍見民兵驟加。欲退保波斯頓府。民兵知之。散布各要所。破橋塞路。蹲林梢。步墻陰。以備阻絶歸路。擊敗退軍。砲聲響處。英兵三五倒斃。旣退。檢其所喪。三百人之多云。

【번역】마침 소령 아무개가 신병을 이끌고 와서 영국군을 함께 공격하였다. 민병이 갑자기 늘어난 것을 보고 영국군은 보스턴 시내로 물러나 지키려 하였다. 민병이 이를 알고 각 요처에 흩어져 다리를 파괴하고 길을 막았으며, 숲속 나무끝에 웅크리고 담 그늘로 걸어가서 돌아가는 길을 끊어 막으려고 하였다. 달아나는 군대를 공격하였는데, 포성이 울리는 곳에 영국 병사 서너너덧 명은 넘어져 죽었다. 퇴각한 뒤에 그 시체를 헤아려보니, 300명이 넘었다.

【🇰🇷 4장 3】勒興頓*의 戰報가 一時紛傳홈이 全殖民地土人이 奮然羣起ㅎ야 農夫는 鋤犂를 棄ㅎ고 職工은 工場**을 閉ㅎ고 老幼가 武器를 咸荷ㅎ야 愛妻는 夫를 別ㅎ고 慈母는 子를 送홀싀 家用의 鳥銃과 錫***匙로 彈丸을 溶成ㅎ야 長兒를 給ㅎ고 旣銹且古훈 長劍으로 次兒를 與ㅎ고 泣別ㅎ야 曰嗚呼라 汝는 此劍을 善保홀지며 若戰時에 人或有病ㅎ야 銃을 捨ㅎ고 走ㅎ거든 汝ㅣ 其銃을 拾ㅎ야 勇進ㅎ라 ㅎ더라

* 勒與頓 이해조: 勒興頓 독도 수정
** 工匠 이해조: 工場 독도 수정
*** 錫 이해조: 錫 독도 수정

【번역】렉싱턴勒興頓의 전투 소식이 연이어 일시에 전해지자, 전 식민지 주민이 분연히 떼 지어 일어났다. 농부는 호미와 쟁기를 버리고 직공은 공장을 닫았다. 늙거나 어리거나 모두 무기를 짊어졌다. 사랑스런 아내는 남편과 이별하고 자애로운 어머니는 아들을 전송하였다. 집에서 쓰던 조총과 주석 숟가락을 녹여 만든 총알은 큰아이에게 주고, 이미 녹쓸고 낡은 장검은 둘째 아이에게 주었다. 어머니는 울며 헤어질 때 이렇게 말하였다. "너는 이 검을 잘 보관하라. 만약 싸울 때 다른 사람이 다쳐서 총을 버리고 달아나거든 너는 그 총을 주워 용감하게 진격하라."

【㊥ 4장 3】勒興頓之戰報。一時紛傳全殖民地。士民奮然群起。農夫棄鋤犂。職工閉工場。老幼咸荷武器坌集赴敵。愛妻別夫。慈母送子。罔不高呌一聲。「爲國捍難」而歸。有某氏之母者。以家用之鳥銃。與錫匙溶成之彈丸。付諸長兒。復以旣銹且古之劍。與十六歲之幼子。揮淚勉之曰。「嗚呼汝善保此劍乎。汝宜取善於人。若戰事起時。有病者捨銃而走。汝可拾其銃以當敵。」

【번역】 렉싱턴의 전투 소식이 전 식민지에 잇달아 일시에 전해지자, 주민이 분연히 떼지어 일어났다. 농부는 호미와 쟁기를 버리고 직공은 공장을 닫았다. 늙거나 어리거나 모두 무기를 짊어지고 줄지어 모여 적진으로 달려갔다. 사랑스런 아내는 남편과 이별하고 자애로운 어머니는 아들을 전송할 때, 소리 높여 "나라를 위해 환난을 막고 돌아오라."고 외치지 않음이 없었다. 어떤 어머니가 있었는데, 집에서 쓰던 조총과 주석 숟가락을 녹여 만든 총알은 큰아이에게 주었다. 또 이미 녹 슬고 낡은 장검은 16세의 아이에게 주고, 눈물을 뿌리며 권면하여 말하였다. "아, 너는 이 검을 잘 보관하거라. 너는 남에게서 좋은 것을 구하라. 만약 전투가 일어났을 때, 다친 사람이 총을 버리고 달아나거든 너는 그 총을 주워 적과 맞서라."

【㉻4장 4】又一農夫의 子ㅣ 年十五에 入兵키를 自願ᄒ야 其家門에 過ᄒᆯ 時에 皤皤老翁이 大叫曰願勇猛將士ᄂ 萬歲*ᄒ소셔 吾子ㅣ 汝軍에 在ᄒ니 必能死戰**ᄒ라 否則老夫ㅣ 吾子面을 復見치 아니ᄒ깃노라 ᄒ니 噫라 此ㅣ 何言이며 此ㅣ 何事오 其踴躍***과 其壯快가 엇지 此에 至ᄒ나뇨 父母女兒ᄂ 至愛가 아니며 疆場戰爭은 至危가 아닌가 엇지 相送相勵ᄒᆷ이 如此ᄒ뇨 無幾時에 二萬餘民兵이 波斯頓郭外에 已****集ᄒ도다

* 萬世 이해조: 萬歲 독도 수정
** 必能戰死 이해조: 必能死戰 독도 수정
*** 勇略 이해조: 踴躍 독도 수정
**** 己 이해조: 已 독도 수정

【번역】 또 어떤 농부의 아들이 15세에 자원하여 입대하였다. 군대가 그 집 대문을 지날 때, 머리가 허옇게 센 노인이 크게 부르짖었다. "용맹한 장사여 건재하길 바란다. 내 아들이 너희 군대에 있으니 기필코 죽기를 각오하고 싸워라. 그렇지 않으면 이 늙은이는 내 아들의 얼굴을 다시 보고싶지 않노라." 아, 어찌 된 말인가? 어찌 된 일인가? 어찌 열렬함과 장쾌함이 이 정도에 이르렀는가? 어찌 부모와 딸도 지극히 사랑하는 것이 아닌가? 어찌 강토에서 싸우는 것은 지극히 위험하지 아니한가? 어찌 서로 보내고 서로 권면함이 이와 같은가? 얼마 지나지 않아 민병 2만여 명이 보스턴 외곽에 이미 집결하였다.

【⊕ 4장 4】又盆斯台保一農夫子。年僅十五齡。亦挺身入民兵。過家門時。皤皤之老翁叫于門曰。願勇猛之將士萬歲。吾子在汝軍。必能奮勇死戰。否則老夫不願復見吾子面也。噫吁此何事耶。此何言耶。何踴躍一至於此。何壯快一至於此。父母女兒非至愛耶。疆場戰鬥非至危耶。何踴躍一至於此。何壯快一至於此。如此相送相勵。曾無幾時。二萬餘之民兵。已集於波斯頓廓外

【번역】또 반스터블盆斯台保[153]의 어떤 농부 아들이 나이가 겨우 15세인데, 민병에 자원하여 입대하였다. 군대가 그 집 대문을 지날 때, 머리가 허옇게 센 노인이 문에서 부르짖었다. "용맹한 장사여, 건재하길 바란다. 내 아들도 너희 군대에 있으니 기필코 용맹을 떨쳐 죽기를 각오하고 싸워라. 그렇지 않으면 이 늙은이도 내 아들의 얼굴을 다시 보고 싶지 않다." 어허, 이는 어찌 된 일인가? 이는 어찌 된 말인가? 어찌 열렬함이 이 정도까지 이르렀는가? 어찌 장쾌함이 이 정도까지 이르렀는가? 부모와 딸도 지극히 사랑하는 대상이 아닌가? 강토에서 싸우는 것은 지극히 위험하지 아니한가? 어찌 열렬함이 이 정도까지 이르렀는가? 어찌 장쾌함이 이 정도까지 이르렀는가? 서로 보내고 서로 권면함이 이와 같았다. 얼마 지나지 않았을 때, 2만여 민병이 보스턴 외곽에 이미 집결하였다.

153) 반스터블盆斯台保: 미국 매사추세츠주 반스터블 카운티(Barnstable County)의 군청소재지인 반스터블(Barnstable)을 말한다.

【韓 4장 5】勒興頓*의 戰報ㅣ 野火가 枯草를 焚함과 如호고 驚風이 鴻毛를 飛홈과 如호야 殖民地全部人心이 大激호야 馬薩犬斯**로 局尼迦***間에 十三州가 知事의 命을 奉호는 者ㅣ 無호되 知事는 恬然不知호고 各州委員을 郶羅弍에 會호야 議決호되 生命을 捨호고 自由를 壓****호는 外엔 善法이 更無라 호더라

* 勒與頓 이해조: 勒興頓 독도 수정
** 馬薩尤斯 이해조: 馬薩犬斯 독도 수정
*** 局尼迦 이해조: 局爾迦 정금
**** 壓 이해조: 博 정금

【번역】 렉싱턴의 전투 소식은 들불이 마른 풀을 태우는 것과 같고 세찬 바람이 기러기 털을 날리는 것과 같아 식민지 전체의 민심이 크게 격동되었다. 매사추세츠로부터 조지아局尼迦[154] 사이에 있는 13개의 주들이 주지사의 명령을 따르지 않았다. 이를 전혀 알지 못했던 주지사는 각 주의 위원을 샬럿郶羅弍[155]에 모이게 하여 의결하기를 "생명을 바쳐서 자유를 억압하는 이외에는 좋은 방법이 다시 없다.[156]"라고 하더라.

154) 조지아局尼迦: 미국 남동부에 있는 조지아(Georgia)주를 말한다.
155) 샬럿郶羅弍: 노스캐롤라이나(North Carolina) 주, 멕클렌버그(Mecklenburg) 카운티에 속한 도시인 샬럿(Charlotte)을 말한다.
156) 생명을…없다: 이해조의 번역은 정금의 '생명을 바쳐서 자유를 얻는 이외에는 다른 좋은 방법이 없다'와도 상반된다. 멕클렌버그 독립선언서에서는 "이러한 독립을 유지하기 위해, 우리는 우리의 상호 협력과, 생명, 재산, 그리고 가장 신성한 명예를 서로에게 맹세한다.(… to the maintenance of which independence, we solemnly pledge to each other, our mutual co-operation, our lives, our fortunes, and our most sacred honor …)"라고 기술되어 있다.

【⊕ 4장 5】勒興頓之勝報。如野火焚枯草。如驚風飛鴻毛。殖民地全部之人心。大爲刺激。自馬薩犬斯至局爾迦十三州。無一奉知事命者。國民之洶湧若此。州知事不知所爲。遁走一空。各州知事委員*乃會於郤羅忒。議決捨生命博自由外無他善法。此布告獨立之始也。

* 各州知事委員 정금: 各州の委員 의춘

【번역】 렉싱턴의 승전보는 들불이 마른 풀을 태우는 것 같고 세찬 바람이 기러기 털을 날리는 것과 같아 식민지의 전체 민심이 크게 동요되었다. 메사추세츠로부터 조지아까지 13개의 주는 주지사의 명령을 받드는 사람이 한 명도 없었다. 국민이 세차게 일어남이 이와 같았으니, 주지사들은 어찌할 바를 알지 못하고 하나도 남김없이 모두 달아나버렸다. 각 주의 위원이 샬럿에 모여[157] "생명을 바쳐서 자유를 얻는 이외에는 다른 좋은 방법이 없다."라고 의결하였다. 이것이 독립을 선포한 시초이다.

---

157) 각 주의 … 모여: 정금은 '各州知事委員'이라고 기술했는데, 앞 구절에서 '주지사들은 … 모두 달아나버렸다'는 내용과 배치된다. 그러므로 '知事'라는 단어는 빼야 문맥이 통한다.

【韓 4장 6】時에 民兵驍將倭倫氏ㅣ 數百兵士를 率ㅎ고 英人의 堅寨를 攻홀시 其寨ㅣ 香巴侖湖前面에 在ㅎ지라 倭倫氏ㅣ 奇策을 設ㅎ야 暗夜에 湖水를 渡ㅎ야 寨下에 旣抵홈이 吶喊卒上ㅎ니 守兵이 倉皇ㅎ야 敢抗ㅎ는 者ㅣ 無ㅎ더라 城中俘獲이 無筭호딕 民兵은 一傷도 無ㅎ니 時는 一七七五年十月이라 越二日에 夸侖冰忒을 復陷ㅎ니 民兵의 氣勢가 大盛ㅎ더라

【번역】 이때, 민병의 날랜 장군 알렌(倭倫)[158]이 수백 명의 병사를 이끌고 영국인의 견고한 요새를 공격하였다. 그 요새는 샘플레인 호수 앞에 있었기에 알렌은 기발한 전술을 세워 어두운 밤에 호수를 건넜다. 요새 아래에 도착한 뒤에 함성을 지르며 갑자기 오르니, 성을 지키던 병사가 당황하여 감히 대항하는 자가 없었다. 성안에 사로잡은 포로가 헤아릴 수 없이 많았고, 민병은 한 사람도 다친 자가 없었다. 이때가 1775년 10월이었다. 이틀 뒤에 다시 크라운 포인트를 함락시키니, 민병의 기세가 대단하였다.

---

158) 알렌(倭倫): 미국 독립 전쟁 초기 활동가이며 버몬트 공화국과 뉴햄프셔 특권지 시대의 게릴라 지도자인 이선 알렌(Ethan Allen, 1739. 1. 10.~1789. 2. 12.)을 말한다. 미국 독립전쟁 때 그린마운틴 의용군을 이끌고 활약했다. 미국 독립전쟁이 터지자 자신이 조직한 그린 마운틴 의용군과 코네티컷의 군대를 이끌고, 1775년 5월 10일 뉴욕의 타이콘더로가에 있는 영국군 요새를 점령하는 작전에 참가했다. 그후 필립 스카일러 장군의 부대에 자원하여 1775년 9월 몬트리올을 점령하는 비밀 임무를 수행했다.

【⊞ 4장 6】時民兵驍將倭倫氏將兵數百。攻英人堅寨。其寨在香巴侖湖前面。倭倫氏設奇策乘夜渡湖。旣抵寨下。吶喊而上。守兵倉皇失措。無敢抗者。遂陷之。俘獲軍實兵士無算。己之士卒無一喪者。時千七百七十五年十月也。越二日復陷夸侖冰忒。民兵之勢。於是大盛。

【번역】이때, 민병의 날랜 장군 알렌이 수백 명의 병사를 이끌고 영국인의 견고한 요새를 공격하였다. 그 요새는 샘플레인 호수 앞에 있었다. 알렌은 기발한 전술을 세우고 밤을 틈타 호수를 건넜다. 요새 아래에 도착한 뒤에 함성을 지르며 갑자기 올라갔다. 성을 지키던 병사가 다급하여 어찌할 바를 몰라 감히 대항하는 자가 없었다. 사로잡은 영국 병사의 수는 헤아릴 수 없었다. 아군의 병사는 한 사람도 죽은 자가 없었다. 이때가 1775년 10월이었다. 이틀 뒤에 다시 크라운 포인트를 함락시키니, 민병의 기세가 대단하였다.

【㊣ 4장 7】倭倫氏獲勝ᄒᆞᆫ 日에 殖民地議會를 再開ᄒᆞᆯᄉᆡ 議長倫杜夫氏ㅣ 病深ᄒᆞ야 享훈克氏로ᄡᅥ 代ᄒᆞ더니 十月에 勝報가 至ᄒᆞᆷᄋᆡ 議會에서 大稱賞ᄒᆞ고 一面으로 英國에 使를 遣ᄒᆞ며 一面으로 設備ᄒᆞ더라 殖民地獨立聲이 一時大盛이라 華盛頓을 選ᄒᆞ야 委員* 을 삼고 紙幣를 發行ᄒᆞ기로 議決ᄒᆞᆫ지라 當時性怯ᄒᆞᆫ 議員이 英吏殘酷을 不堪이나 然、 堂堂ᄒᆞᆫ 母國**을 猝然分離ᄒᆞᆷ을 不忍ᄒᆞᆫ 者ㅣ 有ᄒᆞᆫ지라 衆人이 大憂ᄒᆞ더니 五月下旬에 英國兵船이 大至ᄒᆞ고 使者ㅣ 又歸報호ᄃᆡ 英政府ㅣ 冥頑ᄒᆞ야 殖民地를 踏平코쟈 ᄒᆞ다 ᄒᆞ니

* 委員 이해조: 委員長 정금 · 의춘
** 母國 이해조 · 의춘: 國毋 정금

【번역】알렌 장군이 승리를 거둔 날에 식민지 의회를 다시 열었다. 의장 랜돌프가 병이 심하여 핸콕享훈克[159]으로 대신하게 하였다. 10월에 승전 소식이 이르자 의회에서 크게 치하하였다. 한편으로는 영국에 사신을 보내고, 한편으로는 방어를 준비하였다. 식민지 독립의 목소리가 일시에 높아졌다. 워싱턴을 뽑아 위원으로 삼고, 지폐를 발행하기로 의결하였다. 당시 겁 많은 성격의 의원 중에는 영국 관리의 잔혹함을 견디지 못하면서도 위세가 등등한 모국으로부터 갑자기 분리되는 것을 차마 인정하지 못하는 자가 있었다. 여러 사람이 크게 근심하였다. 5월 하순에 영국 전함이 대거 이르렀다. 사신이 또 귀국하여 보고하기를 "영국 정부가 우매하고 완고하여 식민지를 짓밟으려 한다."라고 하였다.

159) 핸콕享훈克: 제2차 대륙회의 4대, 13대 의장을 맡은 (4대 임기는 1775년 5월 24일 ~1777년 10월 31일) 존 핸콕(John Hancock, 1737.1.23.~ 1793.10.8.)을 말한다.

【㊥ 4장 7】倭倫氏首次獲勝之日。殖民地再開議會。華盛頓亦爲議員赴會。被擧議長者。仍係倫杜夫氏。然不久卽病。乃代以享売克氏。適十月之勝報至。議會大賞之。一面遣使於英。一面派員設備。使者旣至。英國置不理。殖民地獨立之聲因之大盛。選華盛頓爲委員長。決議發行紙幣。將竢使者覆命。[160] 大有所爲。然當時性怯之議員。雖不堪英之殘酷。然與堂堂之國母分離。尚有不忍捨棄者。衆大憂之。至五月下旬。英兵艦連檣而至。使者亦報稱英政府之冥頑。已決意踏平殖民地。

【번역】알렌 장군이 첫 승리를 거둔 날, 식민지는 의회를 다시 열었다. 워싱턴도 의원이 되어 회의에 나아갔다. 의장에 뽑힌 사람은 역시 랜돌프였다. 하지만 병이 심하여 핸콕이 대신하였다. 마침 10월의 승전보가 전해지자 의회에서 크게 치하하였다. 한편으로는 영국에 사신을 보내고, 한편으로는 의원을 파견하여 만일을 대비하게 하였다. 사신이 도착한 뒤에도 영국에서는 내버려두고 거들떠보지 않았다. 이로 인해 식민지 독립의 목소리가 높아졌다. 워싱턴을 선출하여 위원장으로 삼고, 지폐를 발행하기로 의결하였다. 장차 사신의 보고를 기다리면서 크게 하는 일이 있었다. 하지만 당시 소심한 성격의 의원은, 영국의 잔혹함을 견디지 못하면서도 위세가 등등한 국가에서 분리하지 말자는 생각을 차마 버리지 못하였다. 여러 사람이 크게 근심하였다. 5월 하순에 영국 전함이 돛대를 이어가며 이르렀다. 사신도 귀국하여 보고하기를 "영국 정부가 우매하고 완고하여 이미 식민지를 짓밟으려 결심하였다."라고 하였다.

160) 覆命: '復命'과 같은 의미로 쓰였다. 즉 사명使命 띤 일을 마치고 돌아와 그 결과를 보고하는 것을 말한다.

【韓 4장 8】於是에 殖民地意志가 大定ᄒ야 殖民總督을 先擧ᄒᆞᆯᄉᆡ 亞達密이 華盛頓을 力薦*ᄒ야 衆議가 遂定ᄒ니 華盛頓이 再三堅 辭호ᄃᆡ 不得이라 於是에 宏亮ᄒᆞᆫ 聲音을 發ᄒ야 忠愛의 忱을 宣ᄒ 야 曰余ㅣ 今에 此大命을 承ᄒ야 엇지 不謝ᄒ리오만은 諸君이 過 愛ᄒᆞᆫ 故로 職任의 鉅大ᄒᆞᆷ을 退思ᄒ니 我와 如ᄒᆞᆫ 迂踈ᄒᆞᆫ 者ㅣ 竦 然ᄒᆞᆫ 빈나 方今國步가 艱難에 萬民이 塗炭이라 且議會가 信仰을 謬加ᄒ야 大任을 專委ᄒ니 不肖ᄂᆞᆫ 當骨粉身虀라도 盡職而已라 諸君은 鑒ᄒᆞᆯ진져

* 遷 이해조: 薦 독도 수정

【번역】이에 식민지의 뜻이 크게 정해졌다. 식민지 총독을 먼저 선출할 때, 애덤스亞達密[161]가 워싱턴을 적극적으로 추천하였다. 여러 사람의 일치된 의견으로 마침내 결정하자, 워싱턴이 두세 번 고사하였지만 이룰 수 없었다. 이에 우렁찬 목소리를 내어 충애의 정성을 밝히며 말하였다. "저는 지금 이 대명을 받았습니다. 어찌 감사하다는 말씀을 드리지 않을 수 있겠습니까? 여러분의 과분한 사랑 때문에 물러나거대한 직분을 생각해보았습니다. 저와 같이 세상 물정에 어두운 자가 두려워하는 바이지만, 바야흐로 지금 국가의 운명이 매우 어지럽고 어려워 만민이 도탄에 빠졌습니다. 또 의회가 저를 과하게 신임하여 대임을 전적으로 맡겼습니다. 비록 못난 사람이지만 마땅히 분골쇄신하여 직분을 다한 뒤에 그만두겠습니다. 여러분께서는 살펴 주시기 바랍니다."

161) 애덤스亞達密: 영국 식민지와 미국 초기의 정치인이며, 미국의 제2대 대통령 (1797~1801)과 초대 부통령(1789~1797)을 지낸 존 애덤스(John Adams)를 말한다. 그는 독립선언서 작성에 참여했고, 영국과 독립협상을 벌이게 되었을 때 협상 대표로 참가했다.

【⊕ 4장 8】殖民地意志大定。先議擧殖民地總督。而强敵當前。來日大難。無一足稱其任者。適也是書之主人翁華聖頓。受亞達密氏之力薦。衆議遂定。華盛頓再三堅辭。不許。遂振其宏亮之音。宣其忠愛之忱曰。余今承此大命。敢不謝諸君過愛。惟退思職任之鉅。迂踈似我。能無悚然。方今國步艱難。萬民塗炭。議會旣謬加信仰。委以大任。不肖當骨粉身虀。盡職後已。諸君其鑒諸。

【번역】 식민지의 뜻이 크게 정해졌다. 먼저 의회에서 식민지 총독을 선출하려 했다. 하지만 강적은 눈앞에 있고 미래는 어려움이 많아 그 적임자에 어울릴 만한 사람이 하나도 없었다. 마침 이 책의 주인공인 워싱턴이 애덤스의 적극 추천을 받았다. 여러 사람의 일치된 의견으로 마침내 결정하였다. 워싱턴이 두세 번 고사하였지만 이룰 수 없었다. 마침내 우렁찬 목소리를 떨치며 충애의 정성을 밝히며 말하였다. "제가 지금 이 대명을 받들고 감히 여러분의 과분한 사랑에 감사의 예를 다하지 않을 수 있겠습니까? 다만 물러나 거대한 직임을 생각해보았습니다. 저와 같이 세상 물정에 어두운 자가 두려워하는 바이지만, 바야흐로 지금 국가의 운명이 매우 어지럽고 어려워 만민이 도탄에 빠졌습니다. 의회가 과하게 신임하여 대임을 맡기니, 비록 못난 사람이지만 마땅히 분골쇄신하여 직분을 다한 뒤에 물러나겠습니다. 여러분께서는 살펴주시기 바랍니다."

【圖 4장 9】於是에 總督의 印綬를 帶호 後에 波斯頓의 急報를 聞 호고 肯布祺*로 馳向호다 先是에 英將花罷公崑頓二氏가 波斯頓 海岸에 旣登호야 精兵을 率호고 波斯頓을 襲擊코쟈 호야 晚霞丘 蒲緇爾의 要害를 將占홀식 晚霞丘는 半島間에 在호야 波斯頓灣 에 突出호야 一百十英尺**를 直立호고 蒲緇爾는 波斯頓에 尤迫 호야 波斯頓을 可瞰홀지라 若、敵이 此를 據호 則波斯頓은 엇지 吾有라 호리오

* 肯祺布 이해조: 肯布祺 독도 수정
** 英里 이해조: 英尺 독도 수정

【번역】이에 총독의 인수印綬를 휴대한 뒤에 보스턴의 급보를 듣고 케임브리지로 달려갔다. 이보다 앞서, 영국 장군 하우가 버고인花罷公[162] 과 클린턴崑頓[163] 두 명과 함께 보스턴 해안에 오른 뒤에 정병을 이끌고 보스턴을 습격하고자 하였다. 벙커힐晚霞丘[164]과 브리드힐蒲緇爾[165] 요새를 차지하려 하였다. 벙커힐은 반도 사이에 위치하고 보스턴 만에 돌출되어 110피트를 곧추 섰다. 브리드힐은 보스턴에 더욱 가깝게 붙어 내려다볼 수 있었다. 만약 적이 이곳을 차지하면 보스턴은 어찌 우리 소유라 할 수 있겠는가?

162) 하우 버고인花罷公: 영국의 장군인 윌리엄 하우(William Howe, 1729.8.10.~1814.7. 12.)와 존 버고인(John Burgoyne, 1722.2.24.~1792.8. 4.) 두 사람을 말한다. 의춘에서 '하우'와 '존 버고인'을 'ハウバーゴーン'과 같이 1명의 이름으로 표기한 결과 정금도 이해조도 '花罷公'처럼 1명의 이름으로 표기한 듯하다.

163) 클린턴崑頓: 영국의 군인, 정치인인 헨리 클린턴(Henry Clinton, 1730.4.16.~ 1795.12.23.)을 말한다. 그는 1778년부터 1782년까지 4년간 북아메리카 영국군 총사령관을 맡았다.

164) 벙커힐晚霞丘: 찰스타운(Charlestown) 반도 중앙에 위치한 언덕인 벙커힐 (Bunker Hill)을 말한다.

165) 브리드힐蒲緇爾: 메사추세츠 찰스타운(Charlestown) 반도에 위치한 브리드 힐(Bred's hill)을 말한다. 1775년 6월 17일에 일어난 '벙커힐 전투(Battle of Bunker Hill)'의 대부분은 인접한 언덕인 브리드힐에서 이루어졌다.

【⊕ 4장 9】於是帶總督印綬。聞波斯頓之急。馳向肯布祺。先是英將花罷公崑頓二氏。旣登波斯頓海岸。欲率精兵襲波斯頓。進據晚霞丘蒲緇爾之要害。晚霞丘在半島間。突出於波斯頓灣。直立一百十英尺。蒲緇爾尤迫近波斯頓。瞰波斯頓一覽無餘。敵若據此。則波斯頓亦非吾有。

【번역】 이에 총독의 인수를 휴대한 뒤에 보스턴의 급보를 듣고 케임브리지로 달려갔다. 이보다 앞서, 영국 장군 하우가 버고인과 클린턴 두 명과 함께 보스턴 해안에 오른 뒤에 정병을 이끌고 보스턴을 습격하고, 벙커힐과 브리드힐 요해지로 진격하여 차지하려 하였다. 벙커힐은 반도 사이에 위치하고 보스턴 만에 돌출되어 110피트를 곧추 섰다. 브리드힐은 보스턴에 더욱 가깝게 붙어 보스턴을 내려다보며 한 번에 훑어보기에 더할 나위 없었다. 적이 만약 이곳을 차지하면 보스턴도 우리 것이 아니게 된다.

> 福山義春의 《華聖頓》에서는 벙커힐(Bunker Hill)을 '晚霞丘'로 표기하고 있는데, 국가를 제외한 특수한 지명이나 인명은 가타카나로 표기하는 것과는 사뭇 다르다. 추측하건대, 외래어를 음역하는 과정에서 이전 기록이 남아있으면 가타카나로 표기하지 않고 전례를 따르는 것 같다. 그 이전 기록을 보면, 메이지 14년(1881년)에 東海散士라는 사람이 만하구晚霞丘를 유람했다는 기록이 있다. 그 기록에 '孤客登臨す晚霞丘'라는 시구가 보이며, 또 벙커힐을 한자와 가타카나로 병기하여 '晚霞丘(バンカヒル)'라고 표기하고 있다.

【⟨韓⟩ 4장 10】大佐某가 民兵一千을 率ᄒ고 守ᄒ더니 六月十七日에 英兵이 大至ᄒ니 民兵의 數ㅣ 英軍三分一을 不及ᄒ며 且鋤를 棄ᄒ고 劍을 取흔 者라 엇지 英軍의 久練에 比ᄒ리오 然, 大佐가 頗勇ᄒ야 兵士로 ᄒ야금 靜待ᄒ다가 十步以內에 近ᄒ거늘 乃急擊ᄒ니 英兵이 前仆後繼ᄒ야 勇進不退라 美軍은 彈藥이 旣盡ᄒ야 徒手無計어늘 巴忒嫩이 寨外에 出ᄒ야 奮勇急退ᄒ더라 七月二日에 華盛頓이 肯布祺에 至흔 則戰後가 已十餘日이라 盖鼇鐵謔이 此에서 數百英里에 在홈으로 兼顧키 難홈이러라

【번역】대령 아무개[166]가 민병 1천 명을 이끌고 보스턴을 지켰다. 6월 17일에 영국 병사가 대거 이르렀는데, 민병의 수는 영국 병사의 3분의 1에 미치지 못했다. 또한 호미를 버리고 검을 가진 자가 어찌 영국 병사의 오랜 훈련에 견줄 수 있겠는가? 그러나 대령이 자못 용감하여 병사로 하여금 조용히 기다리게 하고 10보 이내에 접근하자 급작스럽게 공격하게 했다. 영국 병사가 앞뒤에서 서로 쓰러지고 넘어지면서도 씩씩하게 진격하며 물러서지 않았다. 미군은 탄약이 이미 소진되어 빈손으로 어찌할 계책이 없었다. 퍼트넘巴忒嫩[167]이 요새 밖으로 나가 용맹을 떨치면서 재빨리 후퇴하였다. 7월 2일에 워싱턴이 케임브리지에 이르니 전투가 끝난 지 이미 10여 일 되었다. 대개 필라델피아는 이곳에서 수백 리 떨어져 있어 함께 돌보기가 어려웠다.

---

166) 대령 아무개: 의춘은 윌리엄 프레스콧(William Prescott, 1796.3.4.~1859.1.28.) 대령이라고 기술했다. 그는 미국, 매사추세츠만 식민지 출신의 군인으로, 아메리카 독립전쟁에서는 대륙군 대령이었고 벙커힐 전투에서는 이즈라엘 퍼트넘(Israel Putnam) 장군의 부관이었다.

167) 퍼트넘巴忒嫩: 미국 독립 전쟁 중 대륙군 장군으로 벙커힐 전투에서 활약한 이즈리얼 퍼트넘(Israel Putnam, 1718.1.7.~1790.5.29.)을 말한다.

【㊉ 4장 10】大佐某因率民兵一千守之。六月十七日。英兵盡銳來戰。民兵之數不及英軍三分一。且大半棄鋤取劒而來者。非久練之英軍可比。幸大佐拒戰頗勇。令兵士靜待。及英兵距近十步以內。乃砲擊之。英兵應聲斃者累累。然前仆後繼。抵死不退。美軍彈藥旣盡。無如之何。巴忒嫩氏乃勵衆出塞。奮勇死鬪而退。波斯頓遂爲所據。七月二日。華盛頓至肯布祺。則戰後已十餘日。蓋塹鐵譃至此有數百英里。使彼難以兼顧也。

【번역】대령 아무개가 민병 1천 명을 이끌고 보스턴을 지켰다. 6월 17일에 영국 병사가 정예병을 다 동원해 와서 싸웠다. 민병의 수는 영국 병사의 3분의 1에 미치지 못하였다. 또한 대부분이 호미를 버리고 검을 들고 온 자들로, 오래 훈련한 영국 병사에 견줄 바가 아니었다. 다행히 대령이 적군을 막아 싸움에 자못 용감하였다. 병사로 하여금 조용히 기다리게 하고 영국 병사가 10보 이내의 거리로 접근하자 곧 포격하게 하였다. 영국 병사는 대포소리가 나자마자 죽은 자가 즐비하였다. 하지만 앞뒤에서 서로 쓰러지고 넘어지면서도 죽기를 각오하며 물러서지 않았다. 미군은 탄약이 이미 소진되어 어찌할 도리가 없었다. 퍼트넘이 곧 병사들을 격려하고 요새 밖으로 나가 용맹을 떨치며 죽을 힘을 다하여 싸우다가 후퇴하였다. 보스턴이 마침내 영국군에게 점거당했다. 7월 2일에 워싱턴이 케임브리지에 이르니, 전투가 끝난 지 이미 10여 일 되었다. 대개 필라델피아는 이곳까지 수백 리 떨어져 있어 저들로 하여금 함께 돌보기가 어려웠다.

【🏛 4장 11】華盛頓이 墼鐵譿으로 自호야 肯布祺로 向홀식 德威 聲望이 到處喧傳호야 衆人이 無限의 敬仰心과 愛慕心으로 彼、旌旗를 歡迎호니 未幾에 馬首에 集호야 效死코자 호는 者ㅣ 途에 塞혼지라 然、十分의 九는 皆新募兵士라 衣服도 無호고 刀劍도 無호고 藥彈鎗砲도 無호니 精銳혼 英軍을 抗拒코자 홈이 卵으로써 石을 投홈과 如호도다 華盛頓이 新來홈이 軍政이 統一치 못호야 供給의 道ㅣ 或乏호고 兵士가 自由를 樂호야 嚴格의 律은 甚苦호리니 此時經營의 慘憺勞苦를 엇지 形言호리요

【번역】 워싱턴이 필라델피아로부터 케임브리지로 향할 때, 덕의 위엄과 좋은 평판이 이르는 곳마다 떠들썩하였다. 많은 사람이 무한히 존경하여 우러러보는 마음과 사모하는 마음으로 워싱턴 군대의 깃발을 환영하였다. 얼마 안 되어 말 머리에 모여 목숨을 바치고자 하는 사람들이 길에 가득찼다. 그러나 10분의 9는 모두 새로 모은 병사들로, 옷도 없고 칼도 없었으며 탄약과 창과 대포도 없었다. 정예의 영국군에 맞서는 것은 달걀로 바위를 치는 것과 같았다. 워싱턴이 새로 부임하였는데 군대의 행정이 통일되지 못하여 공급이 간혹 원활치 못하였다. 병사는 자유를 즐겨 엄격한 규율을 매우 고통스럽게 여겼다. 이 당시 군영을 다스리는 참담한 노고를 어찌 말로 표현할 수 있겠는가.

【⊕ 4장 11】彼之自鑿鐵譹而向於肯布祺也。德威聲望。所至喧傳。眾人以無限之敬仰心愛慕心。歡迎彼之旌旗。未幾荷戈執鞭。集於馬首。願爲將軍効死者。途爲之塞。然將軍者全殖民地所託命也。一夫無食。則將軍是問。一夫無衣。則將軍是取。彼旣至肯布祺。集軍隊檢之。十分之九爲皆新募兵士。無衣服。無刀劍。無彈藥鎗砲。欲以抗精銳節制之英軍。是以卵投石耳。華盛頓知之。以爲凡此諸事。皆不可不改良。且政不統一。則供給之道有時或乏。兵樂自由。則嚴格之律人以爲苦矣。彼於此時經營慘憺。勞苦不可名狀。

【번역】 워싱턴이 필라델피아로부터 케임브리지로 향할 때, 덕의 위엄과 좋은 평판이 이르는 곳마다 떠들썩하였다. 많은 사람이 무한히 존경하여 우러러 보는 마음과 사모하는 마음으로 워싱턴 군대의 깃발을 환영하였다. 얼마 안 되어 창을 메고 채찍을 잡으며 말 머리에 모여 장군을 위해 목숨을 바치고자 하는 사람들 때문에 길이 막혔다. 그러나 장군이란 온 식민지의 목숨을 의탁 받은 사람이다. 그러므로 한 사람이라도 먹지 못하면 장군은 이것을 묻고, 한 사람이라도 입지 못하면 장군은 이것을 가져다주었다. 워싱턴이 케임브리지에 도착한 뒤에 군대를 모아놓고 검사를 하였다. 10분의 9는 모두 새로 모은 병사들로, 옷도 없고 칼도 없었으며 탄약과 창과 대포도 없었다. 정예롭고 절제된 영국군에 맞서려는 것은 바로 달걀로 바위를 치는 것과 같을 뿐이었다. 워싱턴은 이를 알고 모든 일을 개선하지 않으면 안 된다고 생각하였다. 또 군대의 행정이 통일되지 않아 공급이 간혹 원활하지 못하였고, 병사는 자유를 즐겨 엄격하게 규제하는 것을 고통스럽게 여겼다. 워싱턴이 이 당시 군영을 다스리는 것은 참담하였는데, 그 노고를 말로 표현할 수 없다.

【🇰 4장 12】一七七六年二月에 谷風은 蕭々ㅎ고 殘雪은 皎々라 萬死를 冒ㅎ고 氷河를 渡ㅎ야 波斯頓의 英兵을 擊코져 홀시 議會에 書를 送ㅎ야 日某는 今者에 非常의 苦痛이 有ㅎ니 敢히 不白지 못ㅎ노라 一은 餉械가 不足ㅎ고 訓鍊이 未精ㅎ며 二는 一切缺乏ㅎ야 諸路가 空虛ㅎ니 萬一敵兵이 來襲ㅎ면 大勢ㅣ 去ㅎ리니 엇지 不備ㅎ리오 古人은 兵을 用홈이 精銳를 隱ㅎ고 羸*弱을 示ㅎ더니 今則勢殊ㅎ니 此法을 反用ㅎ여야 或可久持나 然、僥幸을 冀홈은 兵法의 忌ㅎ는 바라 私心沉痛이 엇지 此에서 愈甚홀 者ㅣ 有ㅎ리오 事急語促ㅎ니 惟俯察ㅎ라 ㅎ니 此書를 觀혼 則當時事勢를 可知로다

* 羸 이해조: 羸 독도 수정

【번역】1776년 2월에 골짜기 바람은 쓸쓸하고 녹지 않은 눈은 희디 희었다. 만 번이나 죽기를 무릅쓰고 얼음이 언 강을 건너 보스턴의 영국군을 치려고 하였다. 워싱턴이 의회에 편지를 보내어 말했다. "저는 지금 심한 고통이 있어 감히 아뢰지 않을 수 없습니다. 첫째, 식량과 무기가 부족하고 훈련이 미숙합니다. 둘째, 모든 것이 부족하여 여러 길을 막을 방비가 허술합니다. 만일 적병이 습격해 오면 대세를 놓칠 것이니, 어찌 준비하지 않을 수 있겠습니까? 옛사람은 군사를 부림에 '정예로운 것을 숨기고 허약한 것을 보인다'라고 했습니다. 지금은 형세가 다르니, 이 방법을 반대로 운용해야 아마도 오래 버틸 수 있을 것입니다. 그러나 요행을 바라는 것은 병법에서 꺼리는 바입니다. 침통한 제 마음이 어찌 이보다 심한 적이 있었겠습니까? 일이 위급하고 말이 촉박하니, 굽어살펴 주시기를 바랍니다." 이 편지를 살펴보면 당시 일의 형세를 알 수 있다.

【⊕ 4장 12】千七百七十六年二月。谷風肅肅。殘雪皎皎。欲冒萬死。率健兒。渡氷河。攻波斯頓英軍。而砲兵器械不足。華盛頓裁書議會。畧云某今者有非常之苦痛。不敢不白。一者餉械不足。訓鍊未精。再者一切缺乏。諸路空虛。萬一敵兵襲擊。風鶴爲驚。大勢一去。奚堪設想。縱無其事。安可不備。古人用兵。隱其精銳。暴其贏*弱。今旣勢殊。反之而行。或可持久。然僥倖冒險。兵法所忌。私心沈痛。莫此爲甚。事急語促。唯垂察焉。觀此則當時之事勢可知矣。

* 贏 정금: 贏 독도 수정

【번역】1776년 2월, 골짜기 바람은 세차고 녹지 않은 눈은 희디희었다. 만 번이나 죽기를 무릅쓰고라도 건아들을 거느리고 얼음이 언 강을 건너서 보스턴의 영국군을 공격하려고 하였다. 하지만 포병과 무기가 부족하였다. 워싱턴은 의회에 편지를 썼는데, 대략 다음과 같다. "저는 지금 심한 고통이 있어 감히 아뢰지 않을 수 없습니다. 첫째, 군량과 무기가 부족하고 훈련이 미숙합니다. 둘째, 모든 것이 결핍되어 여러 길의 방비가 허술합니다. 만일 적병이 습격한다면 바람 소리와 학의 울음소리[168]에도 놀랄 것입니다. 대세가 떠나버리는 것을 어찌 상상할 수 있겠습니까? 설사 그런 일이 없더라도 어찌 대비하지 않을 수 있겠습니까? 옛사람의 용병술에 '정예로움을 숨기고 그 허약함을 드러낸다'라고 하였습니다. 지금은 이미 형세가 다르니, 그것을 반대로 운용하면 아마도 오랫동안 버틸 수는 있습니다. 그러나 요행을 바라고 모험하는 것은 병법에서 꺼리는 바입니다. 침통한 제 마음은 이보다 심한 적이 없었습니다. 일이 위급하여 말이 촉박하니 살펴 주시기 바랍니다." 이 편지를 살펴보면 당시 상황을 알 수 있다.

168) 바람…울음소리: 패전한 군대가 도망갈 때, 바람 소리와 학의 울음소리[風聲鶴唳]를 듣고 추격병이 따라온 줄 알았다는 데서 '의구심이 많음'을 말한다.

【㉭ 4장 13】未幾에 華盛頓의 兵備가 漸整ㅎ야 波斯頓을 砲擊ㅎ야 杜牽泰丘를 先占ㅎ니 杜牽泰丘는 波斯頓右側에 在ㅎ야 府에 去홈이 僅千尺이오 且*後로 從ㅎ야 望흔 則全城이 目에 在흔지라 雖高屋의 優勢를 占ㅎ나 彼熊羆**의 英軍이 엇지 少挫코져 ㅎ리오 風潮가 旣息ㅎ고 波鏡이 旣平홈익 美軍의 守備가 愈嚴ㅎ야 一隙의 可乘홀 處가 無ㅎ거늘 英兵이 抵敵지 못ㅎ야 波斯頓을 棄흔딕 美兵이 歡呼直入ㅎ니 時는 三月十七日이라 世人이 波斯頓大勝이라 稱ㅎ더라

* 且 이해조: 自 정금
** 熊羆 이해조: 熊罷 정금

【번역】 얼마 지나지 않아 워싱턴의 군사 시설과 장비가 점차 정비되었다. 이에 보스턴을 포격하여 도체스터杜牽泰[169] 언덕을 먼저 점령하였다. 도체스터 언덕은 보스턴 우측에 위치하여 보스턴 부府와 거리가 겨우 1,000척尺에 불과했다. 또 뒤쪽으로 보면 온 성안이 눈에 들어왔다. 비록 높은 집의 우세를 차지했더라도 저 곰과 같은 영국군이 어찌 조금이라도 기세가 꺾이겠는가? 바람과 조수가 이내 그치고 맑은 물결이 잔잔해졌으며, 미군의 수비는 더욱 삼엄하여 빈틈을 노릴 곳이 하나도 없었다. 영국 병사들이 대적하지 못하여 보스턴을 포기하였다. 미국 병사들이 환호하며 곧장 들어가니, 3월 17일이었다. 세상 사람들이 '보스턴 대첩'이라고 일컫는다.

169) 도체스터杜牽泰: 미국 매사추세츠주 보스턴 남쪽 교외에 있는 주택지 도체스터 (Dorchester)를 말한다. 보스턴에 속하며, 보스턴 시가지와 항구가 내려다보인다. 1776년 아메리카군軍 총사령관 시절의 조지 워싱턴이 도체스터 고지高地를 점령하고, 보스턴의 영국인을 추방한 일로도 널리 알려져 있다.

【⊕ 4장 13】未幾華盛頓兵備漸整。因砲擊波斯頓之英軍與敵艦之碇泊其港灣者。而占領杜韋泰丘。杜韋泰丘一如晚霞邱。在波斯頓灣內之島。突出波斯頓右側。去府僅千尺。自後望之。全城在目。扼地峽而擊之。實占高屋之優勢。夫然而英軍不進則退。非力擊美軍以奪其邱。必幷波斯頓而棄之。然熊羆之英軍。肯因小挫而退耶。幸也風姨肆虐。二三之戰艦。欲暗渡陳倉。而竟不獲。風潮旣熄。波鏡旣平。則美軍守備愈嚴。無一隙之可乘。卒捨波斯頓而去。民兵歡呼入之時。三月十七日也。世稱之波斯頓大勝。

【번역】얼마 지나지 않아 워싱턴의 군사 시설과 장비가 점차 정비되었다. 이에 보스턴의 영국군과 그 항만에 정박한 적군의 전함을 포격하여 도체스터 언덕을 점령하였다. 도체스터 언덕은 벙커힐과 똑같이 보스턴 만 내의 섬에 있었다. 보스턴 우측에 돌출하여 보스턴 부와 거리가 거우 1,000척에 불과했다. 뒤쪽으로 보면 온 성안이 눈에 들어와 지협地峽[170]을 눌러 공격하고 실제로 높은 집의 우세를 차지하였다. 영국군은 전진하지 못하면 물러날 것이다. 미군을 힘써 공격하여 그 언덕을 빼앗지 못하면 반드시 보스턴마저도 버릴 것이다. 하지만 저 곰과 같은 영국군이 조금 기세가 꺾였다고 물러나려고 하겠는가? 다행스럽게도 바람이 마구 불어대어 두세 척의 전함이 기습하려 했지만 끝내 이룰 수 없었다. 바람과 조수가 이내 그치고 맑은 물결이 잔잔해지니, 미군의 수비가 더욱 삼엄하여 빈틈을 노릴 곳이 하나도 없었다. 마침내 보스턴을 포기하고 떠나갔다. 미국 병사들이 환호하여 들어가니, 3월 17일이었다. 세상에서 '보스턴 대첩'이라고 일컫는다.

170) 지협地峽: 커다란 두 육지를 연결한 좁고 잘록한 땅. 파나마 지협·수에즈 지협 따위. 지경地頸.

【🇰🇷 4장 14】一七七五年夏에 美將孟格梅ㅣ 坎拿大를 擊ㅎ야 二陳을 陷ㅎ고 塊培古*堅壘만 僅餘ㅎ나 然、民兵의 歸期가 已至라 相率歸鄕ㅎ니 其留者ㅣ 舊額의 半에 不及흔지라 孟格梅ㅣ 寡兵을 率ㅎ고 前進홀싀 亞腦特氏ㅣ 坎拿大民兵을 率ㅎ고 來會ㅎ야 塊培古를 共逼ㅎ니 惜乎라 螳臂가 엇지 車를 當ㅎ며 衆寡가 엇지 相敵ㅎ리오 孟格梅는 戰死ㅎ고 亞腦特이 亦戰傷ㅎ야 全軍이 大敗ㅎ니 坎拿大全境이 英軍의 據有흔 빅 된지라 其報가 四方에 旣傳홈이 殖民地兵氣가 沮喪ㅎ더니

* 塊培古 이해조: 塊倍苦 정금

【번역】1775년 여름, 미국의 장군 몽고메리孟格梅[171]가 캐나다를 공격하여 두 성을 함락시키고 퀘벡의 견고한 보루만 겨우 남아있었다. 하지만 민병이 돌아갈 시기가 이미 이르러 서로 좇아서 고향으로 돌아가니, 남아있는 자가 옛 인원의 절반에도 미치지 못하였다. 몽고메리가 적은 병사들을 거느리고 진격할 때, 아놀드亞腦特[172]가 캐나다 민병을 거느리고 와서 퀘벡을 함께 공격하였다. 애석하구나! 사마귀의 팔뚝이 어찌 수레를 당해내며, 많은 수효와 적은 수효가 어찌 호적수가 되겠는가? 몽고메리가 전사하고 아놀드도 부상당했으며, 전군은 대패하였다. 캐나다 전역이 영국군에 점거된 소식이 사방에 전해진 뒤에, 식민지 병사의 사기가 꺾였다.

---

171) 몽고메리孟格梅: 미국 독립전쟁 때 대륙군 준장으로 활동했던 리처드 몽고메리 (Richard Montgomery, 1738. 12. 2.~1775. 12. 31.)를 말한다.
172) 아놀드亞腦特: 베네딕트 아놀드(Benedict Arnold, 1741. 1. 14.~1801. 6. 14.)를 말한다. 그는 독립전쟁 초기에 대륙군으로 참전했으나, 대륙군을 배반하고 영국군에 참전했다.

【⊕ 4장 14】先是一千七百七十五年夏。美將孟格梅率兵擊坎拿大英軍。陷二塞。僅餘塊倍苦堅壘。然民兵有歸期已至者。相率離軍。其留者不及舊額之半。孟格梅無如何。率寡兵以進。適亞腦特氏以坎拿大民兵來會。共逼塊倍苦。惜也螳臂當車。衆寡不敵。孟格梅戰死。亞腦特亦戰傷。全軍大敗。坎拿大全境復爲英軍所有。其報旣傳於四方。殖民地兵氣大沮喪。

【번역】이보다 앞서 1775년 여름이었다. 미국의 장군 몽고메리가 병사를 이끌고 캐나다의 영국군을 공격하여 두 성을 함락시키고 퀘벡의 견고한 보루만 겨우 남아있었다. 하지만 민병이 돌아갈 시기가 이미 되어 서로 좇아서 군대를 떠났다. 남아있는 자가 옛 인원의 절반에도 미치지 못하였다. 몽고메리가 어찌할 도리가 없이 적은 병사들을 거느리고 진격하였다. 마침 아놀드가 캐나다 민병을 거느리고 와서 퀘벡을 함께 공격하였다. 애석하구나! 사마귀의 팔뚝이 수레를 맞서지만 적은 수효로는 많을 수효를 대적할 수 없다. 몽고메리는 전사하고 아놀드도 부상당하였으며 전군은 대패하였다. 캐나다 전역이 다시 영국군에게 점거되었다는 소식이 사방에 전해진 뒤에, 식민지 병사의 사기가 크게 꺾였다.

【⑳ 4장 15】波斯頓捷報가 適至ᄒ이 殖民地ㅣ 戚을 轉ᄒ야 喜를 作ᄒ니 軍氣가 復振ᄒ더라 波斯頓을 勝ᄒ 後에 亞美利加軍隊을 分ᄒ야 一部ᄂ 紐約으로 直突ᄒ야 四月十四日에 又勝ᄒ다 華盛頓이 畢生의 力을 盡ᄒ야 守備를 繕ᄒ고 糧食을 貯ᄒ니 時에 英將崑頓氏ㅣ 部下에 精兵三千과 艨艦數十을 率ᄒ고 南殖民地를 先服코져 ᄒ야 戰艦을 先遣ᄒ야 其港灣을 扼ᄒ고 砲臺를 攻ᄒ거 늘 守將摩德立氏ㅣ 迎擊大破ᄒ니 水師提督栢克氏ㅣ 幾死僅免ᄒ 지라

【번역】보스턴의 승전보가 마침 이르러 식민지의 슬픔이 기쁨으로 바뀌었다. 군사의 사기가 다시 진작되었다. 보스턴 전투에서 승리한 뒤에 아메리카 군대를 나누어 일부는 뉴욕으로 돌진하였다. 4월 14일에 또 승리하였다. 워싱턴이 필생의 힘을 다하여 방어체계를 손보고 양식을 비축하였다. 이때, 영국 장군 클린턴이 부하 정병 3,000명과 전함 수십 척을 이끌고 남쪽 식민지를 먼저 복속하려 하였다. 이에 전함을 먼저 보내 항만173)을 장악하고 포대砲臺174)를 공격하였다. 수비하던 장군 물트리摩德立175)가 영국군을 맞받아쳐서 크게 승리하였다. 영국의 해군 제독 파커栢克176)가 죽을 뻔하다가 간신히 목숨을 건졌다.

173) 항만: 미국 사우스 캐롤라이나주의 주도州都인 찰스턴(Charleston)의 항만을 말한다.
174) 포대砲臺: 설리반즈 아일랜드(Sullivan's Island)에 건설된 물트리 요새의 포대를 말한다.
175) 물트리摩德立: 미국 독립전쟁에서 활약한 윌리엄 물트리(William Moultrie: 1730. 11. 23.~1805. 9. 27.)를 말한다. 그는 1776년 영국군이 찰스턴(Charleston)을 점령하는 것을 막았다. 물트리(Moultrie) 요새는 그를 기리기 위해 이름이 붙여졌다.
176) 파커栢克: 영국 해군 장교인 피터 파커(Sir Peter Parker, 1st Baronet, 1721~1811. 12. 21.)를 말한다.

【⊕ 4장 15】適波斯頓之大捷以聞。殖民地乃轉戚爲喜。軍氣仍振。英國艦隊之敗於波斯頓也。亞美利加之軍隊。分一部守波斯頓。直突紐約。四月十四日克之。華盛頓竭畢生之力。乘敵大股未至。繕守備。貯糧食。時英國崑頓氏帥部下精兵三千。艦隊數十。先服南殖民地。因先遣戰艦扼其港灣。次攻砲臺。守將摩德立氏逆擊之。大勝。水師提督柏克氏僅以身免。

【번역】마침 보스턴의 승전보가 전해져 식민지는 이내 슬픔이 바뀌어 기쁨이 되었다. 군사의 사기가 이로 인하여 진작되었다. 영국 함대가 보스턴에서 패하자, 아메리카 군대는 일부를 나누어 보스턴을 지키고 곧장 뉴욕으로 돌진하였다. 4월 14일에 승리하였다. 워싱턴이 필생의 힘을 다하여 대군의 적이 오지 않는 틈을 타서 방어체계를 손보고 양식을 비축하였다. 이때, 영국 장군 클린턴이 부하 정병 3,000명과 전함 수십 척을 이끌고 남쪽 식민지를 먼저 복속하려 하였다. 그래서 전함을 먼저 보내 항만을 장악하고, 다음에 포대를 공격하였다. 수비하던 장군 물트리가 맞받아 쳐서 크게 승리하였다. 영국의 해군 제독 파커가 간신히 목숨을 건졌다.

【韓 4장 16】南殖民地가 大喜ᄒ야 意氣激越ᄒ야 英軍을 輕視ᄒ고 且波斯頓이 新復*에 英國軍威가 掃地라 英將赫華氏ㅣ 艦隊를 率ᄒ고 紐約南岸에 在ᄒ더니 七月初旬에 和親을 請ᄒ거늘 其語言이 不遜홈으로 華盛頓이 堅拒ᄒ다 殖民地人民이 二大勝報을 旣得홈이 意氣가 益盛ᄒ더라

* 新復 이해조: 新敗 정금

【번역】남쪽 식민지는 크게 기뻐하고 의기가 격앙되어 영국군을 경시하였다. 게다가 보스턴이 새로 복구되자 영국군의 위세가 땅에 떨어졌다. 영국 장군 하우赫華[177)가 함대를 이끌고 뉴욕 남쪽 해안에 있다가 7월 초순에 화친을 청하였다. 하지만 그의 언어가 불손하여 워싱턴이 한사코 거부하였다. 식민지 인민은 두 번의 대승 소식을 들은 뒤에 의기가 더욱 고조되었다.

177) 하우赫華: 윌리엄 하우(William Howe)의 형인 리처드 하우(Richard Howe. 1726. 3. 8~1799. 8. 5)를 말한다. 그는 1776년 7월 13일에 조지 워싱턴에게 화친을 요청할 편지를 보냈다.

【⊕ 4장 16】南殖民地大喜過望。意氣激越。輕視英軍。且波斯頓新敗。英國軍威掃地。時英將赫華氏帥艦隊在紐約對岸之某島。七月初旬。乃銜命請和於美軍總督。然語多不遜。華盛頓拒之。殖民地人民旣得二大勝報。意氣益盛。

【번역】 남쪽 식민지는 기대 이상의 성과에 크게 기뻐하고 의기가 격앙되어 영국군을 경시하였다. 게다가 보스턴에서 새로 패배하자 영국군의 위세가 땅에 떨어졌다. 이때 영국 장군 하우는 함대를 이끌고 뉴욕 맞은 편의 어떤 섬[178]에 있었다. 7월 초순에 명령을 받아 미군 총독에게 화친을 청하였다. 하지만 그의 언어가 불손하여 워싱턴이 거절하였다. 식민지 인민은 두 번의 대승 소식을 들은 뒤에 의기가 더욱 고조되었다.

---

178) 어떤 섬: 미국 뉴욕시 남서부에 있는 섬인 스태튼섬(Staten Island)을 말한다.

【㉮ 4장 17】七月二日에 墾鐵謔及巴基尼亞議會를 再開ᄒᆞ고 獨立政策을 決ᄒᆞ야 日殖民地聯邦이 自由獨立을 旣得ᄒᆞᆫ 則自由獨立의 權利를 應有ᄒᆞ리니 今我等이 英國에 對ᄒᆞᆫ 忠愛義務를 一切斷棄ᄒᆞ고 政治上에 絲毫의 關係가 無케 ᄒᆞᆫ다 ᄒᆞ야 旣議決ᄒᆞᆷ이 亞達密이 非常의 熱心으로써 全國에 報ᄒᆞᆯᄉᆡ 國民을 呼ᄒᆞ야 日亞米利加ㅣ 曾有치 못ᄒᆞᆫ 大問題를 得ᄒᆞ니 此ᄂᆞᆫ 大快事라 我國民은 力을 努ᄒᆞᆯ지어다 於是에 獨立을 布告ᄒᆞ고 亞米利加合衆國이라 稱ᄒᆞ다

【번역】7월 2일에 필라델피아와 버지니아 의회를 다시 열고 독립정책을 의결하였다. "식민지 연방이 자유독립을 얻은 뒤에는 자유독립의 권리를 응당 소유하리니, 지금 우리가 영국에 대한 충애의 의무를 일체 잘라버리고 정치에서 조금의 관계도 없게 한다." 의결한 뒤에 애덤스가 매우 열심히 전국에 알리며 국민에게 부르짖었다. "아메리카가 일찍이 해결하지 못한 큰 문제를 의결했으니, 이것은 크게 통쾌한 일입니다. 우리 국민은 노력해야 합니다." 이에 독립을 포고하고 '아메리카 합중국'이라고 일컬었다.

【㊥ 4장 17】七月二日議決墍鐵謔第二議會及巴基尼亞州會所議之獨立政策。曰殖民地聯邦旣自由獨立。應有自由獨立之權利。今我等對於英國忠愛之義務。當一切罷之。政治之上與之無絲毫關係。旣決議。亞達密以非常之熱心報諸全國。最後呼國民言曰。亞米利加得未曾有之大問題旣議決矣。此大快事。恐此後不可最得。我國民努力爲之可也。於是布告獨立稱亞米利加合衆國。

【번역】7월 2일에 필라델피아 제2차 의회와 버지니아 주회에서 의논한 독립정책을 의결하였다. "식민지 연방이 자유독립을 이미 얻으면 자유독립의 권리를 응당 소유하리니, 지금 우리가 영국에 대한 충애의 의무를 일체 그만두고 정치에서 그들과 조금의 관계도 없게 한다." 의결한 뒤에 애덤스가 매우 열심히 전국에 알리며 최후에 국민에게 이렇게 부르짖었다. "아메리카가 일찍이 해결하지 못한 큰 문제를 의결했습니다. 아마도 이렇게 통쾌한 일을 이후로 얻지 못할 것입니다. 우리 국민은 노력해야 할 것입니다." 이에 독립을 포고하고 '아메리카 합중국'이라고 일컬었다.

【⑳ 4장 18】委員若干人을 選ᄒ야 獨立布告書를 草ᄒ야 各部各國에 送ᄒ야 世界輿論을 要ᄒᆞᆯ시 富蘭比*로 正委員을 薦ᄒ고 亞達密吉富爾로 佐員을 作ᄒ지라 其原稿에 首論ᄒᄃᆡ 母國으로 分離홈은 乃自然의 理라 ᄒ니 略曰人類의 進步ᄂᆞᆫ 人事의 複雜을 由ᄒ 故로 連互의 政治를 數國에 分홈이 自然의 理오

* 富蘭比 이해조: 富蘭昆 정금

【번역】위원 몇 사람[179]을 뽑아 독립포고서를 초안草案하여 각 부部와 각 나라에 보내어 세계 여론을 모았다. 프랭클린富蘭比[180]을 정위원으로 추천하고, 애덤스와 제퍼슨吉富爾[181]을 보좌 위원으로 삼았다. 그 원고의 앞머리에 논하기를 '모국으로부터 분리하는 것이 바로 자연의 이치이다'라고 하였으니, 간략히 말하면 다음과 같다. "인간의 진보는 인간사의 복잡함에서 기인한다. 그러므로 서로 연결된 정치를 여러 나라로 나누는 것이 자연의 이치이다.

179) 위원 몇 사람: 독립선언서의 작성을 위한 기초 위원회는 당대 최고의 문인 벤저민 프랭클린(펜실베이니아)을 비롯해서 존 애덤스(매사추세츠), 로버트 리빙스턴(뉴욕), 로저 셔면(코네티컷), 그리고 토머스 제퍼슨(버지니아)까지 모두 다섯 명으로 이루어져 있었다.

180) 프랭클린富蘭比: 18세기 미국의 정치가·사상가·발명가인 벤저민 프랭클린(Benjamin Franklin, 1706.1.17.~1790.4.17.)을 말한다. 그는 미국 독립선언서 작성에 참여해 건국의 아버지로 일컬어진다.

181) 제퍼슨吉富爾: 미국 독립선언문을 기초했으며 미국 제3대 대통령을 지낸 토마스 제퍼슨(Thomas Jefferson, 1743.4.13.~1826.7.4.)을 말한다.

【⊕ 4장 18】選委員若干人。草獨立布告書。遞各部各國。以訴於世界輿論。正委員爲富蘭昆。最負衆望。佐以亞達密吉富爾等。嘗見當時原稿。文首先論。與母國分離。乃自然之理。畧曰。人類之進步。由於人事之複雜。故分連互之政治而爲數國民者自然之理也。

【번역】위원 몇 사람을 뽑아 독립포고서를 초안하여 각 부部와 각 나라에 보내어 세계 여론에 호소하였다. 정위원은 프랭클린富蘭昆이 되었는데 뭇사람의 신망을 가장 많이 받았기 때문이다. 보좌 위원은 애덤스와 제퍼슨 등으로 하였다. 일찍이 당시 원고를 보면, 글 앞머리에 우선 논하기를 '모국과 분리하는 것이 곧 자연의 이치이다'라고 하였다. 간략히 말하면 다음과 같다. "인간의 진보는 인간사의 복잡함에서 기인한다. 그러므로 서로 결속된 정치를 풀어 여러 국민을 만드는 것이 자연의 이치이다.

【韓 4장 19】且人類는 平等이라 權利를 相奪치 못홀지니 曰生命曰幸福曰自由는 皆權利의 一部라 其權利를 安全코자 홀진딘 必政府를 人民間에 設ㅎ고 權利一部를 分ㅎ야 政府에 屬ㅎ니 卽施政權이 是라 若政府ㅣ 其目的을 謬ㅎ야 人民權利를 蔑視ㅎ고 其貸與흔 權利를 濫用흔 則人民의 自由計生命計幸福計를 爲ㅎ야 新政府를 別建홈이 엇지 不可라 謂ㅎ리오 其全文이 英政府에 罪惡을 羅列ㅎ고 母國을 不可不分離ㅎ는 理를 喩論ㅎ야 娓ㄨ히 人을 動홀만 ㅎ더라

【번역】또 인간은 평등하기에 권리를 서로 빼앗지 못하는 것이다. '생명', '행복', '자유'라고 하는 것은 모두 권리의 일부이다. 그 권리를 안전하게 하려면 반드시 정부를 인민들 가운데 세우고 권리 일부를 나누어 정부에 부여해야 하니, 곧 '시정권施政權[182]'이 이것이다. 그 목적과 맞지 않게 인민의 권리를 멸시하고 그 위임한 권리를 남용하면, 인민의 자유와 생명과 행복을 마련하기 위하여 새로운 정부를 별도로 세우는 것이 어찌 옳지 않다고 할 수 있겠는가?" 그 전문은 영국 정부의 죄악을 나열하고 모국에서 분리할 수밖에 없는 이유를 비유하여 논하였으니, 흥미진진하여 사람이 감동하기에 충분했다.

---

182) 시정권施政權: 국민에게 정치 권리를 위임받아 행사할 수 있는 권리.

【⊕ 4장 19】且人類平等。權利不容相奪。曰生命。曰幸福。曰自由。皆權利之一部。欲其權利之安全。必設政府於人民之間。另以權利之一部予政府。許之有施政權。若政府謬其目的。蔑視人民權利。濫用貸與之權利。則人民爲自由計。生命計。幸福計。別建新政府。不可謂非宜也。由是列證英政府之不足恃。羅列罪狀。次論與母國分離之不得已。娓娓動人。

【번역】 또 인간은 평등하기에 권리를 서로 빼앗는 것을 용납하지 못한다. '생명', '행복', '자유'라고 하는 것은 모두 권리의 일부이다. 그 권리를 안전하게 하려면 반드시 정부를 인민 사이에 세우고, 별도로 권리 일부를 정부에 주고 정사를 베푸는 권리를 갖도록 허락해야 한다. 만일 정부가 그 목적과 맞지 않게 인민의 권리를 멸시하고 그 위임한 권리를 남용하면, 인민이 자유와 생명과 행복을 마련하기 위하여 새로운 정부를 별도로 세우는 것을 마땅치 않다고 할 수 없을 것이다." 이에 따라 영국 정부는 믿을 것이 못 된다고 열거하여 증명하고, 그 죄상을 나열하였다. 다음으로 모국과 분리할 수밖에 없는 이유를 논하였으니, 흥미진진하여 사람을 감동시켰다.

【 4장 20】文尾에 又略曰故로 吾等亞美利加合衆國의 代議士 ㅣ 此에 相集ᄒ야 正義公道로써 公明社會에 告ᄒ노니 自今으로 我殖民地聯邦이 自由獨立의 權利가 有ᄒ니 英王에 對ᄒ얀 忠愛의 義務도 無ᄒ고 政治上에 絲毫關係도 與無ᄒ 則一切和戰盟約을 世界獨立國으로 成例ᄒ야 全殖民地人民이 皇天의 眷佑만 依賴ᄒ고 身家의 生命을 犧牲으로 作ᄒ딕 此誓言을 必踐홀진져 書尾에 議長亨殼氏와 書記官泰姆遜氏의 名으로 署ᄒ얏더라

【번역】문장 끝에 또 간략하게 말했다. "그러므로 우리 아메리카 합중국의 대의사代議士[183]가 이곳에 서로 모여 정의와 공도公道로써 공명한 사회에 알린다. 지금부터 우리 식민지 연방은 자유 독립의 권리를 획득하였으니, 영국 왕에 대한 충애의 의무도 없고 그들과 정치적으로도 어떤 관계도 없다. 이에 따라 모든 화친과 전쟁과 맹약은 세계 독립국의 전례를 따른다. 온 식민지 인민은 하늘의 보살핌에 의지하고 자신과 가족의 생명을 바치어 이 맹세하는 말을 반드시 실천할지어다.[184]" 선언서 말미에 의장 핸콕亨殼[185]과 서기관 톰슨泰姆遜[186]의 이름을 서명했다.

183) 대의사代議士: 국회의원. 일본에서 중의원衆議院 의원議員의 속칭.
184) 전…실천할지어다: 본문의 내용은 미국 독립선언서에서 다음과 같이 표현되었다. "이에 우리는 신의 가호를 굳게 믿으며, 우리의 생명과 재산과 신성한 명예를 걸고 이 선언을 지지할 것을 서로 다짐하는 바이다.(And for the support of this Declaration, with a firm reliance on the protection of Divine Providence, we mutually pledge to each other our Lives, our Fortunes and our Sacred Honor.)" 안경환, 「미국 독립선언서 주석」, 국제지역연구 제10권 제2호, 서울대학교 국제지역원, 2001, p.122.
185) 핸콕亨殼: 미국 독립전쟁의 지도자인 존 핸콕(John Hancock)을 말한다.
186) 톰슨泰姆遜: 대륙회의 사무총장인 찰스 톰슨(Charles Thomson)을 말한다.

【㊉ 4장 20】 文尾又略曰。故吾等亞美利加合衆國之代議士相集於此。以正義公道告於公明社會之判官。代全殖民地善良人民。宣言自今而後。殖民地聯邦應自由獨立。應有自由獨立之權利。對於英國王無忠愛之義務。政治之上。與之無絲毫關係。一切和戰盟約。世界獨立國成例具在。應仿而行之。全殖民地人民將依賴皇天眷佑。犧牲身家生命。踐此誓言云。書尾署議長亨亮氏書記官泰姆遜氏名。

【번역】문장 말미에 또 간략하게 말하였다. "그러므로 우리 아메리카 합중국의 대의사가 이곳에 서로 모여 정의와 공도로써 공명한 사회의 판관에게 알린다. 온 식민지의 선량한 인민을 대신하여 다음과 같이 선언한다. 오늘 이후부터는 식민지 연방은 마땅히 자유롭게 독립하고, 마땅히 자유롭게 독립할 권리를 갖는다. 영국 왕에 대한 충애의 의무도 없고, 정치상에서 그들과 조금의 관계도 없다. 모든 화친과 전쟁과 맹약은 세계 독립국의 전례에 갖추어져 있으니, 마땅히 비슷하게 행할 것이다. 온 식민지 인민은 장차 하늘의 보살핌만 의지하고 재산과 생명을 바치어[187] 이 맹세하는 말을 반드시 실천할지어다." 선언서 말미에 의장 핸콕과 서기관 톰슨의 이름을 서명하였다.

187) 재산과 생명을 바치어: 이해조는 희생할 대상을 '身家의 生命', 정금은 '身家生命'이라고 했다. 의춘은 토마스 제퍼슨을 'Live(생명), Fortune(재산), Honor(명예)'를 '生命, 幸福, 名譽'라고 번역했고, 정금은 이를 '身家生命'으로 번역하였고, 이해조는 이를 '身家의 生命'으로 번역한 것이다. 여기서 문제가 된 용어는 토마스 제퍼슨의 'Fortune'이다. Fortune에는 '행운, 행복'이라는 뜻 이외에도 '재산'이라는 의미도 있다. 의춘이 Fortune을 '幸福'이라고 번역하면서 혼선을 가져왔다. 정금은 福山義春이 'Fortune'을 '幸福'으로 번역한 것에 대해 미심쩍었는지 '身家'로 번역하였다. 身家는 '본인과 그 가족'이란 뜻 외에도 조기백화早期白話에서 '신분과 지위', 광동어廣東語에서는 '재산(개인의 전 재산)'의 의미를 갖고 있다. 이렇게 번역되는 과정을 살펴보면 번역자가 어떤 자료를 참고했는지 추측할 수 있다. 그렇다면 정금은 영어로 된 독립선언서를 참고하여 '身家'라는 용어를

【🇰 4장 21】一七七六年四月四日에 布告書ㅣ 各州에 旣達홈이 市民이 坌集ㅎ야 其言을 爭聞코쟈 ㅎ더라 紐約地엔 英王의 銅像을 破壞ㅎ고 波斯頓府엔 市民數千이 一處에 會集ㅎ고 一人이 其中에 屹立ㅎ야 檄文을 朗讀홀시 醉홈과 如ㅎ고 狂홈과 如ㅎ야 民氣가 大震ㅎ더라 英將赫華ㅣ 聞ㅎ고 大怒하야 本國의 軍隊及艦隊를 多數請求ㅎ야 紐約을 襲擊코자 ㅎ니 華盛頓이 豫知ㅎ고 紐約左海峽에 船隻을 沉ㅎ야 英艦의 路를 阻ㅎ고 一面으로 九千兵을 送ㅎ야 蒲爾肯、要害를 守ㅎ니

【번역】1776년 4월 4일, 포고서가 각 주에 이미 도달하였다. 시민이 모여 그 말을 다투어 듣고자 하였다. 뉴욕 지역에서는 영국 왕의 동상을 파괴하였다. 보스턴 부에서는 수천 명의 시민이 한곳에 모였다. 어떤 사람이 그 가운데 우뚝 서서 격문을 낭독하였다. 마치 술에 취한 듯 미친 듯하였다. 시민의 의기가 크게 격동되었다. 영국 장군 하우가 이를 듣고 크게 분노하였다. 본국에 군대와 함대를 많이 보내달라고 요청하여 뉴욕을 습격하고자 하였다. 워싱턴이 미리 알고 뉴욕 좌측 해협에 선박을 가라앉혀 영국 전함의 길을 막았다. 한편으로 9천 명의 병사를 보내어 부루클린蒲爾肯[188)과 같은 요해지를 지켰다.

쓴 것이 확실하다. 그런데 이해조는 정금의 '身家'를 그대로 사용하면서 그 의미를 다르게 사용하였다. 정금의 '身家生命'은 '재산과 생명'이라고 풀이할 수 있고, 이해조의 '身家의 生命'은 '자신과 가족의 생명'으로 풀이할 수 있다.

188) 브루클린蒲爾肯: 미국 뉴욕시의 롱 아일랜드섬의 남쪽 끝에 있는 주택·항구 지구인 브루클린(Brooklyn)을 말한다. 브루클린은 이스트강을 사이에 두고 맨해튼과 마주 대하고 있다.

【㊥ 4장 21】千七百七十六年四月四日。布告書旣達各州。市民坌集如堵墻。爭欲聞其言。紐約之地。破壞英王銅像。波斯頓府市民數千集市街。一人屹立其中。朗讀檄文。如醉如狂。民氣由是益震。赫華將軍聞此益怒。請本國多遺軍隊艦隊。擬竢大軍到齊。直迫紐約。華盛頓豫知之。沈船於紐約左近海峽。使英艦不能飛渡。一面令部將率兵九千。嚴守蒲爾肯等要害。

【번역】1776년 4월 4일, 포고서가 각 주에 이미 도달하였다. 시민이 담장처럼 둘러 모여 그 말을 다투어 들으려 하였다. 뉴욕 지역에서는 영국 왕의 동상을 파괴하였다. 보스턴 부에서는 수천 명의 시민이 거리에 모였다. 어떤 사람이 그 가운데 우뚝 서서 격문을 낭독하였다. 마치 술에 취한 듯 미친 듯하였으니, 시민의 의기가 이에 더욱 격동되었다. 하우 장군이 이를 듣고 더욱 분노하였다. 본국에 군대와 함대를 많이 보내달라고 요청하였다. 대군이 다 도착하기를 기다렸다가 곧장 뉴욕을 칠 작정이었다. 워싱턴이 미리 알고 뉴욕 좌측 가까운 해협에 선박을 가라앉혀 영국 전함이 재빨리 건너오지 못하도록 하였다. 한편으로 부장으로 하여금 9천 명의 병사를 거느리고 브루클린과 같은 요해지를 단단히 지키게 하였다.

【韓】4장 22】蒲爾肯은 紐約對岸에 在ㅎ야 大澤이 左右에 夾ㅎ고 兩河가 東北을 繞ㅎ야 倫葵蘭으로 紐約에 達ㅎㄴ 陸路가 此地에 貫ㅎㄴ지라 部將葛林氏 ㅣ 此地에 牙營을 置ㅎ고 山腹에 前營을 置ㅎ야 防禦를 甚堅히 ㅎ더니 英將이 精兵三萬을 率ㅎ고 倫葵蘭에 登ㅎ야 一隊ㄴ 堅艦을 用ㅎ야 沉船을 破壞ㅎ고 一隊ㄴ 蒲爾肯右側을 還擊코자 홀시 蒲爾肯에 三路가 有ㅎ니 一路ㄴ 前山에 在ㅎ고 二路ㄴ 左右兩側에 在ㅎ야 皆峽路라

【번역】 브루클린은 뉴욕 건너편에 있으니, 큰 호수가 좌우에[189] 끼었고 두 강[190]이 동북쪽을 감고 돌았다. 롱 아일랜드倫葵蘭[191]에서 뉴욕에 도달하는 육로가 이곳을 관통하였다. 그래서 부장 그린葛林[192]은 이곳에 아영牙營을 세우고, 산허리에 전영前營[193]을 세워 방어를 매우 굳건히 하였다. 영국 장군이 3만의 군사를 거느리고 롱 아일랜드에 상륙했다. 한 부대는 견고한 전함으로 가라앉은 선박을 부수고, 한 부대는 브루클린 우측으로 돌아서 공격하려고 하였다. 브루클린으로 가는 길은 세 곳이 있었다. 한 길은 앞산에 있고, 두 길은 좌우 양측에 있다. 모두 산속에 난 좁은 길이었다.

---

189) 큰 호수…좌우에: 여기서 브루클린 좌우에 위치한 호수는 고와누수 만(Gowanus Bay; Gowans Cove)과 월러바웃 만(Wallabout Bay)을 말한다.
190) 두 강: 허드슨 강(Hudsons River)과 이스트 강(East River)을 말한다.
191) 롱 아일랜드倫葵蘭: 미국 뉴욕 주 남동부에 있는 섬인 롱 아일랜드(Long Island)를 말한다. 대서양과 롱 아일랜드 해협 사이에 위치한다.
192) 그린葛林: 미국 독립전쟁에서 활약한 대륙군의 소장인 너새니얼 그린(Nathanael Greene, 1740. 8. 7~1786. 6. 9)을 말한다. 그는 전쟁 중에 재능 있고 든든한 장교라는 평판을 받으며 두각을 드러냈다..
193) 전영前營: 전방 초소에 해당하는 기지를 말한다.

【⊕ 4장 22】蒲爾肯在紐約對岸。左右大澤。直接東北兩河。陸路自倫葵蘭至紐約必經此地。部將葛林氏置牙營於此。置前營於前之山腹。防禦甚堅。英軍率精兵三萬。登倫葵蘭之一角。分道而進。欲以堅艦破壞沈船。自蒲爾肯右側環砲擊之。而此去蒲爾肯有三路。一路通前山之間二路繞山彙左右兩側。皆峽路也。

【번역】 브루클린은 뉴욕 건너편에 있으니, 큰 호수를 좌우에 두었고 동북쪽으로는 두 강이 바로 잇닿아 있었다. 육로로 롱 아일랜드에서 뉴욕에 도달하려면 반드시 이곳을 지나야 한다. 부장 그린은 이곳에 아영을 세우고, 산허리에 전영을 세워 방어를 매우 굳건히 하였다. 영국 장군이 3만의 정병을 거느리고 롱 아일랜드의 한 모퉁이[194]에 올랐다. 길을 나누어 진격하였으니, 견고한 전함으로 가라앉은 선박을 부수는 한편, 브루클린 우측으로 돌아서 포격하려고 하였다. 이곳에서 브루클린에 가는 길은 세 곳이 있다. 한 길은 앞산의 사이로 통하고, 두 길은 산맥이 합류하는 좌우 양측으로 감아 돌았다. 모두 산속에 난 좁은 길이었다.

---

194) 한 모퉁이: 그레이브샌드(Gravesend)를 말한다. 그레이브샌드는 미국 뉴욕주 롱 아일랜드 남서쪽 가장자리에 있는 브루클린 뉴욕시 자치구의 남중부에 있다.

【㊐ 4장 23】葛林氏 ㅣ 地勢를 察ᄒ야 三處를 固守ᄒ다가 不幸히 葛林氏 ㅣ 病劇ᄒ야 薩利彭으로 代ᄒ니 薩利彭이 葛林의 計를 反對ᄒ야 右側間道及中央만 守ᄒ거늘 英將이 其虛實을 知ᄒ고 外面으로 右側을 力攻ᄒ다가 精兵을 暗遣ᄒ야 左側間道로 直進ᄒ니

【번역】그린 장군이 지세를 살펴 세 곳을 굳건히 지켰다. 하지만 불행하게도 그린 장군은 병이 심하여 설리번薩利彭[195]으로 교체되었다. 설리번은 그린 장군의 계책을 반대하여 우측 샛길과 중앙만 지켰다. 영국 장군이 그 허실을 알고 겉으로는 우측을 맹공하는 척하다가, 정예병을 몰래 보내 좌측 샛길로 곧장 진격하였다.

---

195) 설리번薩利彭: 미국 독립 전쟁 중에 활약한 대륙군 장군이자 대륙회의의 대의원인 존 설리번(John Sullivan, 1740. 2. 17~1795. 1. 23)을 말한다. 그는 뉴햄프셔 주지사를 지냈다. 설리번은 1779년에 대륙군에 반기를 든 이로쿼이 족 인디언 마을을 소멸한 설리번 원정을 이끈 것으로 알려져 있다.

【⊕ 4장 23】葛林氏善察之。先遣將固守。不幸葛林氏偶病。代以薩利彭。薩利彭以右側間道及中央之道。最爲重要。因反葛林所爲。使烏忒盤僅守右側間道。令見敵兵卽報。而烏忒盤有怠色。英軍諜知之。外則力攻前塞右翼。陰使困頓氏率精兵進左側間道。守將烏忒盤見英軍勢大。恐甚。狼狽棄守遁走。亦不報本軍。

【번역】그린 장군이 지세를 잘 살피고 먼저 장군을 보내어 굳게 지키게 하였다. 하지만 불행하게도 그린 장군이 마침 병에 걸려 설리번으로 교체되었다. 설리번은 우측 샛길과 중앙의 길을 가장 중요하게 여겼기에 그린 장군의 행동과 반대로 하였다. 설리번이 우드헐烏忒盤[196]로 하여금 우측 샛길만을 지키게 하였다. 설리번은 적병을 보면 즉시 보고하게 하였지만, 우드헐은 나태한 기색이 있었다. 영국군이 염탐하여 이를 알고, 겉으로는 전방 요새의 오른쪽을 맹공하는 척하였다. 몰래 클린턴困頓[197]으로 하여금 정예병을 이끌고 좌측 샛길로 진격하게 하였다. 방어를 맡은 장수 우드헐은 영국군의 군세가 대단한 것을 보고 매우 두려워했다. 당황하여 방어를 포기하고 달아났고, 또한 본군에 알리지도 않았다.

---

196) 우드헐烏忒盤: 애브라함 우드헐(Abraham Woodhull, 1750. 10. 7~1826. 1. 23)을 말한다.

197) 클린턴困頓: 영국 장군 클린턴의 음역어이다. 지금까지 클린턴의 이름이 3회 언급되는데, '崑頓'으로 표기한 것이 2회이고 '困頓'으로 표기한 것은 1회이다.

【韓 4장 24】美軍이 不意의 變을 當ᄒ야 蒲爾肯으로 退入코져 ᄒ되 英兵이 阻絶ᄒ니 美軍이 苦戰良久에 英兵이 漸退ᄒ거ᄂ 蒲爾肯에 乃入ᄒ니 是役에 美兵九千이 四分一은 器械도 無ᄒ고 徒手로 三萬敵軍을 當ᄒ니 其多寡도 不敵이오 又葛林計를 不從ᄒ니 엇지 此敗가 無ᄒ리오 時ᄂ 一七七六年八月二十七日이라 世人이 倫葵蘭苦戰이라 稱ᄒ더라

【번역】미군이 생각지 못한 변고를 당하여 브루클린으로 물러나 들어가고자 하였지만 영군이 길을 막아 끊어버렸다. 미군이 오랫동안 고전하다가 영군이 점차 물러난 뒤에야 브루클린으로 비로소 들어갔다. 이 전투에서 미군 9천 명 중 4분의 1은 무기도 없이 맨손으로 3만의 적군을 막았다. 중과부적인 데다가 그린 장군의 계책을 따르지 않았으니, 어찌 패배하지 않겠는가? 이때가 1776년 8월 27일이다. 세상 사람들이 '롱 아일랜드의 악전고투'라고 일컫는다.

【⊕ 4장 24】崑頓兵鼓噪出塞後。挾擊美軍。一隊進蒲爾肯而圍之。北河英艦亦來援。美軍出不意。驚駭失措。欲入蒲爾肯。而敵兵阻絶前路。將士苦戰良久。入夜英兵漸去乃得入。是役也。我兵九千而四分之一皆無器械。以當三萬之敵軍。多寡旣殊。又不從葛林計而戰。其敗也固宜。時千七百七十六年八月二十七日也。世稱倫葵蘭苦戰。

【번역】클린턴의 병사들이 북을 치고 함성을 지르며 요새에서 나온 뒤에 미군을 협공하였다. 한 부대는 브루클린으로 진격하여 포위하였고, 북쪽 하천에 있던 영국 함대도 와서 도왔다. 미군은 생각지 못한 습격에 놀라고 당황하여 어찌할 바를 몰랐다. 브루클린으로 들어가고자 하였지만 적병이 앞길을 막아 끊어버렸다. 장군과 병사들이 오랫동안 고전하였다. 밤이 되어 영군이 점차 물러난 뒤에야 비로소 들어갈 수 있었다. 이 전투에서 우리 병사 9천 명 중 4분의 1은 모두 무기도 없이 3만의 적군을 막았다. 중과부적인 데다가 그린 장군의 계책을 따르지 않고 싸웠으니, 그 패배가 진실로 마땅하다. 때는 1776년 8월 27일이다. 세상에서 '롱 아일랜드의 악전고투'라고 일컫는다.

【㉱ 4장 25】是時에 華盛頓이 紐約으로 從ᄒ야 蒲爾肯에 來ᄒ다
가 戰塵을 遙見ᄒ고 大驚馳入ᄒ야 城卒을 占檢ᄒ니 器械도 不備
ᄒ고 敵兵이 又迫ᄒ야 事勢가 甚急이라 守禦計를 作홀시 前寨에
入ᄒ야 敗陳將軍*을 一一이 慰勞ᄒ더라 彼虎狼의 英이 前寨를 旣
占ᄒ고도 北河艦隊를 并進ᄒ야 蒲爾肯을 急擊ᄒ딕 華盛頓이 蒲
爾肯을 棄코져 ᄒ더니

* 敗陳將軍 이해조: 前塞將士 정금

【번역】이 때, 워싱턴이 뉴욕에서 브루클린으로 오다가 전장의 먼지를
멀리서 보았다. 몹시 놀라 성으로 뛰어 들어가 성안의 병사들을 점검
하니, 무기도 갖추지 못하였다. 적병이 또 접근하여 형세가 매우 다급
하였다. 방어 작전을 세우고 전방의 성채에 들어가서 패배한 진영의
장군과 병사들을 하나하나 위로하였다. 저 범이나 이리와 같은 영국
이 전방 요새를 이미 차지하고도 북하 함대를 함께 진격시켜 브루클
린을 급습하였다. 워싱턴이 브루클린을 포기하려 하였다.

【⊕ 4장 25】當戰半酣。華盛頓適自紐約來。從蒲爾肯遙見戰場。大驚幾踣。回顧城卒。多手無尺鐵。敵兵漸迫。敵艦又自北河環擊*。事勢至急。而無如何也。乃姑作守禦計。入夜潛見前塞將士於城中。一一流淚勞之。虎狼之英。旣占前塞。與北河艦隊合擊蒲爾肯益力。華盛頓乃定計棄蒲爾肯。

* 環擊 정금: 砲擊 의춘

【번역】 싸움이 한창 무르익었을 때, 워싱턴이 마침 뉴욕으로부터 왔다. 브루클린에서 멀리 전장을 보고 매우 놀라 넘어질 뻔하였다. 성안의 병사들을 살펴보니, 대부분 손에 작은 무기 하나 없었다. 적병이 점차 접근하였고, 적함도 북하로 돌아서 공격하였다. 형세가 매우 다급하여 어찌할 도리가 없었다. 이에 우선 방어 작전을 세웠다. 밤이 되자 몰래 성안에서 전방 요새의 장군과 병사들을 만나보고, 눈물을 흘리며 그들을 하나하나 위로하였다. 범이나 이리와 같은 영국이 전방 요새를 차지한 뒤에, 북하 함대와 함께 브루클린을 공격하는 데 힘을 쏟았다. 워싱턴이 이에 브루클린을 포기하는 작전을 세웠다.

【🇰4장 26】二十八日夜에 大雨를 乘ᄒ야 紐約으로 退ᄒᆯ시 軍器及糧食을 ──運歸ᄒ야 雖積雨陰潦*에 道路泥濘**이라도 其勞를 不憚ᄒ고 二十九日曉에 東河를 渡ᄒ니 其辛苦坎坷***를 엇지 名狀ᄒ리오 其間에 日夜로 長矛를 提ᄒ고 馬背에 坐ᄒ야 黑鐵紅血中에 馳騁ᄒ야 一刻의 交睫이 無ᄒ니 彼木石이 안니여든 엇지 嗒然치 아니리오 然、兵學의 智識을 此로 由ᄒ야 大進흠이 儼然히 兵家의 列에 參ᄒ도다 㡀敗不練의 軍으로 强敵四圍흔 中에 安然히 退ᄒ야 失흔 비 無ᄒ니 兵學上에 非常흔 才ㅣ 無ᄒ면 엇지 此를 濟ᄒ리오

** 陰潦 이해조: 淫潦 정금
** 濘 이해조: 濘 독도 수정
*** 坎坷 이해조: 坎坷 독도 수정

【번역】28일 밤에 큰비가 오는 틈을 타서 뉴욕으로 퇴각하였다. 병기와 양식을 일일이 운반하여 돌아갔는데, 비록 장맛비에 도로가 진흙탕이었지만 그 수고를 꺼리지 않았다. 29일 새벽에 동하를東河[198]를 건넜으니, 그 고생을 어찌 말로 표현할 수 있겠는가. 그 기간에 밤낮으로 긴 창을 들고 말 등에 앉아 검은 쇠에 붉은 피가 흐르는 중에도 달렸다. 잠시도 눈을 붙일 새가 없었으니, 저 사람이 목석이 아니거늘 어찌 얼떨떨하지 않았겠는가. 하지만 군사학의 지식이 이것으로 말미암아 크게 진보되어 군사학자의 반열에 확실히 들었구나! 열악하고 숙련되지 않은 군대가 강적이 사방에서 포위한 가운데서도 무사히 후퇴하는 데 실수가 없었다. 군사학에 비상한 재주가 없으면 어찌 이를 해낼 수 있었겠는가.

198) 동하東河: 이스트 강(East River)을 말한다. 이 강은 롱 아일랜드(퀸스와 브루클린 포함)와 맨해튼, 브롱스를 나눈다.

【⊕ 4장 26】二十八日夜。乘大雨潛去。退保紐約。時兵士自軍器糧食易運者。至大炮重。物無不一一運歸。雖積雨淫潦。道路泥濘不顧也。自二十七日死戰入蒲爾肯。至二十九日破曉渡東河。辛苦坎軻。不可名狀。其間日夜跨馬背。提長矛。馳騁於黑鐵紅血之中。實無一刻交睫。人非木石。安能不嗒然爽耶。雖然。此戰也彼兵學之智識。實從此大進。儼然入於兵家之列矣。夫當强敵之前。使竄敗不練之軍。無失而退。通過如許敵艦。安然得渡者。非兵學上有非常之才智。曷能勝此。

【번역】28일 밤에 큰비가 오는 틈을 타서 몰래 떠나 뉴욕으로 물러나 지켰다. 이때 병사들은 운반하기 쉬운 병기와 양식부터 대포와 같이 무거운 것까지 물건들을 모두 운반하여 돌아가지 않음이 없었다. 비록 장맛비에 도로가 진흙탕이었지만 괘념치 않았다. 죽기로 싸워 브루클린에 들어간 27일부터 새벽에 동하東河를 건넌 29일까지, 그 고생을 말로 표현할 수 없다. 그 기간에 밤낮으로 말 등에 걸터앉아 긴 창을 들고 검은 쇠에 붉은 피가 흐르는 중에도 달렸다. 실로 잠시도 눈을 붙일 새가 없었다. 사람이 목석이 아니거늘 어찌 정신을 잃지 않고 꿋꿋할 수 있었겠는가? 그렇지만 이 전투에서 저 사람의 군사학의 지식이 실로 크게 발전하여 군사학자의 반열에 확실히 올랐다. 강적을 앞에 두고서도 열악하고 숙련되지 않은 군사를 데리고 실수 없이 후퇴하고, 꽤 많은 적함을 통과하여 무사하게 건널 수 있었다. 군사학에서 비상한 재주와 지혜를 가지지 않았다면 어찌 이를 해낼 수 있었겠는가.

【⟨韓⟩ 4장 27】英軍이 波斯頓에 敗호 後로 全軍이 沮喪ㅎ더니 倫葵蘭의 勝報를 聞ㅎ고 水師提督이 大喜ㅎ야 此機를 乘ㅎ야 和를 請ㅎ거늘 薩利彭將軍이 英將으로 協議ㅎ나 然, 英將이 新勝호 氣를 恃ㅎ고 殖民地를 屬邦으로 視ㅎ는지라 殖民地議會는 獨立을 主ㅎ야 堅拒不服ㅎ니 和議가 遂破ㅎ고 倫葵蘭左右諸島는 英將 赫華의 領호 빅 되더라

【번역】영국 군대는 보스턴에서 패한 뒤로 전군의 사기가 떨어졌다. 롱 아일랜드의 영군의 승전 소식을 듣고서 해군 제독이 크게 기뻐하고, 이 기회를 틈타 화친을 청하였다. 설리번 장군이 영국 장군과 협의하였지만, 영국 장군이 새로 승리한 기세를 믿고 식민지를 종속국으로 보았다. 식민지 의회는 독립을 주장하여 한사코 거부하며 동의하지 않았다. 화친 회의는 마침내 결렬되었고, 롱 아일랜드 좌우의 여러 섬은 영국 장군 하우에게 점령되었다.

【㊥4장 27】方英軍之破于波斯頓也。全軍大沮喪。不知所爲。適得倫葵蘭勝報。水師提督大喜。乘機遣使議和。薩利彭將軍持旨至竇鐵諠議會。與水師提督協議。然英國新勝。氣極盛。欲仍以屬邦視殖民地。議會則主獨立。堅拒不服。議再破。於是倫葵蘭左右諸島。悉爲英將赫華所領。

【번역】바야흐로 영국 군대가 보스턴에서 패하자, 전군의 사기가 크게 떨어져 어찌할 바를 알지 못하였다. 마침 롱 아일랜드의 승전 소식을 듣고서 해군 제독이 크게 기뻐하고, 기회를 틈타 사신을 보내 화친을 의논하였다. 설리번 장군이 조서를 가지고 필라델피아 의회에 이르러 해군 제독과 협의하였다. 하지만 영국이 새로 승리하자 기고만장하여 여전히 식민지를 종속국으로 보았다. 의회는 독립을 주장하여 한사코 거부하며 동의하지 않았다. 화친 회의가 다시 결렬되었다. 이에 롱 아일랜드 좌우의 여러 섬은 모두 영국 장군 하우에게 점령되었다.

【韓 4장 28】嗚呼라 天이 美를 不祚홈이 至極ᄒ도다 此戰으로 始
ᄒ야 迦孟呑에 至토록 其敗ᄒᆫ 事를 言코져 ᄒ나 吾心이 痛ᄒ고
吾鼻ㅣ 酸ᄒ니 豈一世人傑華盛頓의 事業이 此에 至ᄒ나뇨 何故
로 春花ᄂ 幾謝ᄒ며 秋月은 幾圓ᄒᄂᄃᆡ 民兵의 勢ㅣ 江河에 日下
홈과 如ᄒ고 抑好事가 易散ᄒ고 時勢가 未至ᄒᆫ가 嗚*呼라 天이
美를 不祚홈이 至極ᄒ도다

* 嗚 이해조: 嗚 독도 수정

【번역】아, 하늘이 미국을 정말로 돕지 않는구나! 이 전투로 시작하여
저먼타운迦孟呑[199]에 이르도록 그 패전한 일을 말하려고 하니, 내 마음
이 아프고 내 코가 시큰거린다. 어찌 일세의 걸출한 인물인 워싱턴의
사업이 여기에 이르렀는가? 무슨 이유로 봄꽃이 몇 번이나 지고 가을
달이 몇 번이나 둥글었건만 민병의 형세는 강물이 날마다 아래로 흐
르는[200] 것과 같은가? 아니면 좋은 일은 흩어지기 쉽고 시세는 아직
이르지 않았는가? 아, 하늘이 미국을 정말로 돕지 않는구나!

[199] 저먼타운迦孟呑: 미국 펜실베이니아 주 필라델피아 시에 있는 저먼타운(German
town)을 말한다. 1777년 10월 4일 워싱턴이 이끄는 미대륙군은 영국이 장악하
고 있던 필라델피아 방어선을 무너뜨리기 위해 저먼타운 전투를 벌였으나 성공
하지 못했다.

[200] 강물이…흐르는: 江河日下는 '강물이 날마다 아래로 흐르다'라는 뜻으로, '형세
가 점점 나빠짐'을 말한다.

【⊕ 4장 28】嗚呼。天不祚美。至此極耶。自玆以後。至迦孟呑之
敗。吾欲言之。吾心痛。吾鼻酸。豈一世人傑之華盛頓。事業至於此
乎。何以春花幾謝。秋月幾圓。而民兵之勢。如江河之日下也。抑好
事難成。時勢未至。然乎否乎。嗚呼。天不祚美。至此極耶。忍哉。

【번역】아, 하늘이 미국을 돕지 않음이 이 지경에 이를 수 있단 말인
가! 이때부터 저먼타운의 패전에 이르기까지 그 패전한 일을 말하려
고 하니, 내 마음이 아프고 내 코가 시큰거린다. 어찌 일세의 걸출한
인물인 워싱턴의 사업이 여기에 이르렀는가? 무슨 이유로 봄꽃이 몇
번이나 지고 가을 달이 몇 번이나 둥글었건만 민병의 형세는 강물이
날마다 아래로 흐르는 것과 같은가? 아니면 좋은 일은 이루기 어렵
고 시세는 아직 이르지 않은 것이다. 그러한가? 그렇지 않은가? 아, 하
늘이 미국을 돕지 않음이 이 지경에 이를 수 있단 말인가! 잔인하구
나.[201]

---

201) 아, 하늘이 … 잔인하구나: 이 단락은 롱 아일랜드 전투가 시작된 1776년 8월 27
일부터 저먼타운 전투가 벌어진 1777년 10월 4일까지 13개월 동안 연이어 패
배한 미군을 동정하고 있는 내용이다. 의춘은 워싱턴에 대한 언급이 없이 감정을
절제하고 서정의 표현을 1줄로 처리한 것에 비해, 정금은 미국과 워싱턴에 대한
연민의 감정을 격하게 분출하며 서정을 8줄로 처리하고 있다. 정금은 여기서 미
국의 패배 원인이 단순히 상대가 정예군으로 구성된 강군이기 때문이 아니라 하
늘이 돕지 않기 때문이라고 보았다. 이런 표현을 통해 패배의 슬픔을 극대화하고
있다. 이런 정금의 글쓰기는 문장에 생동감을 불어 넣어 독자들로 하여금 작가의
메시지가 무엇인지를 명확하게 알도록 하였다.

【㊧ 4장 29】今英國이 海陸軍十萬을 合ᄒ야 美民의 堅壘를 打破
코져 홀ᄉᆡ 美軍은 全國이 僅二萬이라 兩軍의 形勢가 旣殊ᄒ고 其
內情이 此에 尤甚혼 者ㅣ 有ᄒ니 敵兵은 一規律間에 鍛鍊ᄒ고 一
命令下에 服從ᄒ야 其將卒이 起臥를 同ᄒ고 患亂을 同호ᄃᆡ 我則
何如오 敵兵은 兵器가 精銳ᄒ고 糧食이 充給ᄒ고 彈藥、被服、天
幕諸具ㅣ 皆備ᄒ고 艦隊의 保護가 又有ᄒ야 可進可退호ᄃᆡ 我則
如何오 兵士를 新募에 紀律이 無常ᄒ야 瓜期가 至혼 則免歸ᄒ고
戰務가 開혼 則徒手로 來赴ᄒ니

【번역】 지금 영국이 해군과 육군 10만 명을 합하여 미국 국민의 견고
한 보루를 깨트리고자 하였다. 미군은 온 나라의 병사가 2만 명뿐이
었다. 양군의 형세는 처음부터 다르고, 그 속 사정은 이보다 더 심했
다. 적병은 한 규율 속에서 단련하고 한 명령 아래에 복종하였으며, 그
장교와 병사들은 기상과 취침을 같이하고 환란을 같이하였다. 그런데
우리는 어떠한가? 적병은 병기가 정밀하고 날카로웠으며 양식은 충
분히 공급되었다. 탄약·피복·천막 등 여러 장비가 모두 준비되었다.
함대의 보호가 또 있어 나아갈 수도 있고 물러날 수도 있었다. 그런데
우리는 어떠한가? 병사를 새로 모집함에 기율이 일정하지 않았다. 기
한이 이르면 면직되어 고향으로 돌아가고, 전투 업무가 개시되면 맨
손으로 온다.

【⊕ 4장 29】英國合海陸軍十萬將衝美之堅壘。時美軍全國僅二萬。英軍集精銳於一處。美軍不得已暫分寡兵守各要害。而兩軍形勢既殊。其內情又有甚於此者。敵兵鍛鍊一規律之間。服從一命令之下。其將帥士卒共起臥。同患難。而我則何如。敵之兵器强銳。糧食充給。彈藥被服天幕雜具。無不悉備。加以艦隊保護。可進可退。而我則如何。兵士新募。紀律無常。瓜期至則挺身而歸。戰務開則徒手應募。

【번역】영국이 해군과 육군 10만 명을 합하여 장차 미국의 견고한 보루를 깨트리고자 하였다. 이때, 미군은 온 나라의 병사가 2만 명뿐이었다. 영군이 한 곳에 정예로운 병사를 집결시킬 수 있지만, 미군은 어쩔 수 없이 적은 병력을 잠시 나누어 각 요해지를 지켰다. 양군의 형세는 처음부터 다르고, 그 속 사정은 이보다 더 심하였다. 적병은 한 규율 속에서 단련하고 한 명령 아래에서 복종하였으며, 그 장교와 병사들은 기상과 취침을 함께하고 환란을 같이하였다. 그런데 우리는 어떠한가? 적병은 병기가 강하고 날카로웠으며 양식은 충분히 공급되었다. 탄약·피복·천막 등 여러 가지 장비가 모두 갖춰지지 않음이 없었다. 게다가 함대의 보호로 나아갈 수도 있고 물러날 수도 있었다. 그런데 우리는 어떠한가? 병사를 새로 모집함에 기율이 일정하지 않았다. 기한이 이르면 앞다투어 고향으로 돌아가고, 전투 업무가 개시되면 맨손으로 응모한다.

【㉿ 4장 30】軍事의 勝負ㅣ 雖多寡에 不在ㅎ나 然、勇氣의 關係
는 有ㅎ니 昔日에 萬이 今日에 千이나 昔日에 百이 今日에 千이
나 其千數는 同ㅎᄂ 氣의 盛衰는 已判이로다

【번역】 군사상의 승부가 비록 많고 적음에 달려 있지 않지만 용기와
관련이 있다.[202] 지난날 만 명이 오늘 천 명이고 지난날 백 명이 오늘
천 명이면, 그 천 명이란 숫자는 같지만 기세의 성쇠는 이미 판가름이
났다.

---

202) 군사상의 … 있다고 하나: 이해조는 정금의 '軍事之勝負。雖不全係兵數之多寡。
而勇氣關焉。'을 '軍事의 勝負ㅣ 雖多寡에 不在ㅎ나 然、勇氣의 關係는 有ㅎ니'
라고 오역했다. 이는 '軍事의 勝負ㅣ 雖多寡에 不在ㅎ고 勇氣의 關係는 有ㅎ나'
라고 해야 문맥이 통한다.

【⊕ 4장 30】軍事之勝負。雖不全係兵數之多寡。而勇氣關焉。昔日萬而今日千。與昔日百而今日千。千則同矣。氣之盛衰判焉。勝負之分。亦分於氣之盛衰而已。

【번역】군사상의 승부가 비록 병사 수의 많고 적음에 전부 달려 있지 않고 용기와 관련이 있다지만, 지난날 만 명이 오늘 천 명이 되고 지난날 백 명이 오늘 천 명이 되면, 천 명이란 숫자는 같지만 기세의 성쇠는 여기서 판가름이 난다. 승부의 갈림은 또한 기세의 성쇠에서 갈라지는 것일 뿐이다.[203]

---

203) 군사상의 … 뿐이다: 이 단락은 정금이 의춘의 한 줄짜리 문장을 넉 줄의 문장으로 만들면서 일역본과 차별화를 시도하여 기술하였다. 이는 정금의 관심 분야가 군대 운용 부분임을 알 수 있다. 의춘은 전투의 승패를 단순히 병사 수의 많고 적음에 달려 있다고 하였다. 정금은 이 부분에서 의춘보다 심도 있는 의론을 전개하였다. 즉, 병법의 문외한은 승부의 관건을 병사 수의 많고 적음에 있다고 생각할 것이고, 병법에 관심이 있어 '조귀논전曹劌論戰'을 읽은 사람은 승부의 관건이 용기와 관련 있다[夫戰勇氣也]고 생각할 것이다. 정금은 '雖'라는 양보 관계를 만드는 접속사를 써서 군사상의 승패가 조귀가 말한 용기와 관련이 있음을 전제하였다. 그리고 뒤 구절에서 승부의 갈림은 결국 '기氣의 성쇠盛衰'에 달려 있다고 단언하였다. 조귀가 말한 '夫戰勇氣也'는 《사마법司馬法》과 《손자병법孫子兵法》이 나오기 전까지 병법가에게 금과옥조와 같은 중요한 명제였다. 정금은 승부에 관건이 '기세'에 있음을 밝히기 위해 조귀의 말과 《사마법》·《손자병법》에 나오는 구절을 인용하였고, 기세야말로 당시 열악한 미군이 강군인 영군에 대항할 수 있는 최고의 무기임을 웅변하고 있다. 이 부분은 일역본에 없는데도 정금이 이토록 공을 들여 논리정연하게 승부의 관건이 무엇인가를 찾은 것은 군인의 본분에 충실했던 것이고, 전쟁사를 연구하는 학자로서 격물치지格物致知 정신을 구현한 것이다. 정금은 《화성돈》을 번역한 뒤에 보정保定의 군관학교로 자리를 옮겨 교관의 직책을 수행한 것은 결코 이러한 태도와 무관하지 않다고 할 수 있다.

【🇰🇷 4장 31】倫葵蘭一敗에 彼等이 英兵을 懼홈이 鬼神과 如ㅎ야
去者ㅣ 相望ㅎ니 華盛頓의 力으로도 如何혼 方策이 無ㅎ리로다
螳臂로 車를 當홈이 螳力을 雖盡ㅎᄂ 其所當者의 車를 엇지 相敵
ㅎ리오 然, 戰鬪가 險을 不遇ㅎ면 雖勝이ᄂ 不榮이라 戰敗를 不
懼ㅎ고 困難을 不辭ㅎ며 勞怨을 不避ㅎ고 屈辱을 不恥ㅎ야 毅然
特立ㅎ야 殖民地로 ㅎ야금 敗를 轉ㅎ야 勝을 作ㅎ니 此ᄂ 華盛頓
이 아니면 誰가 復能ㅎ리오 自此로 彼、敗軍의 歷史ᄂ 亦旣結果
로다

【번역】롱 아일랜드 전투에서 한 번 패하자, 미군은 영군을 귀신처럼
두려워하였다. 떠나가는 자들이 서로 쳐다보기만 하였다. 워싱턴의 힘
으로도 어찌할 방책이 없었다. 사마귀가 팔뚝으로 온 힘을 다해 수레
에 맞선다고 할지라도 어찌 감당하리오? 하지만 전투에 위험이 없으
면 비록 이기더라도 영광스럽지 않다. 패전을 두려워하지 않았다. 곤
란함을 사양하지 않았다. 노고와 원망을 피하지 않았다. 굴욕을 부끄
러워하지 않았다. 꿋꿋하게 우뚝 서서 식민지로 하여금 패배를 승리
로 바꾸게 하였으니, 이는 워싱턴이 아니면 누가 또 가능했겠는가? 이
로부터 미군의 패전 역사는 끝이 났다.

【⊕ 4장 31】倫葵蘭一敗。益使彼等懼英兵如鬼神。去者踵相繼。以
華盛頓之力。亦無如何。蓋當時所立幼稚時代之政府。欲改革軍制。
以當敵銳。亦憂憂其難哉。螳臂當車。螳非不盡力。如所當者爲車
何。雖然戰不遇險。雖勝不榮。戰敗而不懼。困難而不辭。不避勞
怨。不恥屈辱。毅然持至數年。卒使美軍轉敗爲勝。此華盛頓之所以
不可及也。自此而彼敗軍之歷史。亦結果矣。

【번역】롱 아일랜드 전투에서 한 번 패하자, 미군은 영군을 귀신처럼
더욱 두려워하였다. 떠나가는 자가 줄을 이어 워싱턴의 힘으로도 어
찌할 수가 없었다. 당시 미숙한 시대에 설립된 정부는 군제軍制를 개
혁하여 정예한 적군에 맞서고자 하였지만, 서로 삐거덕대어 성취하기
어려웠다. 사마귀의 팔뚝으로 수레에 맞섬에 사마귀가 힘을 다하지
않음이 없었지만, 그 맞서는 바의 수레를 어찌 하겠는가? 하지만 전
투가 위험을 만나지 않으면 비록 이기더라도 영광스럽지 않다. 싸움
에 패하였지만 두려워하지 않고 곤란하였지만 사양하지 않으며, 노고
와 원망을 피하지 않고 굴욕을 부끄러워하지 않았다. 꿋꿋하게 몇 년
을 버티어 마침내 미군으로 하여금 패배를 승리로 바꾸게 하였다. 이
것이 워싱턴에게 미칠 수 없는 이유이다. 이로부터 저들의 패군의 역
사 또한 끝났다.

【🇰🇷 4장 32】今에 英軍은 倫葵蘭에 屯ᄒ고 美軍은 紐約에 屯홀ᄉᆡ 紐約府ᄂᆞᆫ 紐約島一角에 在ᄒ니 左ᄂᆞᆫ 東河라 倫葵蘭北河를 近對ᄒ니 卽、二英里廣되ᄂᆞᆫ 哈獨宋河가 其右에 流ᄒ고 司呑伊蘭*及 孔奈卡沿岸을 遠對ᄒ야 位置ㅣ 廣夐ᄒ니 殖民地中一大要港이라 若、此를 失ᄒ면 中部殖民地ᄂᆞᆫ 自殘홀지라 英軍이 此를 知ᄒ고 蒲爾肯堅隊及北河艦隊로 合力進攻ᄒ다가 不克ᄒ고

* 司蚕伊蘭 이해조: 司呑伊蘭 독도 수정

【번역】지금 영군은 롱 아일랜드에 주둔하고 미군은 뉴욕에 주둔하고 있다. 뉴욕 부府는 뉴욕 섬 한 모퉁이에 있다. 왼쪽은 동하이고, 롱 아일랜드를 가까이 마주 보고 있다. 북하는 곧 너비가 2마일인 허드슨哈獨宋 강[204]으로 그 오른쪽으로 흐른다.[205] 스태튼司呑伊蘭[206]과 코네티컷孔奈卡[207] 연안을 멀리 마주 보고 있다. 넓디넓은 곳에 위치하여 식민지 중에서 가장 중요한 항구이다. 만약 이곳을 잃으면 중부의 식민지는 스스로 무너질 것이다. 영군이 이를 알고 브루클린의 강한 군대와 북하의 함대가 힘을 합쳐 진격하였지만 함락시키지 못하였다.

204) 허드슨 강哈獨宋河: 뉴욕시 남동부에 있는 롱 아일랜드 섬과 남서부에 있는 스태튼 섬 사이의 해협인 허드슨 강(Hudson River)을 말한다.
205) 롱 아일랜드를 … 흐른다: 이해조는 정금의 '近對倫葵蘭。北河卽哈獨宋河。廣二英里。流於其右。'를 '倫葵蘭北河를 近對ᄒ니 卽、二英里廣되ᄂᆞᆫ 哈獨宋河가 其右에 流ᄒ고'라고 번역하였다. 문맥에 맞게 하려면 '倫葵蘭를 近對ᄒ고 北河ᄂᆞᆫ 卽、二英里廣되ᄂᆞᆫ 哈獨宋河가 其右에 流ᄒ고'라고 해야 한다.
206) 스태튼司呑伊蘭: 미국 뉴욕 주 남동부에 있는 스태튼 섬(Staten Island)을 말한다. 이 섬은 뉴저지와 브루클린 사이에 있다.
207) 코네티컷孔奈卡: 롱 아일랜드 만에 접해 있으며 서쪽은 뉴욕 주, 북쪽은 매사추세츠 주, 동쪽은 로드아일랜드 주와 경계를 이루는 코네티컷(Connecticut) 주를 말한다.

【⊕ 4장 32】今也英屯倫葵蘭。美軍屯紐約。隔東河以相對峙。紐約府者在紐約島一角。左爲東河。近對倫葵蘭。北河卽哈獨宋河。廣二英里。流於其右。遠對司呑伊蘭及孔奈卡沿岸。位置廣袤。殖民地中一大要港也。若落敵手。中部植民地*從此休矣。英軍知之。欲令蒲爾肯堅隊與北河艦隊合力攻之。不克。將軍赫華氏恐戰無已時。欲一擧拔紐約。

* 殖民地 이해조: 植民地 정금

【번역】지금 영군은 롱 아일랜드에 주둔하고 미군은 뉴욕에 주둔하니, 동하를 사이에 두고 서로 대치하고 있다. 뉴욕 부府는 뉴욕 섬 한 모퉁이에 있다. 왼쪽은 동하이고, 롱 아일랜드를 가까이 마주 보고 있다. 북하는 곧 허드슨 강으로 너비가 2마일인데 그 오른쪽으로 흐른다. 스태튼과 코네티컷 연안을 멀리 마주 보고 있다. 넓디넓은 곳에 위치하여 식민지 중에서 가장 중요한 항구이다. 만약 적의 수중에 떨어지면 중부의 식민지는 이로부터 끝장이다. 영군이 이를 알고 브루클린의 강한 군대와 북하의 함대로 하여금 힘을 합쳐 진격하길 원하였지만 함락시키지 못하였다. 장군 하우가 전투가 그칠 날이 없을까 두려워하여 단번에 뉴욕을 함락시키려고 하였다.

【㉔ 4장 33】九月十五日에 崑頓將軍으로 ᄒ야금 四千兵을 率ᄒ고 東河를 渡ᄒ야 蒲明特岸高地를 據ᄒ니 其地ㅣ 紐約東北에 五英里를 距ᄒ지라 美軍이 砲傷을 被ᄒ 者ㅣ 無數ᄒ거늘 英軍이 愈迫홈이 美軍이 城을 棄ᄒ고 走ᄒ니 英軍이 紐約府에 入ᄒ야 砲臺를 築ᄒ고 久守計를 作ᄒ되 九月十六日에 美軍이 死力進攻ᄒ야 士氣ㅣ 稍振이러라

【번역】9월 15일에 클린턴 장군으로 하여금 4천 명의 병사를 이끌고 동하를 건너 블루밍데일蒲明特[208] 해안 고지를 점령하게 하였다. 그 지역은 뉴욕 동북쪽과 거리가 5마일에 불과하였기에 미군 중에 포격으로 부상을 당한 자가 헤아릴 수 없이 많았다. 영군이 더 접근하자 미군은 성을 버리고 달아났다. 영군이 뉴욕 부에 들어가 포대를 쌓고 오래 지키려는 전략을 세웠다. 9월 16일에 미군이 사력을 다해 진격하니 사기가 점점 진작되었다.

---

208) 블루밍데일蒲明特: 현재 맨해튼의 웨스트 96번가에서 110번가 사이, 허드슨 강에 접한 지역인 블루밍데일(Bloomingdale)을 말한다. 당시 영군은 대규모의 함대를 이끌고 이스트 강을 건너 킵스 베이 해안에 상륙하였고, 다른 한편으로 소규모의 함대는 허드슨 강을 따라 블루밍데일 해안에 상륙하였다. 본문에서는 '동하(이스트 강)를 건너 블루밍데일 해안 고지를 점령하였다'라고 하였는데, 이는 많은 축약으로 인한 것이다.

【⊕4장 33】九月十五日。以兵四千與崑頓將軍。令渡東河。因艦隊之夾護。登蒲明特岸。據高地。其地距紐約東北僅五英里。美軍爲其砲傷無數。英兵愈迫近。遂棄之而遁。英兵餘卒從主將集紐約近傍。美軍再退。英軍遂入紐約府。築砲壘爲佔守計。九月十六日。兩軍先鋒開戰。美軍抵死衝敵。軍氣稍振。

【번역】9월 15일, 병사 4천 명을 클린턴 장군에게 주어 동하를 건너게 하였다. 함대의 엄호에 의해 블루밍데일 해안에 올라 고지를 점거하였다. 그 지역은 뉴욕 동북쪽으로부터 기껏해야 5마일 정도 떨어졌기에 미군 중에 포격으로 부상을 당한 자가 헤아릴 수 없이 많았다. 영군이 더 접근하자 마침내 성을 버리고 달아났다. 영군의 나머지 병사들은 주장主將을 따라 뉴욕 근방에 모였다. 미군이 다시 퇴각하자 영군은 마침내 뉴욕 부에 들어가서 포대 진지를 쌓고 점령하여 지키는 전략을 세웠다. 9월 16일,[209] 양군의 선봉이 전투를 개시하였다. 미군이 결사적으로 적과 맞서자 군대의 사기는 점점 진작되었다.

---

209) 9월 16일: 롱 아일랜드로부터 퇴각하던 조지 워싱턴은 이곳에서 군대를 재정비하고 1776년 9월 16일 할렘 하이츠(Harlem Heights)에서 적의 진군을 지연시키기 위한 전투를 벌였다. 영국군은 할렘 하이츠 전투에서 14명이 전사하고 157명이 부상당했다. 반면 대륙군은 30명이 전사하고 100명이 부상당했으며, 토머스 노울튼 대령이 전사했다. 영국군은 이 전투 이후 추격을 중지했고, 대륙군은 전의를 회복할 시간을 벌었다.

【(韓) 4장 34】華盛頓이 紐約島를 固守코져 ᄒ니 名將李氏ㅣ 諫曰 閤下ㅣ 此島를 死守ᄒ다가 英軍이 四圍ᄒ면 一矢를 不發ᄒ고 活擒을 被ᄒ리라 ᄒ니 十月二十六日에 河水를 再渡ᄒ야 一邱를 退保ᄒ시 時에 兵士를 檢ᄒ니 僅六千人이라 英軍이 追至ᄒ거늘 華盛頓이 部將으로 ᄒ야금 右翼을 張ᄒ고 左翼은 自將ᄒ야 迎敵ᄒ다가 敵砲가 甚烈ᄒ야 右翼이 敗走에 左翼이 及救치 못ᄒ지라

【번역】워싱턴이 뉴욕 섬을 굳게 지키려고 하였다. 명장 리李[210]가 간언하였다. "각하가 이 섬을 목숨을 걸고 지키려다가 영군이 사방을 포위하면 화살 한 발도 쏘지 못하고 생포를 당할 것입니다." 10월 26일에 강[211]을 다시 건너서 한 언덕[212]으로 물러나 지켰다. 이때 병사를 점검하니 겨우 6천 명에 불과하였다. 영군이 쫓아오자 워싱턴이 부장으로 하여금 오른쪽 날개 부대를 맡게 하였다. 왼쪽 날개 부대는 자신이 거느리고 적을 맞이하였다. 적의 포격이 매우 격렬하여 우익이 패전하여 도망치는데도 좌익이 미처 구원하지 못하였다.

210) 리李: 미국 독립 전쟁 중에 대륙군의 소장인 찰스 헨리 리(Charles Henry Lee, 1732. 2. 6~1782. 10. 2)를 말한다. 그는 조지 워싱턴의 추방을 획책한 것이나, 전투 중 워싱턴에 반항한 것으로 악평받았다. 리 장군을 기리는 의미에서 독립 전쟁 중에 이름 붙여진 리 요새는 허드슨 강 뉴저지 쪽에 있고, 뉴욕에 있는 워싱턴 요새와 마주 보고 있다.

211) 강: 미국 뉴욕주 남동부를 가로지르는 강인 브롱스 강(Bronx River)을 말한다. 화이트 평원(White Plains), 에지몬트(Edgemont), 터커호(Tuckahoe), 웨스트체스터 카운티, 뉴욕시(New York), 브롱스빌(Bronxville)을 거쳐 흐른다.

212) 언덕: 브롱스 강과 허친슨 강을 끼고 있는 화이트 플레인스(White Plains; 화이트 평원)를 말한다. 1776년 10월 28일의 화이트 플레인스 전투에서 워싱턴이 이끈 미국군은 300명 이상의 사상자를 냈지만, 결국 영국 장군인 하우의 군대를 물리치고 북쪽에 있는 방어선을 향해 진격할 수 있었다.

【⊕ 4장 34】華盛頓欲固守紐約島。名將李氏諫曰。閣下死守此島。英軍四面圍之。不發一矢。卽就擒矣。于是十月二十六日。再渡河。退保一邱。時檢部下兵士。僅六千。英軍已追至。華盛頓使部將張右翼。自將左翼。大戰。不幸敵砲轟擊甚烈。右翼敗走。左翼不及救。戰暫停。閱三日。

【번역】위싱턴이 뉴욕 섬을 굳게 지키려고 하였다. 명장 리李가 간언하였다. "각하가 이 섬을 목숨을 걸고 지키지만 영군이 사방을 포위하면 화살 한 발도 쏘지 못하고 즉시 사로잡힐 것입니다." 이에 10월 26일, 강을 다시 건너서 한 언덕으로 물러나 지켰다. 이때 부하 병사를 점검하니 겨우 6천 명에 불과하였다. 영군이 벌써 쫓아오자 위싱턴이 부장으로 하여금 오른쪽 부대를 거느리게 하였다. 자신은 왼쪽 부대를 거느리고 크게 싸웠다. 불행하게도 적의 포격이 매우 격렬하여 오른쪽 부대가 패전하여 도망치는데도 왼쪽 부대가 미처 구원하지 못하였다. 전투를 잠시 중지하고 3일이 지났다.

【(韓) 4장 35】英將이 紐約援兵을 復加ㅎ야 美軍을 再襲코져 홀시 大雨] 數日不止ㅎ야 泥潭이 人脛을 沒흔 故로 不果ㅎ다 華盛頓 이 英軍의 援兵이 加흠을 知ㅎ고 十一月一日에 再次北渡ㅎ니 時 에 凍雲은 渺渺ㅎ고 積雪은 皚皚러라 英軍이 砲臺를 退奪코져 ㅎ 야 南으로 哈獨宋河를 沿ㅎ야 下ㅎ다 先是에 華盛頓砲壘가 紐約 十餘里에 距ㅎ야 李砲臺*와 對峙ㅎ니 哈獨宋航路를 主宰ㅎᄂ 者 라

* 紐約砲臺 이해조: 紐約之砲壘 정금: 李砲臺 독도 수정

【번역】 영국 장군이 뉴욕 지원병을 다시 추가하여 미군을 재차 공격 하고자 하였다. 하지만 큰비가 며칠 동안 그치지 않아 진창에 사람의 정강이까지 잠기는 바람에 결행하지 못하였다. 워싱턴이 영군의 지원 병이 추가되는 것을 알고 11월 1일에 재차 북쪽으로 건너갔다. 이때 찬 구름은 아득하고 쌓인 눈은 희디희었다. 영군이 물러나 포대를 빼 앗고자 남으로 허드슨 강을 따라서 내려왔다. 이보다 앞서 '워싱턴 포 대'는 뉴욕에서 10여 마일 떨어져 '리 포대'[213)와 마주 보고 있어 허드 슨 항로를 통제하고 있었다.

213) 리 포대: 의춘은 '紐約砲臺'가 아닌 「ニュージエルジー」の「リー」砲壘 즉 '뉴저지 의 리李 포루'라고 표기하였다. 리의 포루는 허드슨 강 서쪽인 뉴저지 쪽에 있고, 워싱턴 포루는 허드슨 강 동쪽인 뉴욕에 있어 서로 마주 보고 있어 허드슨 강을 통제하고 있었다. 정금과 이해조는 모두 '뉴저지의 리 포루'를 '뉴욕 포루'라고 오 인하여 문맥상 통하지 않는 결과를 초래하였다. 워싱턴 요새는 현재 뉴욕시 맨해 튼의 북쪽 가장 높은 지점에 지어졌으며, 0.8km 떨어진 허드슨 강을 내려다보고 있다. 대륙군이 보유하고 있던 강 건너 뉴저지 방면의 절벽에 있는 리 포대와 함 께 허드슨 강 하류를 영국 함선으로부터 보호하기 위해 지어진 것이다.

【⊕ 4장 35】英將得紐約援兵。欲乘黎明再襲美軍。而大雨連日不止。泥濘沒脛。不果。無何華盛頓聞英軍加援兵。且知陣地不利。十一月一日。再北退。爾時凍雲杳杳。積雪皚皚。英將知不能久戰。不如退奪砲壘。南沿哈獨宋河而下。先是華盛頓之砲壘。去紐約十餘里。臨哈獨宋上流。與李之砲壘*對峙。而主宰哈獨宋航路者也。

* 紐約砲臺 이해조: 紐約之砲壘 정금: 李之砲壘 독도 수정

【번역】영국 장군이 뉴욕의 지원병을 얻고 새벽을 틈타 미군을 재차 공격하고자 하였다. 하지만 큰비가 연일 그치지 않아 진창에 정강이까지 잠겨 결행하지 못하였다. 오래지 않아 워싱턴이 영군의 지원병이 추가되는 것을 들었고, 또 진지가 불리한 것도 알았다. 11월 1일에 재차 북쪽으로 후퇴하였다. 이때 찬 구름은 아득하고 쌓인 눈은 희디희었다. 영국 장군이 오래 싸울 수 없음을 알고, 물러나 포대를 빼앗는 것이 낫다고 생각하였다. 그래서 남으로 허드슨 강을 따라서 내려왔다. 이보다 앞서 '워싱턴 포대'는 뉴욕에서 10여 마일 떨어져 허드슨 강 상류에 임하여 '리 포대'와 마주 보고 있어 허드슨 항로를 통제하고 있었다.

【워싱턴 포대와 리 포대】

【㉠4장 36】美軍이 此報를 聞ㅎ고 將士를 集ㅎ야 議할시 將軍李
氏는 棄去를 主ㅎ고 葛林氏는 固守를 堅執ㅎ니 華盛頓이 守將 馬
科로 ㅎ야금 固守ㅎ고 葛林으로 ㅎ야금 李氏砲臺를 守ㅎ다 十一
月十五日에 英將이 華盛頓砲臺를 先陷ㅎ고 水師提督의게 馳報
ㅎ야 十八日에 水陸并進ㅎ야 李氏砲臺를 又陷ㅎ니 守將葛林이
華盛頓의게 走訴ㅎ니 華盛頓이 罪過를 不論ㅎ고 兵을 分ㅎ야 將
軍李氏로 ㅎ야금 約加斯爾*를 守ㅎ고 自己는 西으로 向ㅎ다

* 約加斯爾 이해조: 納加斯爾 정금

【번역】미군이 이 소식[214]을 듣고 장교와 사병을 소집하여 의논[215]하
였다. 리 장군은 포기하고 떠날 것을 주장하였고, 그린 장군은 굳게 지
킬 것을 고집하였다. 워싱턴은 수비대장 마가우馬科[216]로 하여금 굳게
지키게 하였고, 그린으로 하여금 '리 포대'를 지키게 하였다. 11월 15
일, 영국 장군이 '워싱턴 포대'를 먼저 함락시키고 수군 제독에게 급히
보고하여 18일에 물과 뭍으로 함께 진격하여 '리 포대'를 또 함락시켰
다. 수비대장 그린이 워싱턴에게 달려가 알렸다. 워싱턴은 죄과를 논
하지 않았다. 병사를 나누어 리 장군으로 하여금 노스 캐슬約加斯爾[365]
을 지키게 하고 자신은 서쪽[366]으로 향하였다.

214) 이 소식: 영군이 미군의 포대를 빼앗으려는 계획.
215) 의논: 워싱턴은 워싱턴 포대를 포기하는 걸 진지하게 고려했다. 하지만 그린은
요새를 사수해야만 허드슨 강을 지킬 수 있고 영국군이 뉴저지를 공격하는 걸 단
념시킬 수도 있다고 주장했다. 마고와 퍼트넘 소장도 그린의 주장에 동의했고,
워싱턴은 이에 따라 요새를 버리지 않기로 결정했다.
216) 마가우馬科: 변호사 출신의 대륙군 대령인 로버트 마가우(Robert Magaw, 1738~
1790.1.7.)를 말한다. 워싱턴의 부관 그린 장군은 워싱턴 요새 수비대에게 필요하
다고 판단하면 철수하라고 통보했지만, 마가우는 초반의 승리에 자만하여 요새
에서 철수하지 않고 항전하였다가 결국 항복하고 말았다.

【⊕ 4장 36】美軍聞此。亟集將士議之。將軍李氏主棄之。葛林氏堅執當守。華盛頓從其言。命守將馬科固守。以十二月末爲限。又使葛林氏守李氏砲壘。十一月十五日。英將先攻華盛頓砲壘。下之。乃馳報水師提督。十八日。水陸並進。攻李氏砲壘。又陷之。守兵狼狽而走。守將葛林無如何。走訴華盛頓。華盛頓亦不之咎。分兵七千。命將軍李氏守納加斯爾。己則率兵而西。

【번역】미군이 이 소식을 듣고 장교와 사병을 빠르게 소집하여 의논하였다. 리 장군은 포기할 것을 주장하였고, 그린 장군은 맞서 지킬 것을 고집하였다. 워싱턴은 그의 말을 좇아 수비대장 마가우로 하여금 굳게 지키도록 하고 12월 말까지를 기한으로 삼았다. 또 그린으로 하여금 '리 포대'를 지키게 하였다. 11월 15일, 영국 장군이 '워싱턴 포대'를 먼저 공격하여 함락시켰다. 이에 수군 제독에게 급히 보고하고, 18일에 물과 뭍으로 함께 진격하였다. '리 포대'를 공격하여 또 함락시키자, 수비하던 병사들이 허겁지겁 달아나버렸다. 수비대장 그린은 어찌할 방법이 없어 워싱턴에게 달려가 알렸다. 워싱턴은 역시 그를 책망하지 않았다. 7천 명의 병사를 나누어 리 장군으로 하여금 노스 캐슬納加斯爾을 지키게 하고, 자신은 병사를 거느리고 서쪽으로 향하였다.

---

217) 노스 캐슬約加斯爾: 미국 뉴욕 주 웨스트체스터 카운티의 마을인 노스 캐슬 (North Castle)을 말한다.
218) 서쪽: 워싱턴이 지휘하는 대륙군 본대는 워싱턴 포대가 함락된 지 사흘 만에 리 포대를 포기하고 서쪽 지역인 뉴저지의 레오니아(Leonia), 티넥(Teaneck), 보고타(Bogota), 해컨색(Hackensack)을 거쳐 델라웨어강 쪽으로 퇴각하였다.

【🇰 4장 37】是時에 英軍의 勢ㅣ 旭日이 天에 升홈과 如ᄒ야 戰則必勝ᄒ고 攻則必克ᄒ야 倫葵蘭을 破ᄒ고 紐約을 陷ᄒ야 尺을 得ᄒ면 尺을 進ᄒ고 步을 得ᄒ면 步를 進ᄒ야 美軍으로 ᄒ야금 內地에 遠退ᄒ고 敢前치 못ᄒ게 ᄒ더라

【번역】이때, 영군의 기세는 아침 해가 하늘에 떠오르는 것 같았다. 싸우면 반드시 이겼고, 공격하면 반드시 이겼다. 롱 아일랜드를 무너뜨리고 뉴욕을 함락시켰다. 한 자를 얻으면 한 자를 전진하였고, 한 걸음을 얻으면 한 걸음을 전진하였다. 미군으로 하여금 내륙으로 멀리 물러나 감히 전진하지 못하게 하였다.

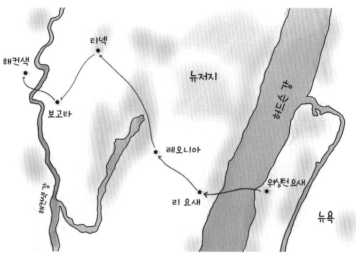

【대륙군의 '워싱턴 포대' 패전과 '리 포대' 포기 후 서쪽 이동 경로】

【⊕ 4장 37】是時英軍之勢。如旭日升天。無戰不勝。無攻不克。破倫葵蘭。陷紐約。得尺進尺。得步進步。使美軍自紐約島遠退於內地。又似波斯頓大敗之時焉。

【번역】이때, 영군의 기세는 아침 해가 하늘에 떠오르는 것 같았다. 이기지 못하는 전투가 없었고, 이기지 못하는 공격이 없었다. 롱 아일랜드를 무너뜨리고 뉴욕을 함락시켰다. 한 자를 얻으면 한 자를 전진하였고, 한 걸음을 얻으면 한 걸음을 전진하였다. 미군으로 하여금 뉴욕으로부터 내륙으로 멀리 물러나게 하였으니, 이는 또 보스턴에서 크게 패한 때와 비슷하였다.

【韓 4장 38】華盛頓砲臺ㅣ 陷홈이 幼稚혼 共和政府ᄂᆞᆫ 魂魄을 喪ᄒᆞ고 軍士ᄂᆞᆫ 勇氣를 沮喪ᄒᆞ야 唯坐視而已라 況瓜期가 將啓에 隊列이 皆解ᄒᆞ니 五日京兆ㅣ 엇지 他慮가 有ᄒᆞ리오 然、華盛頓은 苦又苦로다 大敵은 在前ᄒᆞ고 行者ᄂᆞᆫ 長逝ᄒᆞ니 夙志를 未遂에 來日大事ᄂᆞᆫ 復何如오 華盛頓이 政府命으로 民兵을 募ᄒᆞ야 再擧를 圖홀ᄉᆡ 新兵이 未至ᄒᆞ니 大厦를 엇지 一木으로 可支홀가 殘卒을 復率ᄒᆞ고 根塞을 退保홀ᄉᆡ 部下兵士를 檢ᄒᆞ니 僅三千이라

【번역】워싱턴 포대가 함락되자, 미숙한 공화정부는 넋을 잃었고 군사는 용기를 잃고서 앉아서 바라볼 뿐이었다. 게다가 기한이 장차 이르러 대열이 모두 해산하니, 오일경조五日京兆[219]가 어찌 다른 걱정이 있겠는가. 그러나 워싱턴은 괴롭기 짝이 없었다. 큰 적은 앞에 있고 길을 떠나는 자는 길게 이어가니, 숙원을 아직 이루지 못했는데 내일의 대사는 또 어찌하겠는가? 워싱턴이 정부의 명령으로 민병을 모집하여 다시 거사를 도모하려 하였다. 그러나 신병이 아직 이르지 아니하니, 큰 집을 어찌 한 나무로 지탱할 수 있겠는가. 남은 병사를 다시 이끌고 해컨색根塞[220]으로 물러나 지켰다. 부하 병사를 점검하니 3천 명에 불과하였다.

219) 오일경조五日京兆: 관원의 유임留任이 오래지 못하다는 뜻. 한 선제漢宣帝 때 장창張敞이 경조윤京兆尹으로 있으면서 치적을 올렸는데, 양운梁惲의 일당으로 몰려 파면하라는 핵주를 받았다. 그때 장창이 연리掾吏로 있던 서순絮舜의 죄를 조사하는데 서순은 그냥 집으로 돌아가 남에게 말하기를 "장창은 핵주를 받고 있으니 5일 동안밖에 경조윤으로 있지 못할 것이다." 하였다. 그러나 장창은 파면되지 않고 형장에 끌려 나온 서순에게 "그래 5일 경조가 어떤가?" 했다.《漢書 卷76 張敞傳》
220) 해컨색根塞: 뉴저지 주 북동부 버건 카운티의 중심지인 해컨색(Hackensack)을 말한다.

【⊕ 4장 38】華盛頓砲臺之陷落。幼稚之共和政府聞之爽魄。軍士亦勇氣陡喪。惟坐視敵之所爲而已。況瓜期將屆。轉盻解隊而去。五日京兆。寧復有他慮耶。然華盛頓苦矣。然華盛頓苦矣。大敵當前。行者長逝。夙志未遂。來日大難。華盛頓果何如而可耶。無已姑以政府命募兵四千。以圖再擧。納加斯爾守將助之。規畫一切。部下免役兵亦請暫留待新兵之至。而大廈之傾。究非一木可支。因率殘卒退保根塞。檢部下兵士僅三千耳。

【번역】 워싱턴 포대가 함락되자, 미숙한 공화정부는 이 소식을 듣고 넋을 잃었고 군사도 용기가 갑자기 꺾여 적군이 하는 바를 앉아서 바라볼 뿐이었다. 게다가 기한이 장차 이르러 눈 깜짝할 사이에 대오를 해산하고 떠나갔다. 오일경조가 어찌 또 다른 걱정이 있겠는가. 그러나 워싱턴은 괴로웠다. 그러나 워싱턴은 괴로웠다. 큰 적은 눈앞에 있는데, 길을 떠나는 자는 긴 줄을 지어 가는구나. 숙원은 아직 이루지 못하였고, 내일은 더 힘들겠구나. 워싱턴은 과연 어떡해야 좋단 말인가? 부득이하게 우선 정부의 명령으로 4천의 병사를 모집하여 다시 거사를 도모하였다. 노스 캐슬 수비대장[221]이 그를 도와 모든 것을 계획하였다. 부하 중에 병역을 면제받은 병사도 잠시 남아서 신병이 오기를 기다리겠다고 요청하였다. 하지만 기울어지는 큰 집은 결국 한 나무로 지탱할 수 있는 것이 아니다. 이에 남은 병사를 이끌고 해컨색으로 물러나 지켰다. 부하 병사를 점검하니 3천 명에 불과하였다.

221) 노스 캐슬 수비대장: 당시 노스 캐슬의 수비대장은 찰스 헨리 리(Charles Henry Lee)였다. 앞 내용에 '병사 7천 명을 나누어 리 장군으로 하여금 노스 캐슬을 지키게 하다〔命將軍李氏守納加斯爾〕'라는 구절이 보인다.

【韓 4장 39】戰엔 器械가 無ᄒ고 寒엔 被服이 無ᄒ고 宿엔 天幕이 無ᄒ고 藉엔 毛布가 無ᄒ고 飢엔 食具가 無ᄒ지라 華盛頓*이 寡兵**의 可恃치 못홈을 知ᄒ고 軍을 拔ᄒ야 退ᄒ지 三日에 英軍이 已迫ᄒ니 美兵이 又退홀ᄉᆡ 兵卒의 留ᄒ 者ㅣ 僅二千이라 然, 華盛頓이 毅然自若ᄒ야 砲兵을 命ᄒ야 河上에 陳을 布ᄒ고 兵卒의 病者ᄂᆞᆫ 壑鐵讌에 送歸ᄒ지라

* 華盖頓 이해조: 華盛頓 독도 수정
** 募兵 이해조: 寡兵 독도 수정

【번역】싸움엔 무기가 없었고, 추위엔 의복이 없었고, 숙영지엔 천막이 없었고, 바닥엔 깔 모포가 없었고, 굶주림엔 요리할 식기가 없었다. 적은 병사가 믿을 것이 못 됨을 워싱턴은 알고 군사를 빼내었다. 퇴각한 지 3일 만에 영군이 벌써 들이닥쳤다. 미군이 또 퇴각[222]하는데 남은 병사는 겨우 2천 명에 불과하였다. 하지만 워싱턴은 의연하고 태연하였다. 포병에게 명하여 강가[223]에 진을 펼치게 하고, 부상 당한 병사는 필라델피아로 돌려보냈다.

---

222) 퇴각: 의춘은 미군이 퇴각하여 'ブルンスウイツク(브런즈윅; Brunswick)'에 웅거하였다고 기술했다.
223) 강가: 델라웨어 강(Delaware River) 가장자리를 말한다.

【⊕ 4장 39】戰無器械。寒無被服。宿無天幕。藉無毛布。飢無食具。自此以後。遂無所謂輜重。華盛頓知寡兵決不足恃也。又知敵兵之決不我舍也。遂拔軍而退。閱三日。聞英將已迫近。再拔軍而退。而兵士募期又屆。棄之而去。留者二千餘而已。然彼並無失望。愼之又愼。命砲兵輜重亘河布陣。兵士病者送歸壑鐵孼。

【번역】 싸움엔 무기가 없었고, 추위엔 의복이 없었고, 숙영지엔 천막이 없었고, 바닥엔 깔 모포가 없었고, 굶주림엔 요리할 식기가 없었다. 이 뒤로부터 결국 '짐수레'라는 것이 없었다. 워싱턴은 적은 병사는 결코 믿을 것이 못 됨을 알았고, 또 적병이 결코 우리를 포기하지 않을 것임을 알았다. 마침내 군대를 빼내어 퇴각하였다. 3일이 지나 영국 장군[224)]이 벌써 들이닥쳤다는 소식을 들었다. 다시 군대를 빼내어 퇴각하였다. 병사를 모집하는 기한이 또 이르렀다. 응모를 포기하고 떠나가서 남은 병사들은 2천 명뿐이었다. 그러나 그는 결코 실망하지 않았고, 삼가고 또 삼갔다. 포병의 짐수레로 하여금 강에 걸쳐 진을 펼치게 하고, 부상 당한 병사들을 필라델피아로 보냈다.

---

224) 영국 장군: 의춘은 'コルンウオルリス(콘월리스; Charles Cornwallis)'라고 기술하였다.

【🇰4장 40】時에 彭鼻巴爾*의 援兵이 來會ᄒ야 再進을 圖ᄒ더니
英兵이 已至ᄒ야 大川을 將渡ᄒ다가 船楫을 先奪홈으로 乃止ᄒ
다 先是에 華盛頓이 根塞에 退홀 時에 李氏에게 馳報ᄒ야 速退ᄒ
라 ᄒ더니 惜乎라 見用치 못ᄒ고 敵兵의 捕ᄒ 빗 되니 軍氣가 愈
喪ᄒ야 人人이 退홈을 思ᄒ더라

* 彭鼻巴爾 이해조: 彭臭巴尼 정금

【번역】이때, 펜실베이니아[225]의 구원병이 합세하여 다시 진격할 것
을 도모하였다. 미군이 큰 강을 장차 건너려 했지만 영군이 이미 이르
러 배와 노를 먼저 탈취하였기에 중지하였다. 이보다 앞서 워싱턴이
해컨색에서 퇴각할 때, 리 장군에게 급히 알려 신속히 퇴각하라고 하
였다. 아쉽게도 그 말을 듣지 않아 적군에게 사로잡혔다. 군대 사기가
더욱 꺾여 모든 사람이 퇴각할 것을 생각하였다.

---

[225] 펜실베이니아: 펜실베이니아 음역은 4가지로 경우로 표기되었다. 이해조는 '彭鼻
巴爾'와 '奔鼻巴尼'로 표기했고, 정금은 '彭臭巴尼'와 '奔臭巴尼'로 표기했다.

【⊕ 4장 40】旣而彭臭巴尼援兵二千來會。將進軍。然英之大軍已
至。將渡川奪舟。乃止。先是華盛頓之由根塞而退也。馳報李氏亦令
速退。惜乎李氏不能見用。爲敵所捕。由是軍氣愈沮喪。人人思退。

【번역】이윽고 펜실베이니아의 구원병 2천 명이 와서 합세하였다. 미
군이 진군하려 했으나 영국의 대군이 벌써 이르러 하천을 건너 배를
빼앗으려 하였기에 중지하였다. 이보다 앞서 워싱턴이 해컨색에서 퇴
각할 때, 급히 알려 리 장군도 신속히 퇴각하도록 하였다. 아쉽게도 리
장군은 그 말을 듣지 않아 적에게 사로잡혔다. 이 때문에 군대 사기가
더욱 꺾여 모든 사람이 퇴각할 것을 생각하였다.

【韓 4장 41】 未幾에 敵將赫火氏] 精兵二萬七千을 率ᄒ야 脫倫
頓에 屯ᄒ고 聲言호ᄃ 河水의 凍홈을 俟ᄒ야 美軍을 鏖殺ᄒ다 ᄒ
거늘 美營將士] 生氣가 無ᄒ야 自殺ᄒᄂ 者] 有ᄒ더라 英將이
又百計로 威嚇ᄒ고 將軍崑頓氏를 命ᄒ야 艦隊를 率ᄒ고 倫葵蘭
島²²⁶⁾에 上ᄒ야 美軍守兵을 擊破ᄒ고 本隊에 合ᄒ다

【번역】 얼마 뒤에, 적장 하우²²⁷⁾가 정예병 2만 7천을 이끌고 트렌턴
脫倫頓²²⁸⁾에 주둔하였다. 공언하기를 "강이 얼기를 기다렸다가 미군을
깡그리 죽이자."라고 하였다. 미군 진영의 장교와 사병은 생기가 없고
자살하는 자도 있었다. 영국 장군이 또 갖은 계책으로 위협하고, 클린
턴 장군에게 함대를 이끌고 롱 아일랜드 섬에 상륙하게 하였다. 미군
수비대를 격파하고 본대에 합류하였다.

---

226) 롱 아일랜드倫葵蘭島: 일역본에는 로드아일랜드(ロードアイランド)로 표기하였
다. 로드아일랜드는 북쪽과 동쪽으로 매사추세츠 주와 접하며 남쪽은 대서양, 서
쪽은 코네티컷 주와 경계를 이룬다. 미국에서 가장 작은 주이며, 주도는 프로비
던스이다.

227) 하우: 하우의 음역은 '赫火'와 '赫華' 두 가지로 표기되었다.

228) 트렌턴脫倫頓: 미국 뉴저지 주의 주도인 트렌턴(Trenton)을 말한다. 트렌턴은 델
라웨어 강 하류 왼쪽 연안에 위치한다. 트렌턴 전투는 워싱턴의 대륙군이 야전에
서 최초의 승리를 거둔 전투이다. 1776년 성탄절 밤에 워싱턴은 군대를 이끌고
현재 워싱턴 주립공원이 된 매콩키스페리에서 얼어붙은 델라웨어 강을 건넜다.
그는 다음 날 아침, 트렌턴에 주둔해 있던 요한 랄 대령의 군대를 기습공격하여
승리를 거두었다. 1777년 1월 2일 영국의 콘월리스 장군이 트렌턴에 도착했지
만 워싱턴은 프린스턴으로 철수하여 그곳에서 찰스 모후드 대령이 지휘하는 파
견대를 격파했다.

【⊕ 4장 41】既而敵將赫火氏率精兵二萬七千陣于脫倫頓。聲言一俟河凍。當與美軍麕殺。美軍將士失色。有自殺者。英將又百計威嚇。使將軍崑頓氏帥堅艦上陸于倫葵蘭島。擊破美軍守兵而合於本隊。

【번역】얼마 뒤에, 적장 하우가 정예병 2만 7천을 이끌고 트렌턴에 진지를 구축하였다. 공언하기를 "일단 강이 얼기를 기다렸다가 미군을 깡그리 죽여야 한다."라고 하였다. 미군 장교와 사병은 놀라서 얼굴빛이 변하였고 자살하는 자도 있었다. 영국 장군이 또 갖은 계책으로 위협하고, 클린턴 장군에게 함대를 이끌고 롱 아일랜드 섬에 상륙하게 하였다. 미군 수비대를 격파하고 본대에 합류하였다.

【(韓)4장 42】先是에 華盛頓이 紐約을 去ᄒ고 脫倫頓에 退홀시 州民이 憂甚ᄒ야 凡兵을 自募코져 ᄒ나 人心이 惶惶ᄒ야 募籍에 入ᄒᆫ 者ㅣ 一人도 無ᄒ니 盖國家의 安이 一身의 安만 不如ᄒᆷ이라 敵將이 小惠를 又施ᄒ야 英國의 寬大를 知케 ᄒ니 于是에 富者는 皆投歸ᄒ야 其鼻息을 仰ᄒ고 唯 中流以下는 尙黙然ᄒ야 美軍에 戰捷을 祈ᄒ더라 時에 美國獨立의 勢ㅣ 西山에 落日과 如ᄒ야 氣數ㅣ 將盡이나 然、華盛頓이 猶自若ᄒ니 彼는 皇天의 明命을 深信ᄒᄂᆫ 者이로다

【번역】이에 앞서, 워싱턴은 뉴욕229)을 떠나 트렌턴으로 퇴각하였다. 주민州民이 매우 걱정하여 민병을 스스로 모집하려고 하였지만, 사람의 마음이 놀라고 두려워하여 응모 장부에 기입한 자가 한 사람도 없었다. 이는 국가의 안전이 자기 한 몸의 안전만 못하기 때문이다. 적장이 작은 은혜를 또 베풀어 영국의 관대함을 알도록 하였다. 이에 부자들은 모두 투항하여 그 기색을 살폈다. 오직 중류中流 사회 이하만 여전히 묵묵하게 미군의 승전을 기원하였다. 이때 미국 독립의 형세는 서산에 지는 해처럼 운수가 거의 다하였다. 그러나 워싱턴은 오히려 태연하였으니, 그는 진실로 하늘의 밝은 명을 깊이 믿는 사람이다.

229) 뉴욕: 이해조와 정금은 '뉴욕'으로 표기하였지만 의춘은 뉴저지(ニューージエルジー)로 표기했다. 워싱턴이 지휘하는 대륙군 본대의 퇴각 경로를 살펴보면, 먼저 뉴욕의 워싱턴 포대에서 리 포대로 이동했고, 그 뒤에 서쪽 지역인 뉴저지의 레오니아, 티넥, 보고타, 해컨색을 거쳐 트렌턴으로 퇴각하였다. 트렌턴이 뉴저지에 속하므로 이해조와 정금이 기술한 대로 '뉴욕을 떠나 트렌턴으로 퇴각하다'가 맞는 표현이다.

【⊕ 4장 42】先是華盛頓之去紐約而退於脫倫頓也。州民憂甚。欲自募民兵。而人心惶恐。無一人應募者。蓋以爲安國家不若安一身也。敵將乘之。施小惠。使知英國寬大。于是富者皆投之。仰其鼻息。特拉威以東。幾非美有。唯中流社會以下。尚黙然祈美軍戰捷。時美國獨立之形勢。如西山落日。氣數將至。然華盛頓不失望也。彼固信天之明命者也。

【번역】이에 앞서, 워싱턴이 뉴욕을 떠나 트렌턴으로 퇴각하였다. 주민州民이 매우 걱정하여 스스로 민병을 모집하려고 하였지만, 사람의 마음이 놀라고 두려워하여 응모한 자가 한 사람도 없었다. 이는 대개 국가를 편안하게 하는 것보다 자기 한 몸을 편안하게 하는 것이 낫다고 여기기 때문이다. 적장이 이를 틈타 작은 은혜를 베풀어 영국의 관대함을 알도록 하였다. 이에 부자들은 모두 투항하여 그 기색을 살폈다. 델라웨어特拉威[230] 동쪽은 거의 미국의 소유가 아니었다. 오직 중류中流 사회 이하만 여전히 묵묵하게 미군의 승전을 기원하였다. 이때 미국 독립의 형세는 서산에 지는 해처럼 운수가 거의 다하였다. 그러나 워싱턴은 실망하지 않았으니, 그는 진실로 하늘의 밝은 명을 믿는 사람이다.

---

230) 델라웨어特拉威: 미국 북동부에 있는 델라웨어(Delaware)를 말한다. 합중국 헌법을 비준한 최초의 주로서, 독립전쟁 시 격전지가 되어 타격을 입었다.

【㊩ 4장 43】華盛頓의 境遇ㅣ 亦可憐ㅎ도다 募兵의 策은 無效에 旣歸ㅎ고 且戰爭은 屢敗ㅎ니 謗議가 紛紜ㅎ야 彼一身이 衆矢의 的을 作ㅎ되 然, 彼性質의 可貴홀 者는 外物에 不移ㅎ고 毅然精神으로 自行ㅎ는 故로 如何를 無論ㅎ고 困難을 必破흔 後에 乃已코져 ㅎ더라

【번역】워싱턴의 경우가 또한 가련하구나. 병사를 모집하는 계획은 효과 없는 것으로 이미 귀결되었다. 또 전쟁에 누차 패하자, 비방하는 논의가 분분하여 그 한 몸이 모든 화살의 과녁이 되었다. 그러나 그의 성품 중에 귀한 것은 외물에 동요되지 않고 의연한 정신으로 스스로 행하는 것이다. 그러므로 어찌 되었든 간에 곤란함을 타개한 뒤에야 비로소 그 비방이 그치게 되었다.

【⊕ 4장 43】華盛頓之境遇。亦可憐哉。募兵之策旣歸無效。且以戰事屢敗。謗議紛紜。彼之一身幾爲衆矢之的。然彼之性質所最可貴者。不移於外物。而以毅然之精神行之也。故無論如何。必破此困難而後已。

【번역】워싱턴의 경우가 또한 가련하구나. 병사를 모집하는 계획은 효과 없는 것으로 이미 귀결되었다. 또 전쟁에 누차 패하자, 비방하는 논의가 분분하여 그 한 몸이 거의 모든 화살의 과녁이 되었다. 그러나 그의 성품 중에 가장 귀하게 여기는 것은 외물에 동요되지 않고 의연한 정신으로 행하는 것이다. 그러므로 어찌 되었든 간에 이런 곤란함을 반드시 타파한 뒤에야 그 비방이 그쳤다.

【韓 4장 44】或이 當時에 現形을 述ᄒ야 曰爾時에 强敵이 相迫ᄒ고 將校가 相叛ᄒ고 兵卒이 相離ᄒ야 種種危險이 一身에 坌集ᄒ되 彼ㅣ 能히 不撓不屈의 精神으로 防禦에 盡力ᄒ야 雖一再의 敗가 有ᄒ나 一毫도 懼色이 無ᄒ고 從容自若ᄒ야 最後에 一戰功을 企ᄒᄂ도다 蒲爾肯에 敗ᄒ며 紐約에 敗ᄒ며 砲壘를 見奪ᄒ고 將帥*ㅣ 被擒ᄒ되 意氣ㅣ 自若ᄒ고 今特拉威以東이 敵兵의 領ᄒ빈 되나 猶丁寧周到ᄒ야 不退로 自任ᄒ니 嗚呼라 此、不撓不屈의 精神은 豈吾人의 可及홀 者ㅣ리오 十二月十二日에 鏨鐵謔議會를 巴爾却으로 移ᄒ다

* 將師 이해조: 將帥 독도 수정

【번역】어떤 사람이 당시의 상황을 기술하였다. "이때 강적이 양쪽에서 들이닥치고 장교가 서로 배반하고 병졸이 서로 떠나갔다. 종종 위험이 자기 한 몸에 모여들었으나, 그는 흔들리거나 굽히지 않는 정신으로 방어에 힘을 다하였다. 비록 한두 번의 패배가 있었지만 조금도 두려워하는 기색이 없었고, 태연하고 침착하여 최후의 일전에서 승리하기를 꾀하였다." 브루클린에서 패배하였고 뉴욕에서 패배하였으며, 포대를 빼앗기고 장수가 사로잡혔으나 의기가 태연하였다. 지금 델라웨어 동쪽이 적병에게 점령당하였으나, 오히려 신중하고 주도면밀하여 물러서지 않는 것을 자신의 임무로 여겼다. 아, 이 흔들리거나 굽히지 않는 정신은 어찌 우리가 미칠 수 있으리오. 12월 12일에 필라델피아 의회를 볼티모어巴爾却[231]로 옮겼다.

231) 볼티모어巴爾却: 미국 대서양 연안의 주인 메릴랜드(Maryland)의 주도인 볼티모어(Baltimore)를 말한다. 남쪽과 서쪽에는 버지니아주, 웨스트버지니아주, 워싱턴 D.C.가 있고 북쪽에는 펜실베이니아주, 동쪽에는 델라웨어주가 있다.

【㊥ 4장 44】 或述當時現形。曰爾時强敵相迫。將校相叛。兵卒相離。種種危險。坌集於彼而彼不顧也。蓋彼能以不撓不屈之精神。盡力防敵。雖一再挫敗。仍不失望。亦不見有一毫懼色。從容自若。惟勖勵殘卒。以最後之一戰功成相期云。觀其敗於蒲爾肯而意氣自若。破于紐約而意氣自若。砲壘被奪。將帥被擒。而意氣自若。今特拉威以東又爲敵有。猶丁寧周到。期期以防敵不退自任。嗚呼此不撓不屈之精神。豈吾人所可及耶。十二月十二日。塈鐵謔殖民地議會移於巴爾却。

【번역】 어떤 사람이 당시의 상황을 기술하였다. "이때 강적이 양쪽에서 들이닥치고 장교가 서로 배반하고 병졸이 서로 떠나갔다. 종종 위험이 그에게 모여들었으나 그는 돌아보지 않았다. 그는 흔들리거나 굽히지 않는 정신으로 힘을 다해 적을 막았다. 비록 한두 번의 좌절과 실패가 있었으나 여전히 실망하지 않았고, 또한 조금도 두려워하는 기색을 드러내지 않았다. 태연하고 침착하여 오직 남은 병사들을 격려하여 최후의 일전이 승리하기를 서로 기약하였다." 그를 보건대 브루클린에서 패배하였는데도 의기가 태연하였고, 뉴욕에서 패배하였는데도 의기가 태연하였으며, 포대를 여러 차례 빼앗기고 장수가 사로잡혔는데도 의기가 태연하였다. 지금 델라웨어 동쪽이 또 적병의 소유가 되었는데도 오히려 신중하고 주도면밀하였고 기필코 적을 막고 물러서지 않는 것을 자신의 임무로 여겼다. 아, 이 흔들리거나 굽히지 않는 정신을 어찌 우리가 미칠 수 있으리오. 12월 12일에 필라델피아 식민지 의회를 볼티모어로 옮겼다.

【🇰🇷 4장 45】先是에 華盛頓이 議會에 書報ㅎ야 曰兵力이 太單ㅎ니 人口를 計ㅎ야 兵을 徵호딕 三年期로 定ㅎ고 各國에 援兵을 求ㅎ라 ㅎ니 議會ㅣ 許諾ㅎ고 殖民地에 派員을 遣ㅎ야 民兵을 徵홀ᄉᆡ 每郡에 數隊로 計ㅎ면 七十八隊를 可得홀지라 然、言易行難ㅎ니 엇지 人人이 至愛혼 血肉生命으로 相獻코져 ㅎ리오 華盛頓이 數千의 弱卒로 數萬精統의 英兵을 敵홀ᄉᆡ 元氣ᄂᆞᆫ 消耗ㅎ고 軍器ᄂᆞᆫ 匱乏ㅎ니 其苦心을 可知로다

【번역】이에 앞서, 워싱턴이 의회에 서면으로 보고하였다. "병력이 너무 부족하다. 인구를 헤아려 병사를 징집하되 3년 기한을 정해야 한다. 각국에 원병을 요청하라." 의회가 허락하였다. 식민지에 특파원을 보내어 민병을 징집할 때, 각 군郡마다 몇 개의 부대로 계산하면 78개 부대를 얻을 수 있다. 그러나 말은 쉽고 실행은 어렵다. 어찌 사람들이 가장 사랑하는 혈육의 생명을 서로 바치려고 하겠는가. 워싱턴이 수천의 약한 병사로 정통한 수만의 영군을 대적할 때, 원기는 소진되고 병기는 부족하였다. 그의 고심을 알 수 있다.

【⊕ 4장 45】先是華盛頓飛書議會。謂兵力太單。徵兵之制。應計人口出之。三年爲期。幷請遣使各國以求援兵。議會允之。至是始遣員歐洲。殖民地亦計人口出兵。擬每郡編數隊。都計可得七十八隊。然言易行難。際此風聲鶴淚。草木皆兵。欲人以至愛之血肉生命相獻。亦豈易易。時華盛頓以不及五千之弱卒。元氣消耗。軍器匱乏。當數萬精銳之英兵。苦可知矣。

【번역】이에 앞서, 워싱턴이 의회에 긴급하게 편지를 보냈다. "병력이 너무 부족하다. 징병 규정은 응당 인구를 헤아려 산출하되, 3년을 기한으로 삼아야 한다. 아울러 각국에 사신을 보내어 원병을 요청하기를 부탁한다." 의회가 허락하였다. 이때에 이르러 비로소 유럽에 사람을 보냈다. 식민지 또한 인구를 헤아려 병사를 뽑았다. 셈하건대 각 군郡마다 몇 개의 부대로 편성하면 도합 78개 부대를 얻을 수 있다. 말은 쉽고 실행은 어렵다. 이즈음은 바람 소리와 학의 울음소리에도 놀라고 풀과 나무까지도 적병으로 보이던 시기였다. 그러니 사람들에게 가장 아끼는 혈육의 생명을 바치기를 요구하는 것이 또한 어찌 쉬웠겠는가. 당시 원기가 소진되고 병기가 부족한 5천 명도 채 안 되는 약한 병사들로 워싱턴은 정예로운 수만 명의 영군을 막아냈다. 고충을 알 수 있다.

【(韓) 4장 46】華盛頓이 人心의 日非홈을 憂ᄒ야 軍氣를 更振코져 ᄒ더니 時에 赫華將軍等이 三萬兵을 率ᄒ고 來襲코져 ᄒ다가 特拉威河에 舟가 無ᄒ야 脫倫頓에 退陳ᄒ니 華盛頓이 私念호ᄃ 敵勢를 欲挫코져 ᄒ면 敵兵의 散홈을 乘ᄒ야 擊破치 아니 홈이 不可라 ᄒ야 一面으로 墼鐵譃을 嚴防ᄒ고 一面으로 全軍을 三隊에 分ᄒ야 中軍은 自將ᄒ고 巴忒嫩馬梭로 兩翼을 作ᄒ야 特拉威河를 渡ᄒ야 三道로 進ᄒ니

【번역】 워싱턴은 인심이 날로 나빠짐을 염려하여 군사의 사기를 다시 진작시키려고 하였다. 이때, 하우 장군 등이 3만의 병사를 거느리고 습격하려다 델라웨어 강에 배가 없어 트렌턴으로 진지를 물렸다. 워싱턴은 가만히 생각해보았다. '적의 기세를 꺾고자 하면 적병의 어수선함을 틈타 격파하지 않을 수 없다.' 한편으로는 필라델피아를 단단하게 방어하고, 다른 한편으로는 전군을 세 부대로 나누었다.[232] 중군은 자신이 거느리고, 퍼트넘과 머서馬梭[233]로 하여금 좌익과 우익을 거느리게 하였다. 델라웨어 강을 건너 세 길로 진격하였다.

232) 전군을…나누었다: 워싱턴의 계획에 따르면 델라웨어 강을 3군데 지점에서 각각 도하하도록 하였다. 첫 번째 부대는 캐드월더(Cadwallader) 중령이 이끄는 부대이고, 두 번째 부대는 민병대를 이끄는 유잉(Ewing) 준장의 부대였으며, 세 번째 부대는 워싱턴이 직접 지휘하는 부대로, 트렌턴 건너로 도하하여 마을의 독일 수비대를 공격하는 것이 목표였다. 하지만 워싱턴이 이끄는 부대만이 도하에 성공하였다. 본문에서 퍼트넘과 머서를 좌익과 우익으로 삼았다고 하였는데, 미국독립전쟁사에서는 '캐드월더'와 '유잉'이 다른 두 부대를 이끌었다고 기록되어 있다. '머서'는 델라웨어 강을 건넌 뒤 워싱턴 휘하에 배속되어 트렌턴 전투에 참가하였고, '퍼트넘'은 당시 징병 임무를 맡아 트렌턴 전투에 참가 기록이 없다. 아마도 福山義春이 착각한 듯하다.

233) 머서馬梭: 조지 워싱턴의 휘하에서 트렌턴 전투와 프린스턴 전투에서 활약한 휴 머서(Hugh Mercer, 1726. 1. 16~1777. 1. 12)를 말한다.

【⊕ 4장 46】然華盛頓憂人心日非。欲乘時用兵。冀一戰而振軍氣。適赫華將軍等帥英兵三萬兵掩至。急欲進軍。而特拉威河無舟可渡。不得已退張其陣於脫倫頓。私念欲得援兵。非一挫敵勢不可。欲挫敵勢。非乘其散在各地擊破之不可。乃一面嚴防䕯鐵譃。不令衝人。一面分全軍爲三隊。己將中軍。巴忒嫩馬梭爲兩翼。乘夜竊渡特拉威河。分三道進。

【번역】워싱턴은 인심이 날로 나빠지는 것을 우려하여 때를 틈타 군사를 부리려 하였다. 한바탕 싸워 군의 사기를 진작시키고자 해서이다. 마침 하우 장군 등이 영군 3만 명을 거느리고 불시에 이르러 급하게 진군하고자 하였다. 하지만 델라웨어 강을 건널 배가 없어 어쩔 수 없이 트렌턴으로 물러나 진영을 벌렸다. 워싱턴은 가만히 생각해보았다. '원병을 얻고자 하면 적의 기세를 한번 꺾지 않으면 안 된다. 적의 기세를 꺾고자 하면 적이 각지에 흩어져 있는 것을 틈타 격파하지 않으면 안 된다.' 이에 한편으로는 필라델피아를 단단하게 방어하여 뚫고 들어오지 못하도록 하고, 다른 한편으로는 전군을 세 부대로 나누었다. 자신은 중군을 거느리고, 퍼트넘과 머서馬梭로 하여금 좌익과 우익을 거느리게 하였다. 밤을 틈타 몰래 델라웨어 강을 건너 세 길로 나누어 진격하였다.

【🇰🇷 4장 47】時에 天色이 尚未明이라 英軍을 突擊홀식 人人이 皆、死를 決ᄒ니 敵兵이 能支치 못ᄒ야 爭相 竄逸이러라 此를 脫倫頓의 勝이라 謂ᄒ니 是役에 國人의 元氣를 救ᄒ고 精神의 影響을 振ᄒ 者ㅣ 多홈으로 殖民*의 敬信이 日重ᄒ더라

* 殖民 이해조: 世人 정금

【번역】이때, 하늘빛이 아직 밝지 않았다. 영군으로 돌격할 때, 사람마다 모두 죽기를 결심하였다. 적병이 버티지 못하고 서로 앞다투어 달아났다. 이를 '트렌턴의 승리'라고 부른다. 이 전투는 국민의 원기를 돕고 정신을 진작함에 많은 영향을 주었다. 그래서 식민의 존경과 믿음이 날로 더해졌다.

【㊌ 4장 47】時天尙未明。突擊英軍。人人決死而戰。敵兵不能支。爭相竄逸。華盛頓遂不復窮追。仍歸己之陣地。是謂脫倫頓之勝。是役也。堅鐵謔於以得救。國人元氣於以得振。精神之影響多矣。英將之陪*希恩聯隊。凤以勇悍爲美軍所怖。至是亦被華盛頓擊破而走。世人自此益敬信之。當時議會以爲國家自由之權利在於兵力。故與華盛頓聯隊十六。一切計畫。後此六月間悉聽彼意云。

* 倍 이해조·정금: 陪 독도 수정

【번역】이때, 하늘이 아직 밝지 않았다. 영군으로 돌격할 때, 사람마다 죽기를 결심하고 싸웠다. 적병이 버티지 못하고 서로 앞다투어 달아났다. 워싱턴은 마침내 더는 끝까지 쫓아가지 않고, 다시 자기의 진지로 돌아왔다. 이를 '트렌턴의 승리'라고 부른다. 이 전투는 필라델피아가 구원을 얻었고 국민의 원기가 진작됨을 얻었으니, 정신상에 미친 영향이 많았다. 영국 장군 휘하의 헤센希恩[234] 연대는 예전부터 용감하고 사나운 명성으로 인해 미군에게 두려움의 대상이었다. 이때에 이르러 역시 워싱턴에게 격파되어 달아나니, 세상 사람들은 이후로 그를 더욱 존경하고 신임하였다. 당시 의회는 국가 자유의 권리가 병력에 달려 있다고 생각하였다. 그러므로 워싱턴에게 16개의 연대를 주었고, 일체의 계획에 대해서는 이후 6개월 동안 그의 의견을 모두 들었다.

234) 헤센希恩: 독일 중서부에 위치한 주인 헤센주(Land Hessen)를 말한다. 중, 근대 시대의 헤센은 자체적인 경제기반이 부족했기 때문에 자국군을 외국의 전쟁에 파견하고 그것을 통한 대금을 국가의 주 수입원으로 삼기도 했다. 특히 영국이 헤센의 군인을 자주 고용했었는데, 미국 독립전쟁에 고용된 헤센 군인은 미국인들에게 두려움의 대상이었다. 미국은 이들에게 정착할 땅을 준다며 탈영을 종용했고 일부는 이 방식을 통해 비공식으로 군사고문으로 고용하기도 했다. 한동안 미국에서 '헤센인=용병'으로 인식되었다.

【㉠4장 48】一七七七年*一月에 華盛頓의 兵力이 大振홈이 兵士
를 命ᄒ야 一律로 痘를 種ᄒ니 盖軍中에 可恐홀 者ᄂ 銃劒을 因
ᄒ야 痘瘡이 生**홈이라 于是에 英軍이 美兵勢力의 已大홈을 知
ᄒ고 敢히 輕動치 못ᄒ더라

* 一七七一年 이해조: 一千七百七十年 정금: 一七七七年 독도 수정
** 生 이해조: 主 정금

【번역】1777년 1월에 워싱턴의 병력이 크게 떨쳐 일어났다. 병사들로
하여금 일률적으로 우두를 접종하게 하였으니, 대개 군중에 두려워할
만한 것은 총검으로 인하여 천연두가 발생하는 것이다.[235] 이에 영군
이 미군의 세력이 매우 큰 것을 알고 감히 경거망동하지 못하였다.

235) 대개 … 것이다: 이해조는 정금의 '主痘瘡'에서 '主'를 '生'으로 판독하여 천연두
가 총검으로 말미암아 발생하는 것으로 오역하였다. 정금의 '因敵之銃劒而主痘
瘡'을 '敵의 銃劒으로 因ᄒ나 痘瘡을 主홈이라'로 해야 문맥이 통한다.

【⊕ 4장 48】一千七百七十七年*一月。華盛頓兵力大增。先命兵士一律種痘。蓋軍中最可恐者。因敵之銃劍而主痘瘡。于是英軍知美軍勢力已大。不敢輕動。至冬盡歲闌。始終莫敢先發。華盛頓乘之。日討軍實以圖大擧。雖收效尚遲不顧也。

* 一七七一年 이해조: 一千七百七十年 정금: 一千七百七十七年 독도 수정

【번역】1777년 1월에 워싱턴의 병력이 크게 증원되었다. 먼저 병사들로 하여금 한꺼번에 우두를 접종하게 하였으니, 대개 군대 안에서 가장 두려워할 만한 것은 적의 총검에 기인하지만 천연두를 주된 것으로 여기었기 때문이다. 이에 영군이 미군의 세력이 매우 큰 것을 알고 감히 경거망동하지 못하였고, 겨울이 이르고 해가 다 저물었는데도 내내 감히 먼저 군사를 발동하지 못하였다. 워싱턴이 이를 틈타 날마다 군대 양식과 무기를 점검하고 대규모의 작전을 도모하였다. 비록 효과를 본 것이 아직 더디었지만 개의치 않았다.

【(韓) 4장 49】先是에 英將某ㅣ 精兵을 率ㅎ고 紐約에 入홀ᄉ〕 到處에 無敵이라 啓孔突、愛特威二寨를 陷ㅎᄃᆡ 時에 美軍이 死力拒戰ㅎ야 英軍을 大破ㅎ니 英軍이 精銳를 盡率ㅎ고 猝地來襲ㅎ거늘 美將이 自誓ㅎ야 日若, 此戰에서 失이 有ㅎ면 吾ᄂᆞᆫ 人을 不見ㅎ리라 ㅎᄃᆡ 部下ㅣ 大奮迎擊ㅎ야 又大破ㅎ니 鎗砲彈藥을 得홈이 無筭이라 北部殖民地ㅣ 此를 因ㅎ야 大振ㅎ니 時ᄂᆞᆫ 八月十三日*이러라

* 八月三日 이해조: 八月十三日 독도 수정

【번역】이에 앞서, 영국 장군 아무개[236]가 정병을 이끌고 뉴욕에 입성하였다. 이르는 곳마다 무적이었고, 타이콘데로가와 애드워드愛特威[237] 두 요새를 함락시켰다. 이때 미군이 죽을힘을 다하여 항전하여 영군을 크게 쳐부수었다. 영군이 정예병을 모두 이끌고 와서 갑자기 습격하였다. 미군 장군[238]이 스스로 맹세하며 말하였다. "만약 이 전투[239]에서 패한다면 나는 사람을 만나지 않을 것이다." 부하들이 크게 분발하고 적을 맞받아 쳐 또 크게 물리쳤다. 총·대포·탄약을 획득한 것이 헤아릴 수 없었다. 북부 식민지가 이 때문에 크게 진작되었으니, 이때가 8월 3일이다.

236) 아무개: 영국 장군 존 버고인(John Burgoyne)을 말한다. 캐나다에 주둔해 있던 존 버고인 장군은 약 8,000명의 영군을 이끌고 1777년에 남쪽으로 이동하였다. 7월 6일 타이콘데로가 요새를 함락시키고, 7월 31일 에드워드 요새까지 장악했다.

237) 에드워드愛特威: 뉴욕 주 동부 허드슨 강 상류에 위치한 에드워드 요새(Fort Edward)를 말한다.

238) 미군 장군: 미국 장군 존 스타크(John Stark, 1728.8.28.~1822.3.8.)를 말한다. 그는 존 버고인이 뉴욕을 공격하자 민병대 준장으로 임명되었다. 서둘러 편성된 그의 부대는 8월 16일에 버몬트의 베닝턴 전투에서 영국군과 혜센 용병으로 이루어진 분견대分遣隊를 공격하여 승리를 거두었다.

【⊕ 4장 49】先是英將某帥精兵自坎拿大入紐約。所到無敵。直陷啓孔突愛特戚二寨。時美軍抵死拒戰。適援兵至。遂擊之。英軍大敗。未幾又悉銳來戰。美將鼓勇出禦。謂部下曰 此戰而失。某誓不見人。部下大奮。敵兵再大敗。得鎗砲彈藥無算。北部殖民地因之大振。投軍者紛至。皆以奪得之。精銳武器與之。時八月十三日也。

【번역】이에 앞서, 영국 장군 아무개가 정병을 이끌고 캐나다로부터 뉴욕에 입성하였다. 이르는 곳마다 당해낼 수가 없었고, 곧바로 타이콘데로가와 에드워드 요새를 함락시켰다. 이때 미군은 죽기를 각오하고 항전하였다. 마침 원병이 이르자 드디어 영군을 공격하였다. 영군이 크게 패배하였다. 얼마 뒤에, 영군은 또 병력을 총동원해 와서 싸웠다. 미군 장군이 용기를 북돋고 나가서 막으며 부하에게 말하였다. "이 전투에서 패배하면 나는 맹세코 사람들을 보지 않을 것이다." 부하들이 크게 분발하니, 적병이 다시 크게 패하였다. 획득한 총·대포·탄약이 헤아릴 수 없었다. 북부 식민지가 이 때문에 크게 진작되었고, 입대하는 사람이 잇달았다. 정교하고 예리한 무기를 모두 탈취하여 그들에게 주었다. 이때가 8월 13일이다.

---

239) 이 전투: 베닝턴 전투(Battle of Bennington)를 말한다. 버몬트 주 베닝턴에 있는 식민지 군대 창고를 지키던 미국 민병대가 영국군의 습격을 격퇴시킨 전투이다.

【🏛 4장 50】英軍이 數回敗衄ᄒᆫ 後로 士氣ㅣ 沮喪ᄒᆞ고 糧食이 匱乏ᄒᆞ야 前日美軍의 情形과 相似ᄒᆞ더라 九月十九日에 乃再出이어늘 北部提督이 力戰退却ᄒᆞ고 十月七日에 又大破ᄒᆞ니 撒脫格守兵이 僅九千이라 美將이 一萬三千兵으로 四圍甚迫ᄒᆞ니 英將이 雖力戰ᄒᆞ나 援軍이 不至라 得過치 못ᄒᆞ야 殘卒六千을 率ᄒᆞ고 降ᄒᆞ니 其兵器輜重은 皆美軍의 有ᄒᆞᆫ 빅 된지라 北部殖民地에 兵氣가 益震ᄒᆞ거늘 歐洲諸國이 擧皆驚服ᄒᆞ니 時ᄂᆞᆫ 十月十七日*이라 後人이 撒脫格大捷이라 稱ᄒᆞ더라

* 十月七日 이해조·정금: 十月十七日 독도 수정

【번역】영군이 여러 차례 패전한 뒤로 사기가 떨어지고 양식이 부족하였으니, 전날 미군의 상황과 비슷하였다. 9월 19일, 영군이 가까스로 다시 출병하였다.[240] 미군 북부 제독[241]이 힘껏 싸워 영군을 퇴각시켰다. 10월 7일에 또 영군을 크게 쳐부수니, 영군의 새러토가撒脫格[242] 수비대는 9천 명에 불과하였다. 미군 장군이 1만 3천의 병사로 사방에서 포위하고 심하게 압박하였다. 영군 장군이 힘껏 싸웠지만, 원군이 이르지 않아 포위를 뚫지 못하였다. 잔병 6천 명을 이끌고 항복하였다. 영군의 병기와 짐수레는 모두 미군의 소유가 되었다. 북부 식민지 병사들의 사기가 더욱 충천하였다. 유럽의 여러 나라가 모두 놀라워하며 탄복하였다. 이때가 10월 17일이다. 후세 사람이 '새러토가 대첩'이라고 부른다.

240) 다시 출병하였다: 영군은 뉴욕 사라토가 카운티의 마을인 스틸워터(Stillwater)라는 곳으로 출전하였다.
241) 북부 제독: '사라토가 전투'를 승리로 이끈 미군의 호레이쇼 로이드 게이츠(Horatio Lloyd Gates, 1727.7.26.~1806.4.10.)를 말한다. 그는 1776년에 타이콘데로가 요새의 지휘관으로 임명되었고, 1777년에 북부 사령관으로 임명되었다.

【⊕ 4장 50】英軍自數回敗衂。士氣沮喪。糧食匱乏。幾與前日美軍相似。九月十九日。乃再出戰。北部提督力戰却之。十月七日。又大敗。撒脫格守兵僅餘九千。美軍以兵一萬三千四面圍迫甚急。英將殊死戰。卒以援軍不至。以殘兵六千降。精銳之兵器輜重。皆爲美軍所有。北部殖民地兵威益震。歐洲諸國爲之驚歎不置。時十月十七日*也。後人稱爲撒脫格大捷。

* 十月七日 이해조·정금: 十月十七日 독도 수정

【번역】영군이 여러 차례 패전하면서부터 사기가 떨어지고 양식이 부족하였다. 거의 전날 미군의 형편과 비슷하였다. 9월 19일, 영군이 가까스로 다시 출병하였다. 미군 북부 제독이 힘껏 싸워 영군을 퇴각시켰다. 10월 7일에 또 영군이 크게 패배하니, 영군의 새러토가 수비대는 9천 명에 불과하였다. 미군이 1만 3천의 병사로 사방에서 포위하고 심하게 압박하였다. 영군 장군이 목숨을 걸고 싸웠지만, 끝내 원군이 이르지 않았다. 잔병 6천 명을 데리고 항복하였다. 정교하고 날카로운 병기와 짐수레는 모두 미군의 소유가 되었다. 북부 식민지의 군대 위력이 더욱 진동하였다. 유럽의 여러 나라가 그들을 위해 놀라워하며 탄복해 마지않았다. 이때가 10월 17일이다. 후세 사람이 '새러토가 대첩'이라고 부른다.

242) 새러토가撒脫格: 미국 뉴욕주 새러토가 군에 있는 마을인 새러토가(Saratoga)를 말한다. 이곳에서 벌어진 전투는 미국 독립 전쟁의 큰 전환점이 되었다.

【㊟ 4장 51】先是에 華盛頓이 英總督赫華로 特拉威河를 隔ᄒ야 對峙ᄒᆯ시 敗殘의 弱卒과 不全ᄒᆫ 武器로 數萬精銳의 英軍을 拒ᄒᆯ시 戰鬪綫이 纔六十里라 然敵人으로 ᄒ야금 一步도 敢히 西向치 못ᄒ더라 赫華將軍이 對峙의 無益ᄒᆷ을 知ᄒ고 一萬六千兵을 率ᄒ야 倫葵蘭島에 出ᄒ니 其意가 墾鐵譴에 在ᄒ지라 華盛頓이 聞 知ᄒ고 巴忒嫩의 兵을 分ᄒ야 急援케 ᄒ고 一隊를 更分ᄒ야 特 拉威河를 守ᄒ고 自己ᄂᆫ 兵士四千을 率ᄒ야 特拉威州南部에 出 ᄒ다

【번역】 이에 앞서, 워싱턴이 영국 총독 하우와 델라웨어 강을 사이에 두고 대치하였다. 나약한 패잔병들과 온전치 않은 무기로 수만 정예 의 영군과 맞설 때 전투선戰鬪線[243)이 겨우 60마일이었다. 그러나 적 병으로 하여금 한 걸음도 감히 서쪽으로 향하지 못하게 하였다. 하우 장군이 대치의 무익함을 알고 1만 6천의 병사를 이끌고 롱 아일랜드 로 진출하니, 그 의도가 필라델피아에 있었다. 그러므로 워싱턴이 이 를 알고 퍼트넘의 병사를 나누어 재빨리 구하게 하고, 한 부대를 다시 나누어 델라웨어 강을 지키게 하였다. 워싱턴 자신은 4천의 병사를 이 끌고 델라웨어주 남부로 진출하였다.

---

243) 전투선戰鬪線: 전시戰時에 전투 부대가 차지한 최전선最前線의 지점을 연결한 가 상선假想線.

【⊕ 4장 51】先是美軍總督華盛頓與英軍總督赫華隔特拉威河對峙。華盛頓以敗餘之弱卒。不全之武器。當數萬精銳之英軍。維持戰鬪綫六十里。使敵人不敢西向一步。赫華將軍知對峙之無益。遂率兵一萬六千乘船出倫葵蘭島。華盛頓知其用意必在鍪鐵謔。聞北部殖民地警報。乃分兵於巴忒嫩。使急援之。更分一隊守特拉威河。己則帥兵四千出特拉威州之南部。

【번역】이에 앞서, 미군 총독 워싱턴이 영국 총독 하우와 델라웨어 강을 사이에 두고 대치하였다. 워싱턴은 나약한 패잔병들과 온전치 않은 무기로 수만 정예의 영군과 맞설 때 60마일의 전투선을 유지하였다. 적병으로 하여금 감히 서쪽으로 한 걸음도 향하지 못하게 하였다. 하우 장군이 대치의 무익함을 알고 마침내 1만 6천의 병사를 이끌고 배를 타고 롱 아일랜드로 진출하였다. 워싱턴은 그가 필라델피아를 노리고 있음을 알았고, 북부 식민지의 경보警報를 듣고 퍼트넘에게 병사를 나눠 주어 재빨리 구원하게 하였다. 한 부대를 다시 나누어 델라웨어 강을 지키게 하고, 워싱턴 자신은 4천의 병사를 이끌고 델라웨어 주 남부로 진출하였다.

【韓 4장 52】八月二十四日에 英軍이 艦隊로 打拿威*州를 擊破
ᄒ고 北으로 將進ᄒ시 華盛頓이 遇ᄒ야 大戰ᄒ다가 九月十一日
에 美軍四千이 英兵一萬六千의 襲破를 當ᄒ야 華盛頓이 殘卒을
收ᄒ야 要扼에서 俟ᄒ더니 會에 雷雨가 大作ᄒ야 火藥이 盡濕이
라 華盛頓이 自歎을 不勝ᄒ니 此로 從ᄒ야 墾鐵譏의 守備를 盡失
ᄒ지라 從者ㅣ 人에게 語ᄒ야 曰八月二十五日**로 自ᄒ야 九月
二十六日***에 至ᄒ이 其間戰鬪의 轟烈ᄒ이 意料에 不及ᄒ 者ㅣ
多ᄒ니 總督의 苦ᄂ 實로 言喻키 難ᄒ도다

* 拿威 이해조: 打拿威 독도 수정
** 八月十五日 이해조: 八月二十五日 독도 수정
*** 九月十六日 이해조·정금: 九月二十六日 독도 수정

【번역】8월 24일, 영군이 함대로 델라웨어주[244]를 격파하고 북으로
진출하려다가 워싱턴과 만나 크게 싸웠다. 9월 11일, 미군 4천 명이
영군 1만 6천 명에게 습격을 당하였다. 워싱턴이 패잔병을 거두어 요
충지에서 웅거하며 기다렸다. 공교롭게도 천둥을 동반한 비가 많이
내려 화약이 모두 젖으니, 워싱턴이 스스로 탄식함을 이기지 못하였
다. 이로부터 필라델피아의 방어가 모두 실패하였다. 군대를 따라간
자가 사람들에게 말하였다. "8월 25일부터 9월 26일까지 그 기간 전
투의 격렬함은 상상할 수 없을 정도였으니, 총독의 고통은 실로 말로
설명하기 어렵다."

244) 델라웨어주: 정금은 델라웨어의 음역을 처음 '特拿威'으로 표기했다가 다시 '打
拿威'로 표기했다. '特'과 '打'는 모두 '델(Del)'의 음가와 비슷하기에 혼용해서 쓴
듯하다. 그런데 이해조는 정금의 '擊破打拿威'에서 '打拿威를 擊破하다'로 번역
하지 않고, '拿威를 打破하다'로 번역하면서 '擊'자를 생략하고 말았다. 이런 이
유로 델라웨어의 음역어가 '打拿威'에서 '拿威'로 표기된 것이다.

【⊕ 4장 52】八月二十四日。英軍以艦隊擊破打拿威州守兵。上陸北進。華盛頓南下之軍禦之。大戰。九月十一日。美軍四千爲英軍一萬有六千擊破。華盛頓急集殘卒要之於道。會雷雨大作。火藥濕不能用。華盛頓飮恨而去。僅兩軍先鋒交綏而已。由是塈鐵鑪守備盡失。當時從軍者語人曰。自八月廿五日英軍上陸。至九月二十六日*入塈鐵鑪。其戰鬭之烈。爲意料所不及。總督之苦。實難以言喩云。

* 九月十六日 이해조·정금: 九月二十六日 독도 수정

【번역】8월 24일, 영군이 함대로 델라웨어주의 수비군을 공격하여 무너뜨리고[245] 상륙하여 북으로 진격하였다. 워싱턴의 남하한 군대가 영군을 저지하며 크게 싸웠다. 9월 11일, 미군 4천 명이 영군 1만 6천 명에게 격파되었다. 워싱턴이 재빨리 패잔병을 모아 길에서 매복하였다. 공교롭게도 천둥을 동반한 비가 많이 내려 화약이 젖어 사용할 수 없었다. 워싱턴은 통한을 머금고 퇴각하였고, 겨우 양군의 선봉만 교전할 뿐이었다. 이로 말미암아 필라델피아의 방어가 모두 실패하였다. 당시 군대를 따라간 자가 사람들에게 말하였다. "8월 25일 영군이 상륙한 날부터 9월 26일 필라델피아에 침입한 날까지 그 기간 전투의 격렬함은 상상하지 못할 정도이니, 총독의 고통은 실로 말로는 표현하기 어렵다."

245) 델라웨어…격파하고: 의춘은 '델라웨어주 엘크(エルク) 강 어귀를 지키는 병사를 격파하다'로 기술하였다.

【(韓) 4장 53】是役에 英國論者 l 赫華將軍의 戰功을 贊賞호되 其
大得이 曾有치 못ᄒ다 ᄒ나 然、今에 獨立戰爭의 諸役을 追考ᄒ
야 其勝利를 兩兩相較ᄒ 則華盛頓이 赫華에 不下ᄒ을 知ᄒ리로
다 不足의 武器와 不整의 敗卒로 能히 數萬精銳의 英軍으로 六十
里를 相隔ᄒ고 三十日을 相持ᄒ니 九月十一日의 敗ᄂ 足히 言ᄒ
비 無ᄒ고 彼無衣無食ᄒ 殘卒을 集ᄒ야 死命으로 敵을 制코져 ᄒ
나 不幸히 天이 亂을 不厭ᄒ야 無情의 雷雨가 英軍을 偏護ᄒ니
此 l 엇지 戰의 罪라 ᄒ리오

【번역】이 전투에 대하여 영국의 논자[246]는 하우 장군의 전공을 상찬
하여 '그 큰 성과는 이전에 유례가 없는 것이다.'라고 하였다. 그러나
지금에 독립전쟁의 여러 전투를 추적 조사하여 그 승리를 서로 비교
해보면 워싱턴이 하우보다 못하지 않음을 알 수 있다. 부족한 무기와
정비되지 않은 패잔병으로 수만 정예의 영군과 60마일을 서로 거리
를 두고 30일을 서로 대치하였으니, 9월 11일의 패전은 말할 것이 못
된다. 그는 옷도 없고 음식도 없는 패잔병을 모아 필사적으로 적군을
제압하고자 하였다. 불행하게도 하늘이 난리를 싫어하지 않아 무정하
게 뇌우도 영군을 편들었으니, 이를 어찌 패전의 죄라 하겠는가?

246) 논자: 의춘은 '記者'로 표기하였다.

【⊕ 4장 53】是役也。英國論者贊賞赫華將軍不置。以爲戰功之大。得未曾有。然赫華氏雖非敗將之比。至今追考攷獨立戰爭諸役。以其勝利兩兩相較。則知華盛頓決不下於彼。非僅以不足之武器。不整之敗卒。能與數萬精銳英軍相持三十日相隔六十英里也。九月十一日之敗。曾無幾時。猶集無衣無食之兵。欲制敵死命。不幸天不厭亂。無情之雷雨。偏爲英軍辯護。此豈戰之罪耶。

【번역】이 전투에 대하여 영국의 한 논자는 하우 장군을 상찬해 마지 않으며 '전공의 위대함은 이전에 유례를 찾을 수 없을 것이다'라고 하였다. 하우를 비록 패장敗將[247]에 견줄 수는 없지만, 지금에 독립전쟁의 여러 전투를 추적 조사하여 그 승리를 서로 비교해보면 워싱턴이 결코 그보다 못하지 않음을 알 수 있다. 부족한 무기와 정비되지 않은 패잔병으로 수만 정예의 영군과 30일을 서로 대치하고 60마일을 서로 거리를 두었을 뿐만 아니라, 9월 11일의 패전이 얼마 지나지 않았을 때, 오히려 옷도 없고 음식도 없는 병사들을 모아 필사적으로 적군을 제압하고자 하였기 때문이다. 불행하게도 하늘이 난리를 싫어하지 않아 무정한 뇌우도 공교롭게 영군을 위해 변호하였다. 이를 어찌 패전의 죄라 하겠는가?

---

247) 패장敗將: 의춘은 '북부 식민지의 패장 버고인'이라고 기술하였다.

【(韓) 4장 54】英軍이 壑鐵謔을 占領훈 後로 其勝勢를 乘ᄒ야 華盛頓兵을 進擊코져 ᄒ야 兵馬를 頻進홀시 華盛頓이 敵兵의 無備홈을 乘ᄒ야 將襲코져 ᄒ더니 會에 濃霧ㅣ 四塞ᄒ야 咫尺를 相見치 못ᄒᄂ지라 美軍이 大亂爭退ᄒ고 十二月十一日에 美軍이 再退ᄒ니 戰霧*暫停 ᄒ더라 時에 美軍이 新敗홈이 向日特拉威河ㅣ 足히 英軍을 阻隔ᄒ더니 今에 一敗再敗ᄒ야 壑鐵謔이 又陷ᄒ니 特拉威의 守兵이 益危라 會에 北部殖民地에 撒脫格이 大捷홈이 㹧其將軍의 名이 全國에 藉々흔지라 衆心이 華盛頓을 疑ᄒ고 拜其로 代ᄒ고자 ᄒ니 噫라 英雄의 失路홈이 大히 可憐ᄒ도다

* 戰霧 이해조: 戰務 정금

【번역】영군이 필라델피아를 점령한 뒤로, 그 승세를 타고 워싱턴 군대를 공격하려고 병졸과 군마가 자주 출전하였다. 워싱턴이 적병의 준비가 되지 않음을 틈타 습격하려고 하였다. 하필 짙은 안개가 사방에 가득하여 지척을 분간하지 못하였다. 미군이 큰 혼란에 빠져 다투어 물러났고, 12월 11일에 미군이 다시 후퇴하였다. 싸우는 일이 잠시 중단되었다. 이때, 미군이 새로이 패배하였다. 지난날 델라웨어 강에서 영군을 충분히 가로막았었는데, 지금 패배하고 다시 패배하여 필라델피아가 또 함락되었다. 델라웨어의 수비대가 더욱 위태로웠다. 마침 북부 식민지에 새러토가의 대승으로 게이지 장군의 명성이 전국에 자자하였다. 뭇사람의 마음이 워싱턴을 의심하고 게이지로 대신하고자 하였다. 아, 영웅의 길 잃음이여! 참으로 가련하구나.

【⊕4장 54】英軍占領墊鐵爐後。欲乘勝擊華盛頓。兵馬頻進。華盛頓乘敵兵無備。襲之。會濃霧四塞。對面不相見。美軍大亂而退。十二月十一日。美軍再退。由是戰務暫停。時美軍新敗。向之特拉威* 河。足以阻隔英軍者。今既一再敗北。墊鐵爐被陷。特拉威之守兵益朝不保夕。適北部殖民地有撒脫格大捷。絲其將軍名噪全國。眾心益疑華盛頓。有謀以絲其代之者。嘻英雄失路。亦可憐哉。

* 持拉威 정금: 特拉威 독도 수정

【번역】영군이 필라델피아를 점령한 뒤로, 그 승세를 타고 워싱턴을 공격하려고 병졸과 군마가 자주 출전하였다. 워싱턴이 적병의 준비가 되지 않음을 틈타 습격하려고 하였다. 하필 짙은 안개가 사방에 가득하여 맞닥뜨려도 서로 볼 수 없었다. 미군이 큰 혼란에 빠져 물러났고, 12월 11일에 미군이 다시 후퇴하였다. 이로 말미암아 싸우는 일이 잠시 중지되었다. 이때, 미군이 새로이 패배하였다. 지난날 델라웨어 강에서 영군을 충분히 가로막았었는데, 지금 거듭 패배한 뒤에 필라델피아가 함락되었다. 델라웨어의 수비대는 아침에 저녁 일을 보장할 수 없는 상황이었다. 마침 북부 식민지에 새러토가의 대승으로 게이지 장군의 명성이 전국에 떠들썩하였다. 뭇사람의 마음이 워싱턴을 더욱 의심하고 게이지로 대신하려는 논의가 일어났다. 아! 영웅의 길 잃음이여, 또한 가련하구나.

【韓 4장 55】雖然이나 疾風勁草가 凡木에 比홀 바 아니오 金玉圭璧이 砂礫을 爭홀 바 아니라 華盛頓의 慈愛威望이 人心에 深入ᄒ니 雖一二小人이 其間에 蠱惑홈이 有ᄒ나 卒然히 變易지 못하고 尤奇흔 者ᄂ 搰其將軍의 麾下兵卒도 華盛頓의 退去ᄂ 不願ᄒᄂ고로 此鬼蜮의 陰謀가 泡影에 卒歸ᄒ야 幸히 殘弱의 美軍이 精銳흔 英軍을 已勝ᄒ며 幸히 少數의 美軍이 多數의 英軍을 逐退ᄒ며 幸히 可憐흔 華盛頓으로 去位를 不致ᄒ고 幸히 可愛흔 華盛頓으로 不日에 美國大統領을 被推ᄒ니 噫라 此ㅣ 夢囈乎아 此時美軍이 累*敗ᄒ야 華盛頓이 岌々不保홀 時가 아닌가

* 果 이해조: 累 독도 수정

【번역】그렇지만 세찬 바람에도 꺾이지 않는 억센 풀은 일반 나무에 비할 바가 아니고, 금옥金玉과 규벽圭璧[248]은 모래나 자갈과 다툴 바가 아니다. 워싱턴의 자애로움과 높은 명망이 사람들의 마음에 깊이 자리잡았으니, 한두 명의 소인배가 그 사이를 미혹하더라도 이를 바꾸지는 못하였다. 더욱 기이한 것은 게이지 장군의 휘하 병졸들도 워싱턴이 물러나는 것을 바라지 않았다. 귀역鬼蜮[249]의 음모는 마침내 물거품과 그림자가 되었다. 다행히 잔약한 미군이 정예의 영군을 얼마 뒤에 이겼다. 다행히 소수의 미군이 다수의 영군을 물리쳤다. 다행히 가련한 워싱턴은 지위에서 물러나지 않게 되었다. 다행히 사랑스런 워싱턴은 머지않아 미국 대통령으로 추대될 수 있었다. 아, 이것은 무슨 잠꼬대인가? 이때야말로 미군이 여러 번 패배하여 워싱턴이 자신의 지위를 보장하지 못했던 가장 위태로운 시기가 아니었던가.

248) 규벽圭璧: 제후가 천자를 알현하거나 제사 지낼 때에 지니던 옥을 이른다.
249) 귀역鬼蜮: 귀신과 물여우라는 뜻으로, 음험하여 몰래 남을 해치는 사람을 비유적

【⊕ 4장 55】雖然。勁草疾風。非凡木可以比力。金玉圭璧。非沙礫可以爭榮。彼之慈愛威望。深入人心。卽有一二小人惑其間。卒無以易之。尤奇者擔其氏麾下兵卒。亦不願彼之去位。因此鬼蜮之隱謀。卒歸泡影。幸也美軍已勝。殘弱之美軍。已勝精銳之 英軍。幸也少數之美軍。已將多數之英軍逐退。幸也可憐之華盛頓。已不致去位。幸也可愛之華盛頓。不日將推美國開幕之大統領。噫夢囈耶。此時也。非美軍累敗華盛頓岌岌不保之時耶。

【번역】 그렇지만 세찬 바람에도 꺾이지 않는 억센 풀은 그냥 나무와 힘을 견줄 바가 아니고, 금옥金玉과 규벽圭璧은 모래나 자갈과 영광을 다툴 바가 아니다. 워싱턴의 자애로움과 높은 명망이 사람들의 마음에 깊이 들어갔으니, 설령 한두 명의 소인배가 그 사이를 미혹하더라도 결국 바꾸지 못하였다. 더욱 기이한 것은 게이지의 휘하 병졸들도 그가 자리에서 물러나는 것을 바라지 않았다. 그러므로 이 귀역鬼蜮의 음모가 마침내 물서품과 그림자로 끝나게 되었다. 다행히 미군이 얼마 뒤에 이겼다. 잔약한 미군이 정예의 영군을 이겼다. 다행히 소수의 미군이 다수의 영군을 물리쳤다. 다행히 가련한 워싱턴은 지위에서 물러나게 되지 않았다. 다행히 사랑스런 워싱턴은 장차 미국 초대 대통령으로 추대되었다. 아, 이것은 잠꼬대인가? 이때야말로 미군이 여러 번 패배하여 워싱턴이 자신의 지위를 보장하지 못하는 매우 위태로운 시기가 아니었던가.

으로 이르는 말. 물여우가 모래를 머금고 있다가 물에 비치는 사람의 그림자에 쏘면 그 사람이 병에 걸린다고 함.

【㊙ 4장 56】然、各國政府ㅣ 獨立의 布告를 旣聞홈이 雖大喜ᄒᆞ나 盖英國의 威를 忌홈이오 實로 美를 厚愛홈은 아니러라 然、又英國을 深憚ᄒᆞ야 顯然히 袒護치 못ᄒᆞ더니 時에 法政府ㅣ 先允ᄒᆞ야 士卒을 送ᄒᆞ야 美國을 助ᄒᆞ니 時는 一七七八年六月이러라 英軍이 蜚鐵謔을 棄ᄒᆞ고 紐約으로 向ᄒᆞ려다가 法國의 援兵이 已至홈으로 退去코져 ᄒᆞ니 華盛頓이 衆議을 排ᄒᆞ고 英軍을 直追ᄒᆞ야 二十四日에 大破ᄒᆞ니 軍氣一振이라 議會國民이 皆大喜ᄒᆞ야 翌朝에 再擊코져 ᄒᆞ더니 英軍이 紐約을 退保ᄒᆞ더라

【번역】 각국 정부는 독립의 포고를 들은 뒤에 크게 기뻐하였지만, 대개는 영국의 위엄을 시샘한 것이고 실제로 미국을 크게 사랑한 것은 아니다. 또 영국을 매우 어렵게 생각하여 드러내놓고 미국을 두둔하지 못하였다. 당시 프랑스 정부가 먼저 허락하여 병사들을 보내 미국을 도우니, 때는 1778년 6월이었다. 영군이 필라델피아를 버리고 뉴욕으로 향하려다 프랑스의 구원병이 이미 당도함에 퇴각하려고 하였다. 워싱턴이 중론을 물리치고 영군을 곧장 추격하여 24일에 대파하였다. 군의 사기가 크게 진작되고, 의회와 국민이 모두 크게 기뻐하였다. 이튿날 아침 다시 공격하려 하니, 영군은 뉴욕으로 물러나 지켰다.

【㊥ 4장 56】然有新起之一事。足使英美兵勢爲之一變者。在各國政府旣聞獨立之布告。頗喜之。蓋忌英國之盛。非眞厚愛於美也。然又深懼英國。萬不敢顯爲袒護。適撒脫格捷報至。心皆怦怦動。美國使者旣抵法國。復乘機乞助。法政府遂首允之。送艦隊士卒助美。爲各國倡。千七百七十八年六月。英軍棄鞏鐵櫓退向紐約。蓋已知法國援兵新至。海上法艦紛集。己之形勢甚危。華盛頓乃排衆議。直追英軍。二十四日。大戰破之。軍氣一振。議會國民皆大喜。翌朝欲再擊之。英軍已退保紐約。

【번역】새로 일어난 한 사건이 있어 영군과 미군의 전세가 크게 변하였다. 각국 정부에서 독립의 포고를 들은 뒤에 자못 기뻐하였다. 대개 영국의 번성함을 시기한 것이지, 진실로 미국을 깊이 사랑한 것은 아니다. 또 영국을 매우 두려워하여 조금도 감히 드러내놓고 미국을 두둔하지는 못하였다. 마침 새러토가의 승전보가 이르자 심장이 모두 두근두근 뛰었다. 미국의 사신이 프랑스에 도착한 뒤에 다시 기회를 틈타 도움을 요청하였다. 프랑스 정부가 마침내 허락하여 함대와 군대를 보내 미국을 돕고, 여러 나라의 길잡이가 되었다. 1778년 6월이었다. 영군이 필라델피아를 버리고 뉴욕으로 퇴각하였으니, 프랑스의 구원병이 새로 당도함을 이미 알았기 때문이다. 해상에 수많은 프랑스 함대가 모이니, 얼마 지나지 않아 영군의 형세가 매우 위태로워졌다. 워싱턴이 이에 중론을 물리치고 영군을 곧장 추격하여 24일에 크게 싸워 쳐부수었다. 군의 사기가 크게 진작되고, 의회와 국민이 모두 크게 기뻐하였다. 이튿날 아침 다시 공격하려 하니, 영군이 이미 뉴욕으로 물러나 지켰다.

【🇰🇷 4장 57】是時에 形勢ㅣ 旣變호야 華盛頓의 境遇ㅣ 亦一變이라 殖民地人民이 兵役에 就호는 者ㅣ 多호고 兵器는 法國에 借호야 ──히 精銳홈이 士氣ㅣ 愈憤이라 英軍이 其方面을 改호야 南下홀시 南方殖民地將士ㅣ 法艦과 合力호야 防禦호더라

【번역】이때, 형세가 이미 달라졌다. 워싱턴의 경우도 크게 달라졌다. 식민지 인민 중에 병역에 종사하는 자가 늘어났다. 병기는 프랑스에 빌려 모두 정밀하고 날카로워졌다. 사기는 더욱 충천하였다. 영군이 방향을 바꾸어 남쪽으로 내려올 때, 남쪽 식민지의 장교와 사병이 프랑스 함대와 힘을 합쳐 방어하였다.

【⊕ 4장 57】是時形勢旣變。華盛頓境遇亦爲之一變。殖民地人民多有喜就兵役者。兵器則假自法國。一一精銳。戰備漸周。士氣愈奮。英軍乃改其方面。收兵南下。南方殖民地將士。亦與法艦合力防之。

【번역】이때, 형세가 이미 달라졌다. 워싱턴의 경우도 이로 인해 크게 달라졌다. 식민지 인민 중에 기뻐하며 병역에 종사하는 자가 많았고, 병기는 프랑스로부터 빌려 모두 정밀하고 날카로웠다. 전쟁 준비는 점차 주도면밀하고 사기는 더욱 충천하였다. 영군이 이에 그 방향을 바꾸어 병사들을 수습하여 남쪽으로 내려왔다. 남쪽 식민지의 장교와 사병이 또 프랑스 함대와 힘을 합쳐 그들을 막았다.

【㊐ 4장 58】一七七九年에 議會에서 坎拿大를 征코져 ᄒ야 其任를 華盛頓의게 委ᄒ니 華盛頓이 交涉의 重要홈을 念ᄒ야 政府에 親至ᄒ야 議及ᄒᄃᆡ 政府ㅣ 委員을 設ᄒ야 此問題及鍊軍의 政策을 議ᄒ야 議旣畢에 華盛頓의 議를 採用ᄒᆫ 者ㅣ 多ᄒ나 北征의 事인 則無效에 歸ᄒ지라 是後로 華盛頓이 紐約近傍에 在ᄒ야 將士를 指揮ᄒ고 一面으로 立國의 道와 養民의 事를 考求ᄒ더니 其間에 最難ᄒᆫ 事ᄂᆫ 防兵의 變을 能弭홈이라

【번역】1779년에 의회에서 캐나다를 정벌하기 위해 그 임무를 워싱턴에게 맡겼다. 워싱턴이 교섭의 중요함을 생각하여 정부에 직접 방문하여 의논하였다. 정부가 위원을 두어 이 문제와 군사 훈련의 정책을 의논하였다. 의논이 끝난 뒤에 워싱턴의 제안을 많이 채택하여 수행하였다. 북쪽 정벌의 일은 효과가 없는 것으로 귀결되었기에, 이후로 워싱턴이 뉴욕 근방에 있으면서 장교와 사병을 지휘하였다. 다른한편으로는 나라를 세우는 방도와 백성을 기르는 일을 자세히 연구하였다. 그 사이에 가장 어려운 일은 수비대의 변란을 막은 것이다.

【⊕ 4장 58】千七百七十九年。議會欲征坎拿大。以其任委諸華盛頓。華盛頓念交涉之重要。自至政府議之。政府乃設委員研究此問題。及其他練軍之政策。議旣畢。華盛頓倡議者採用最多。北征之事。則作罷論。自是以來。彼不復臨陣。唯在紐約近傍指揮將士。一面考求立國之道。養民之法。其間有最難之一事。深藉其力者。弭防兵之變也。

【번역】1779년에 의회에서 캐나다를 정벌하고자 해서 그 임무를 워싱턴에게 맡겼다. 워싱턴이 교섭의 중요함을 생각하여 정부에 스스로 나아가 의논하였다. 정부가 위원을 두어 이 문제와 그 외 군사 훈련 정책을 연구하게 하였다. 의논이 끝난 뒤에 워싱턴이 제안한 것을 채택하여 많이 수용하였다. 북쪽 정벌의 일은 논의를 중지하여 이후로 워싱턴은 다시는 진지에 나아가지 않았다. 다만 뉴욕 근방에 머물면서 장교와 사병을 지휘하고, 한편으로는 나라를 세우는 방도와 백성을 기르는 방법을 자세히 연구하였다. 그 사이에 가장 어려운 일이 하나 있었으니, 수비대의 변란을 막은 것은 그의 힘에 깊이 의지한 것이었다.

【㉔ 4장 59】時에 紙票價이 低落ᄒ야 四十金紙票로 겨오 一金을 兌取ᄒ니 軍餉이 太窘ᄒ야 中部民兵이 飢寒挺走ᄒᄂ 者ㅣ 多ᄒ고 南方敗軍의 影響이 軍士腦裡에 深入ᄒ야 決裂키 易ᄒ나 華盛頓이 威德으로 撫摩ᄒ야 無限忿悁의 氣를 無形에 消케 ᄒ니 其功이 何如ᄒ뇨 困難의 皮를 片片히 剝去ᄒ고 勝報가 日至ᄒ니 華盛頓의 名이 世界에 益轟ᄒ더라

【번역】당시에 지폐 가격이 하락하여 지폐 40달러로 겨우 1달러[250]를 교환할 수 있었다. 군대 식량이 너무 궁핍하여 중부 민병이 굶주림과 추위로 도주하는 자가 많았다. 남방에서 패전한 영향이 군사의 머릿속에 깊이 박혀 군대를 쉽게 떠나버렸다. 하지만 워싱턴은 위엄과 덕망으로 어루만져 끝없는 원망과 분노의 기운을 자연스럽게 사라지게 하였다. 그 공이 어떠하겠는가. 난제의 껍질을 한 조각 한 조각 벗겨내어 승전 소식이 날마다 도착하니, 워싱턴의 명성은 세계에 더욱 떠들썩하였다.

---

250) 달러: 이해조는 '金'으로 표기했고, 의춘은 '弗'로 표기하였다. 弗은 미국의 화폐 단위인 'dollar($)'의 의미이다.

【⊕ 4장 59】時紙票陡跌。四十金之票。止能兌取一金。軍餉由是大絀。中部民兵一屆冬時。飢凍欲死。挺而走險者所在皆是。雖慰藉之無益也。而南方敗軍之影響。又深入軍士腦際。使他人處之。其能幸免決裂者希矣。華盛頓以半生之威德。噢咻撫摩。卒使無限忿悁之氣。消於無形。功亦偉矣。今也困難之皮。片片剝去。勝報鰤至。拓地日多。華盛頓之名。由此益轟於世界。

【번역】당시에 지폐 가격이 갑자기 하락하여 지폐 40달러로 겨우 1달러만 교환할 수 있었다. 군대 식량이 이로 말미암아 너무 부족하였다. 중부 민병은 겨울철이 닥치자 굶주림과 추위에 죽을 지경이라 이판사판으로 행동하는 자들이 도처에 수두룩하였다. 비록 그들을 위로하더라도 도움이 되지 못했고, 남방의 패전한 영향이 또 군사의 머릿속에 깊이 박혔다. 다른 사람이 이 일을 맡았던들 요행으로 군대를 버리지 않도록 만드는 것은 어려웠을 것이다. 워싱턴은 반평생 위엄과 덕망으로 병사들을 붙잡아 일으키고 어루만져 마침내 끝없는 원망과 분노의 기운을 티가 나지 않도록 사라지게 하였다. 공 또한 위대하구나. 지금 난제의 껍질을 한 조각 한 조각 벗겨내어 승전 소식이 많이 이르고[251] 영토를 확장하는 일이 날로 많아졌다. 워싱턴의 명성이 이로 말미암아 세계에 더욱 떠들썩하였다.

---

251) 많이 이르고: 승전보가 '많이 이르다'라는 표현을 3국이 각각 다르게 표현했다. 이해조는 '날마다 도착하다〔日至〕'라고 했고, 정금은 '붕어처럼 많이 도착하다〔鰤至〕'라고 했으며, 의춘은 '빗살〔櫛の齒〕처럼 많다'라고 표현했다.

【(韓) 4장 60】一七八一年에 華盛頓이 外으로 紐約을 攻擊흔다 ᄒ
고 가만이 南下ᄒ야 英軍을 大破ᄒ고 法艦長과 相議ᄒ야 漁泰溫
을 進拔ᄒ니 漁泰溫은 南方에 要鎭이오 英軍의 依巢흔 處라 英將
이 能支치 못ᄒ야 軍前에 降ᄒ니 殖民地人民이 趾高氣揚흘 時에
漁泰溫捷報를 又聞흠이 其歡慰ㅣ 萬狀이라 往事를 回憶흠이 感
極의 涕를 不禁ᄒ리로다

【번역】1781년 워싱턴이 겉으로는 뉴욕을 공격하는 척하다가 몰래
남쪽으로 내려가 영군을 크게 격파하고[252], 프랑스 함장과 상의하여
요크타운漁泰溫[253]으로 진격하여 빼앗았다. 요크타운은 남쪽 요해지
에 있는 병영으로 영군이 의지하던 본거지다. 영군 장군이 버티지 못
하고 군대 앞에서 항복하였다. 식민지 인민이 발을 높이 올리어 걸으
며 의기양양할 때 요크타운의 승전보를 또 듣고 그 기쁨과 위안이 극
에 달하였다. 지나간 일을 돌이켜 생각하니 몹시 감격하여 눈물을 흘
리는 것을 금할 수가 없다.

---

252) 영군을 격파하고: 1781년 9월 5일에 벌어진 체서피크 만 해전(Battle of the
Chesapeake)을 말한다. 이 전투는 체서피크 만 입구에서 해군 소장 토마스 그레
이브스가 이끄는 영국 해군과 프랑스의 해군 소장 프랑스와 드 그라스가 이끄는
프랑스 해군 사이에 벌어졌다. 이 전투는 전술적으로는 영국이 1척이 침몰당하
고 2척이 파손당한 심각한 패배는 아니었지만, 전략적으로는 요새에 고립된 육
군을 구원하지 못한 영국 해군의 뼈아픈 패배로 끝났다.

253) 요크타운漁泰溫: 미국 버지니아주 남동부 도신인 요크타운(Yorktown)을 말한다.
이곳에서 1781년에 일어난 요크타운 전투(Battle of Yorktown, 1781. 9. 28~10.
9)는 미국 독립 전쟁을 사실상 종결시킨 결정적인 전투로 알려져 있다. 콘월리스
장군 휘하의 영국군의 남부 주력 부대가 이곳에서 포위되어 항복함으로써 독립
전쟁에서 미국의 승리가 확실해졌는데, 그 후부터 역사상 중요한 장소가 되었다.

【⊕ 4장 60】千七百八十一年。華盛頓陽爲攻擊紐約。陰則南下襲敵。蓋是時敵軍多集南方。破之敵軍將無立足地。故聲東擊西。揚言某日攻紐約。潛引輕騎直擣巴基尼亞。九月十四日。達維里亞勃。與法國艦長相見。時法艦群泊於旭撒比克。乃議聯軍進拔漁泰溫。漁泰溫者。南方之要鎮。英軍倚爲巢窟者也。英將不能支。降於軍前。鉅艦利器。悉入美軍手。由是紐約孤城。遂爲英軍一息殘喘所託之地。殖民地人民時已趾高氣揚。如飲醍醐。及聞漁泰溫旣下。益歡慰萬狀。回首往事。不禁感極而涕已。

【번역】1781년 워싱턴이 뉴욕을 공격하는 척하다가 몰래 남쪽으로 내려가 적군을 크게 격파하였다. 이때 적군은 주로 남쪽에 많이 모여 있기에 적군을 격파하여 장차 발 디딜 땅이 없게 하려고 했다. 그러므로 성동격서聲東擊西 전술로 '아무 날에 뉴욕을 공격한다'라고 떠벌리고, 몰래 날랜 기병을 이끌고 곧장 버지니아로 처들어갔다. 9월 14일에 윌리엄즈버그에 도착하여 프랑스 함장과 만났다. 당시 프랑스 함대 군단은 체서피크旭撒比克[254]에 정박하였다. 이에 군대를 연합하여 요크타운으로 진격하여 빼앗자고 의논하였다. 요크타운은 남쪽 요해지에 있는 병영으로 영군이 의지하던 본거지다. 영군 장군이 버티지 못하고 군대 앞에서 항복하였다. 큰 전함과 예리한 무기는 모두 미군의 손에 들어갔다. 이 때문에 고립된 성 뉴욕은 마침내 영군이 잠시 얼마 남지 않은 목숨을 의탁하는 곳이 되어버렸다. 식민지 인민은 당시 이미 발을 높이 올려 걸으며 의기양양하여 마치 제호醍醐[255]를 마

---

254) 체서피크旭撒比克: 미국 동쪽 메릴랜드주와 버지니아주에 걸쳐있는 체서피크 만(Chesapeake Bay)을 말한다.
255) 제호醍醐: 우유牛乳에 갈분葛粉이나 쌀가루를 타서 미음처럼 쑨 타락죽酪粥으로, 최상의 진미를 말한다. 불가에서는 '제호관정醍醐灌頂'이라는 말이 있는데,

신 듯하였고, 요크타운이 이미 함락했다는 소식을 들음에 이르러 더욱 기뻐하고 위안됨이 극에 달하였다. 지나간 일을 돌이켜 생각하니 몹시 감격함을 금할 수 없어 눈물을 흘릴 뿐이다.

'제호를 정수리에 붓다'라는 뜻으로 모든 번뇌가 사라지고 정신이 상쾌해지는 것을 비유하는 말로 쓰인다.

제5장: 북미합중국의 독립과 대통령

〔北美合衆國之獨立及大統領〕

1789년 4월 30일, 워싱턴이 대통령으로 임명받고 버넌에서 뉴욕에 이를 때 구경꾼들이 담장처럼 에워싸서 승리하고 돌아오는 것만 같았다. 워싱턴은 법장法場에 들어가 엄숙하게 맹세한 뒤에 말하였다. "앞으로 모든 일을 도의에 부합한 뒤에 시행할 것이니, 원하옵건대 하느님께서는 복을 내려 그 직책에 적합하게 해주십시오.

【韓 5장 1】漁泰溫을 陷落흔 後에 大功을 已成ᄒ나 競爭主義ᄂ 尙此未熄이라 故로 華盛頓이 罷戰의 議를 力排ᄒ고 鼇鐵謔에 各 州代表者를 訪ᄒ야 言ᄒ듸 全土를 肅淸코져 홀진된 獨立의 約을 累*흔 然後에야 我民이 無事를 始得ᄒ리라 ᄒ더니 於是에 兩國使 臣이 法都巴黎에서 締約ᄒ야 美國殖民地獨立을 許ᄒ니 此報가 美國에 達흠이 市民이 羣集ᄒ고 鼇鐵謔公會堂에 火光이 旦에 達 ᄒ야 家家祝賀ᄒ니 此後로 美洲十三州獨立이 永遠흔지라 華盛頓 의 半生心願을 一日에 獲償ᄒ니 其快ㅣ 何如오

* 証 이해조: 訂 정금

【번역】요크타운을 함락한 뒤에 큰 공을 이미 이루었지만 싸워서 이기려는 의지는 오히려 이렇게 식지 않았다. 그러므로 워싱턴이 종전의 의논을 극력 배척하고 필라델피아에서 각 주의 대표자를 방문하여 말하였다. "온 국토를 깨끗이 하고 독립 조약을 정한 뒤에야 우리 국민이 무사함을 비로소 얻을 수 있다." 이에 두 나라 사신이 프랑스 수도 파리에서 조약을 맺어 미국의 식민지 독립을 허락하였다. 이 소식이 미국에 도달함에 시민은 무리지어 모였고, 필라델피아 공회당의 불빛은 아침까지 이어져 집마다 축하하였다. 이 뒤로 아메리카 13개주 독립은 오래도록 변함없이 지속되었다. 워싱턴의 반평생 염원이 그날에 보상을 받았으니, 그 즐거움이 어떠하겠는가.

【⊕ 5장 1】漁泰溫陷後。雖大功已成。而競爭主義。尚未以此而熄。故罷戰之議。華盛頓力排其非。馳詣塞鐵譴。訪各州代表者。言罷戰之非計。必全土肅清。遣使於英。訂獨立之約。我民始得安枕無事。旣而英國許之。兩國使臣會於法都巴黎。締約以和。明許美國殖民地獨立。此報之達於美國殖民地也。市民羣集街衢。塞鐵譴公會堂之鐘聲。鏗然而鳴。火光達旦。家家稱祝。亞美利加十三州獨立。自此永遠獨立。華盛頓半生心願。一旦獲償。快何如之。

【번역】요크타운을 함락한 뒤에 비록 큰 공이 이미 이루어졌으나 싸우려는 의지는 오히려 이처럼 식지 않았다. 그러므로 종전의 의논에 대해 워싱턴은 그것이 잘못되었음을 극력 배척하였다. 워싱턴은 필라델피아로 빨리 나아가서 각 주의 대표자를 찾아 말하였다. "종전은 그른 계책이다. 반드시 온 국토를 깨끗하게 하고 영국에 사신을 보내어 독립 조약을 정해야 우리 국민이 비로소 아무 일 없이 편안히 잠을 잘 것이다." 이윽고 영국이 이것을 약속하였다. 두 나라 사신이 프랑스 수도 파리에 모여 강화 조약을 맺고 미국의 식민지 독립을 분명하게 약속하였다. 이 소식이 미국 식민지에 도달함에 시민은 거리에 무리지어 모였고, 필라델피아 공회당의 종소리는 맑게 울렸으며, 불빛은 아침까지 이어져 집집마다 찬양하고 축하하였다. 아메리카 13개 주는 이로부터 영원히 독립하였다. 워싱턴의 반평생 염원이 하루아침에 보상을 받았으니, 즐거움이 어떠하겠는가.

【㉔ 5장 2】嗚呼라 狡免ㅣ 死ᄒᆞᆷ이 走狗ㅣ 烹ᄒᆞ고 飛鳥ㅣ 盡ᄒᆞᆷ이
良弓이 藏ᄒᆞ도다 國家獨立의 成敗가 軍隊掌中에 一係ᄒᆞᆫ 則議會
가 戰戰兢兢ᄒᆞ야 其歡心을 失ᄒᆞᆯ가 恐ᄒᆞ더니 戰事ㅣ 旣罷에 昔日
勞苦를 頓忘ᄒᆞ고 功賞이 無ᄒᆞ니 將士ㅣ 不平ᄒᆞ야 亂勢ㅣ 將作이
라 時에 華盛頓이 暇를 得ᄒᆞ야 營寨를 離ᄒᆞᆺ더니 此報를 聞ᄒᆞ고
急往鎭壓ᄒᆞ더라

【번역】아! 약삭빠른 토끼가 죽으면 사냥개는 삶아지고, 나는 새가 다
떨어지면 좋은 활은 감춰둔다. 국가 독립의 성패가 군대 손바닥에 모
두 놓여 있으니, 의회는 전전긍긍하여 그 환심을 잃을까 걱정했었다.
전쟁에 관한 일이 끝나자 예전의 노고를 그냥 잊고 공과 상을 인정하
지 않으니, 장교와 사병이 불평하여 혼란한 사태가 장차 일어나려 하
였다. 당시 휴가를 얻어 병영을 떠나있었던 워싱턴이 이 소식을 듣고
급히 가서 진정시켰다.

【㊥5장 2】嗚呼。狡兔死。走狗烹。飛鳥盡。良弓藏。當國家獨立之成敗。一繫乎軍隊掌中。則聯邦議會戰戰兢兢。常恐失其歡心。及戰事既罷。頓忘昔日勞苦。不復論功行賞。將士恨之。不平之聲。勃起於軍。適華盛頓賜暇離營。聞之急往鎭壓。

【번역】아! 약삭빠른 토끼가 죽으면 사냥개는 삶아지고, 나는 새가 다 떨어지면 좋은 활은 감춰둔다. 당시 국가 독립의 성패가 군대 손바닥에 모두 달려 있으니, 연방의회는 전전긍긍하여 그 환심을 잃을까 항상 걱정했었다. 전쟁이 끝나자 예전의 노고를 갑자기 잊고 더 이상 논공행상하지 않았다. 장교와 사병이 이를 한스럽게 생각하여 불평의 소리가 군대에서 불쑥 일어났다. 마침 워싱턴은 휴가를 얻어 병영을 떠나있었다가, 이 소식을 듣고 급히 가서 진정시켰다.

【㊠5장 3】然、將士의 不平이 益甚ᄒ야 議會를 彈劾코져 ᄒ야 華盛頓에게 訴ᄒ거늘 華盛頓이 毅然히 拒絶ᄒ고 且曉曰軍隊ᄂᆫ 國民自由를 爲ᄒ야 戰홈이오 議會ᄂᆫ 國民自由를 爲ᄒ야 代表ᄒᆫ 者인 則範圍를 相越치 아니ᄒᆫ 故로 軍隊ᄂᆫ 議會命令을 服從홈이 實、不易의 理라 諸君은 勿譁ᄒ라

【번역】그러나 장교와 사병의 불평이 더욱 심하여 의회를 탄핵하고자 워싱턴에게 하소연하였다. 워싱턴이 강하게 거절하고 또 타이르며 말하였다. "군대는 국민 자유를 위하여 싸우는 것이고 의회는 국민 자유를 위하여 대표한 것이니, 범위를 서로 넘어서는 안 된다. 그러므로 군대는 의회 명령을 복종함은 진실로 바꿀 수 없는 이치이다. 여러분은 시끄럽게 하지 마라."

【㊉5장 3】然將士不平益甚。以爲聯邦議會輕視軍隊已甚。總督宜彈劾之。遂一再訴華盛頓。華盛頓毅然拒絕。且曉之曰。軍隊者爲國民自由而戰者也。議會爲己之代表。國民之自由。不應越其範圍。故軍隊服從議會命令。乃不易之理。請諸君勿譁。

【번역】 그러나 장교와 사병의 불평은 더욱 심해졌고, '연방의회가 군대를 경시하는 것이 너무 심하니 총독은 마땅히 그들을 탄핵해야 한다'라고 하였다. 마침내 거듭 워싱턴에게 하소연하였다. 워싱턴이 의연하게 거절하고 또 타이르며 말하였다. "군대란 국민 자유를 위하여 싸우는 것이고, 의회는 우리들의 대표이다. 국민의 자유는 그 범위를 넘지 않아야 한다. 그러므로 군대가 의회 명령을 복종함은 바로 바꿀 수 없는 이치이다. 청컨대 여러분은 시끄럽게 하지 마라."

【⠀韓⠀ 5장 4】將士ㅣ 益激ᄒᆞ야 曰國會ㅣ 旣如此ᄒᆞᆫ 則國會의 義務
ㅣ 安在오 ᄒᆞ고 兵士를 進ᄒᆞ야 議會를 覆ᄒᆞ려 ᄒᆞ며 華盛頓을 擁
ᄒᆞ야 王位에 登코져 ᄒᆞ니 華盛頓의 高潔ᄒᆞᆫ 心이 엇지 虛榮을 暫
負ᄒᆞ고 萬世에 貽笑코져 ᄒᆞ리오 將士를 急集ᄒᆞ야 泣喻曰 嗚呼라
我等이 一身의 幸福生命을 捨ᄒᆞ고 死力奮鬪ᄒᆞᆫ 者ᄂᆞᆫ 此無聲無臭
無影無形ᄒᆞᆫ 自由를 爲홈이라 今에 區區의 憤을 不勝ᄒᆞ야 旣得ᄒᆞᆫ
바를 復失코져 ᄒᆞ니 其淺躁ㅣ 太甚이로다 嗚呼諸君아 妻子를 別
ᄒᆞ고 父母를 離ᄒᆞ며 鋒鏑을 冒ᄒᆞ고 霜露를 犯홈은 往日의 苦ㅣ
아닌가 今日已成ᄒᆞᆫ 局을 宜自保惜이어늘 若我得我失ᄒᆞ면 神聖ᄒᆞᆫ
軍隊가 自由의 公敵과 何異ᄒᆞ리오

【번역】장교와 병사들은 더욱 격분하여 말하였다. "국회가 이미 이와
같다면 국회의 의무는 어디에 있는가?" 병사를 진군하게 하여 의회를
전복하려 하였고 워싱턴을 옹립하여 왕위에 올리고자 하였다. 워싱
턴의 고결한 마음이 어찌 헛된 영화를 잠시 누리고자 만대에 웃음거
리가 되겠는가. 장교와 병사들을 급히 모아 눈물을 흘리며 타일렀다.
"아! 우리가 자기 한 몸의 행복과 목숨을 바치고 죽을힘으로 분투한
것은 소리도 없고 냄새도 없고 그림자도 없고 형체도 없는 이 자유를
위해서이다. 지금 사소한 울분을 이기지 못하여 이미 얻은 것을 다시
잃고자 하는가. 이는 소견이 얇고 성급함이 너무 심하다. 아! 여러분,
처자식과 이별하고 부모님과 헤어지며 칼날과 화살촉을 무릅쓰고 서
리와 이슬을 맞으면서 지난날의 고통을 겪어낸 것이 아닌가. 지금 이
미 이루어진 국면을 의당 스스로 아끼고 지켜야 한다. 만약 우리가 얻
은 것을 우리가 잃는다면 거룩하고 성스러운 군대가 자유의 공적公敵
과 어찌 다르겠는가."

【⊕5장 4】將士益激。以爲旣若此則國會義務安在。遂議擧兵進覆議會。擁華盛頓爲王。然華盛頓之高潔。豈肯暫負虛榮。貽笑萬世。急集將士揮淚諭之曰。嗚呼。我等所以捨一身之幸福生命出死力而奮鬪者。爲此無聲無臭無影無形之自由耳。今也區區憤激。忍令旣得復失。毋乃淺躁太甚。嗚呼。諸君休矣。別妻子。離父母。非往日之苦耶。冒鋒鏑。犯霜露。非往日之苦耶。今日而已成之局。曾不少自護惜。必自我得之自我失之而後快。則神聖之軍隊。無異自由之公敵已。

【번역】장교와 병사들은 더욱 격분하여 '이미 이와 같다면 국회의 의무는 어디에 있는가?'라고 하였다. 마침내 병사를 일으켜 진격하여 의회를 전복하고 워싱턴을 옹립하여 왕으로 삼자고 의논하였다. 그러나 고결한 워싱턴이 어찌 헛된 영화를 잠시 누리고자 만대에 웃음거리가 되겠는가. 장교와 병사들을 급히 모아 눈물을 훔치며 타일렀다. "아! 우리가 자기 한 몸의 행복과 목숨을 바치고 죽을힘을 내어 분투하는 것은 소리도 없고 냄새도 없고 그림자도 없고 형체도 없는 이 자유를 위해서일 뿐이다. 지금 사소한 울분으로 차마 이미 얻을 것을 다시 잃는단 말인가. 이는 소견이 너무 얕고 성급한 것이 아닌가. 아! 여러분은 그만두어라. 처자식과 이별하고 부모님과 헤어지며 지난날의 고통을 겪지 않았던가. 칼날과 화살촉을 무릅쓰고 서리와 이슬을 맞으면서 지난날의 고통을 겪지 않았던가. 지금 이루어진 국면은 결코 스스로 아끼고 보호하는 것이 아니다. 기필코 우리 자신이 얻은 것을 우리 자신이 잃은 뒤에 기쁘다면 거룩하고 성스러운 군대는 자유의 공적公敵과 다름이 없다."

【韓 5장 5】 此時에 猛火沸茶와 如혼 驕兵이 此言을 聞호고 皆淚
를 流호야 罪를 謝호는지라 然、華盛頓이 訓戒홀 뿐 아니라 一面
으로 議會에 直告호야 將士의 功이 有혼 者를 厚賞호니 其事ㅣ
乃解호더라 若華盛頓이 一毫私意가 有호야 帝王의 位에 登호야
拿破崙*으로 先後相輝혼 則合衆國이 共和自立을 不得홀지라 然
則北美新自由國은 忠勇혼 士氣의 致홀 뿐 아니라 公平政治家의
賜홈이 多호도다

* 拿破崙 이해조: 拿破崙 정금

【번역】 이때 센 불에 끓는 차와 같은 통제 불능의 군대가 이 말을 듣
고 모두 눈물을 흘리며 죄를 빌었다. 그러나 워싱턴은 훈계할 뿐만 아
니라, 다른 한편으로는 의회에 직접 보고하여 장교와 병사들 중에 공
이 있는 자는 후한 상을 받게 하니, 그 일이 곧 해결되었다. 만약 워싱
턴이 조금이라도 사사로운 뜻을 가지고 임금의 자리에 올라 나폴레옹
拿破崙256)과 앞뒤로 서로 비추면서 경쟁했다면 합중국은 공화의 자립
을 얻지 못했을 것이다. 하지만 북미 신자유국은 충성스럽고 용맹한
사기로만 이루어진 것이 아니라 공평 정치가의 노력도 컸다.

256) 나폴레옹拿破崙: 프랑스의 군인·정치가(1769~1821; 재위 1804~1815)인 나폴레
옹 보나파르트(Napoléon Bonaparte)를 말한다. 그는 코르시카 섬에서 태어나 포
병 장교로 프랑스 혁명에 참가한 후 두각을 나타내어 1804년 제1통령이 됨. 나
폴레옹 법전 편수와 여러 제도의 개혁을 단행하고 그해 제위에 올랐다. 이후 유
럽 대륙을 정복하였으나 대영對英 대륙 봉쇄와 러시아 원정에 실패하여 14년 퇴
위하고 엘바 섬에 유배되었다. 이듬해 돌아와 백일 천하를 이루었으나 워털루 전
투에서 연합군에게 패하여 세인트헬레나 섬에 귀양가서 생을 마쳤다.

【⊕ 5장 5】此如火如荼之驕兵。聞此數言。皆流淚謝罪。然華盛頓不僅訓戒之也。一面直告議會。將士有功者皆賞。其事乃解。北美自由國之花旗。從此長輝於世界眼簾矣。此時華盛頓苟挾一毫私意。就帝王之位。與拿破崙後先輝映。則合衆國擾擾攘攘。數十年數百年。或且不得共和自立。然則北美新自由國之獨立。不但忠勇之士氣所致。受賜於公平之政治家者。畢竟不尠可斷言也。

【번역】차와 불처럼 뜨거운 통제 불능의 군대가 몇 마디 말을 듣고 모두 눈물을 흘리며 죄를 빌었다. 그러나 워싱턴은 그들을 훈계하는 데에 그치지 않고, 다른 한편으로는 의회에 직접 보고하여 장교와 병사들 중에 공이 있는 자는 모두 상을 주어 그 일이 곧 해결되었다. 북미 자유국가의 성조기[257])가 이로부터 세계 사람의 시야에 길이 빛났다. 이때 만약 워싱턴이 조금이라도 사사로운 뜻을 가지고 제왕의 자리에 올라 나폴레옹拿破崙과 앞뒤로 서로 비춰 어울렸다면 합중국은 혼란하여 수십 년 수백 년이 지나도 어쩌면 공화의 자립을 얻지 못했을 것이다. 따라서 북미 신자유국의 독립은 충성스럽고 용맹한 병사의 사기로만 이루어진 것이 아니고 공평 정치가의 은덕에 힘입은 바가 적지 않다고 감히 말할 수 있다.

---

257) 성조기: '花旗'는 미국 성조기星條旗의 중국식 명칭이다. 중국인들은 1784년 교역하기 위해 광저우의 처음으로 입항한 미국 상선에 꽂힌 성조기를 보고, 그 깃발을 꽃 모양으로 인식하여 '화기(花旗, flower-flag)'라 불렀다. 그로 인해 미국을 '화기국花旗國'이라고 하고, 미국 인삼을 '화기삼花旗蔘'이라고 하게 되었다.

【🇰 5장 6】一七八三年十一月二十五日은 即北美合衆國의 獨立日이라 英軍이 旣去익 紐約市義勇隊ㅣ 華盛頓을 簇擁ᄒ야 入ᄒ다 十二月四日에 將校를 大會ᄒ야 歸別의 意를 道ᄒ고 十九日에 將軍印綬를 解ᄒ니 部下에 老幼ㅣ 皆泣送ᄒ더라 華盛頓이 故鄕 培爾嫩에 歸ᄒ야 往日의 大將盛業을 渾忘ᄒ고 每晨起에 老農을 偕ᄒ야 田園에 耕홀식 且語且笑ᄒ야 日暮를 不知ᄒ더라

【번역】 1783년 11월 25일은 북미합중국이 독립한 날이다.[258] 영군이 떠난 뒤에 뉴욕시 의용대가 워싱턴을 겹겹이 둘러싸고 입성하였다. 12월 4일, 장교를 모두 모아놓고 군대를 떠나 귀향하려는 뜻을 말하였다. 19일, 장군의 인수를 풀어놓으니, 늙거나 어리거나 할 것 없이 부하 모두가 울면서 전송하였다. 워싱턴이 고향 버넌에 돌아와서는 지난날 대장의 성대한 사업을 모두 잊고, 매번 새벽에 일어나 늙은 농사꾼과 함께 전원에서 농사를 지었다. 말하다가 웃다가 날이 저무는 줄 몰랐다.

258) 1783년…날이다: 영군이 뉴욕을 떠난 날을 말한다.

【⊕ 5장 6】千七百八十三年十一月二十五日。爲北美合衆國獨立之
日。英軍旣去紐約市。義勇隊簇擁華盛頓而入。十二月四日。大會
將校。道歸別之意。十九日。解將軍印綬而去。部下無老幼皆涕泣
送之。彼之歸於故鄕培爾嫩。若忘己身曾爲大將。不堪暴君之壓制。
立救國之盛業者。晨起偕老農耕於田園。且語且笑。不知日之暮也。
田功偶暇。仍籌度公事。巴基尼亞州諸川之航路。次第疏浚。又議自
巴基尼亞馬里倫二州間浚鉢馬克河。巴基尼亞州首允之。請於馬里
倫。馬里倫州會大感動。以華盛頓退居私第。猶盡力公務若此。遂不
惜巨貲贊成之。其見信於人如此。

【번역】1783년 11월 25일은 북미합중국 독립의 날이다. 영군이 뉴욕
시를 떠난 뒤에 의용대가 워싱턴을 빼곡히 둘러싸서 입성하였다. 12
월 4일, 장교를 모두 모아놓고 군대를 떠나 귀향하려는 뜻을 말하였
다. 19일, 장군의 인수를 풀어놓고 떠나가니, 늙거나 어리거나 할 것
없이 부하 모두가 울면서 그를 전송하였다. 그가 고향 버넌에 돌아와
서는 자신이 예전에 대장이 되어 폭군의 압제를 참을 수 없어 나라를
구하는 성대한 사업을 세운 것을 잊은 듯하였다. 새벽에 일어나 늙은
농사꾼과 함께 전원에서 농사를 지었다. 말하다가 웃다가 날이 저무
는 줄 몰랐다. 농사일이 가끔 한가하면 여전히 공적인 일을 계획하였
다. 버지니아주의 여러 하천의 항로를 순차적으로 준설하였다. 또 별
도로 버지니아와 메릴랜드馬里倫 두 주 사이의 포토맥鉢馬克 강을 준설
하는 것을 의논하였다. 버지니아주가 먼저 허락하였다. 메릴랜드에 요
청하니, 메릴랜드 주의회에서 크게 감동하였다. 워싱턴은 사저에 은거
하면서도 여전히 공무에 이처럼 진력하였다. 마침내 큰 재물을 아끼
지 않고 그것을 찬성하니, 그가 이처럼 사람들에게 신임을 받았다.

【㉠ 5장 7】一七八七年에 墾鐵謊에 委員會를 開ᄒ고 盟約를 改証ᄒ며 弊政을 除袪ᄒᆯᄉᆡ 巴基尼亞州에서 華盛頓을 擧ᄒ야 代表로 送ᄒ니 華盛頓이 私念ᄒ오ᄃᆡ 戰事ㅣ 旣終에 若諸州ㅣ 各恣ᄒ면 自由盛業이 此로 從ᄒ야 凋落ᄒᆯ지라 田園의 樂을 乃捨ᄒ고 委員會에 旣至ᄒᆷ이 會長의 任을 又當ᄒ야 美國現行憲法을 撰定ᄒ니 統領의 任은 華盛頓을 舍ᄒ고 誰가 復有ᄒ리오 多數의 請을 從ᄒ야 北美開國大統領의 任을 帶ᄒ다

【번역】1787년, 필라델피아에서 위원회를 열어 맹약을 개정하고 폐정弊政을 없애고자 하였다. 버지니아 주에서 워싱턴을 천거하여 대표로 보내니, 워싱턴이 홀로 생각하였다. '전쟁에 관한 일이 끝난 뒤에 만약 여러 주가 제멋대로 하면 자유를 꽃피게 만든 위대한 사업이 이로부터 시들어 떨어질 것이다.' 워싱턴은 전원의 즐거움을 포기하고 위원회에 도착한 뒤에 회장의 직무를 또 맡아 미국의 현행 헌법을 찬정撰定259)하였다. 대통령으로 임명받을 자는 워싱턴을 빼놓고 누가 또 있으리오. 다수의 요청에 따라 북미 개국 대통령의 직무를 맡았다.

259) 찬정撰定: 작성하고 제정함.

【㊥ 5장 7】千七百八十七年。開委員會於斐鐵諟。將以商訂盟約。改削弊政。巴基尼亞州會遂擧華盛頓爲代表赴之。華盛頓私念戰事旣終。四境無憂。而若諸州已各恣其意。使自由盛業。從此凋落。則可憂方大。遂棄其田畝之樂。奉節赴會。旣至委員會以會長推之。討論之餘。草成合衆制度。美國現行憲法等皆於此撰定。而統領之任。舍華盛頓無能稱者。由是華盛頓復從多數之請。爲北美開國大統領。

【번역】1787년, 필라델피아에서 위원회를 열어 장차 맹약을 상의하여 결정하고 폐정을 개정하려고 하였다. 버지니아 주의회에서 마침내 워싱턴을 천거하여 대표로 삼고 필라델피아로 향하게 하였다. 워싱턴이 홀로 생각하였다. '전쟁에 관한 일이 끝난 뒤로 나라 안은 걱정이 없다. 그런데 만약 여러 주가 나중에 각자 제멋대로 행동하여 자유의 성대한 사업이 시들어 떨어진다면 근심할 만함이 매우 크다.' 마침내 워싱턴은 전원의 즐거움을 포기하고 신표를 받들고 위원회에 이르렀다. 위원회에 도착한 뒤에 회장으로 추대되었다. 충분히 토론을 거쳐 합중국의 제도를 창시하고, 미국의 현행 헌법 등을 모두 여기에서 찬정하였다. 대통령에 임명될 사람은 워싱턴을 빼놓고 아무도 거론할 자가 없었다. 이로 말미암아 워싱턴은 다수의 요청에 따라 북미 개국 대통령이 되었다.

【㉧ 5장 8】一七八九年四月三十日에 華盛頓이 大統領의 任을 受
ᄒ고 培爾嫩으로브터 紐約에 至홀식 一路에 觀ᄒᄂᆫ 者ㅣ 堵와 如
ᄒ고 凱旋과 如ᄒ더라 華盛頓이 法場²⁶⁰⁾*에 先入ᄒ야 嚴肅히 設
誓혼 後에 言호ᄃᆡ 此後로 凡事를 道義에 合혼 然後에 施行ᄒ리니
願皇天은 佑ᄒ사 厥職을 俾稱케 ᄒ소셔 又議會에 至ᄒ야 演說曰
今에 諸君의 推薦을 承ᄒ야 此重任을 當ᄒ나 菲躬으로 報效치 못
홀가 恐ᄒ노니 願諸君은 提挈ᄒ야 隕越을 免케 홈이 幸甚幸甚이
로다

* 法場 이해조 · 정금: 式場 의춘

【번역】1789년 4월 30일, 워싱턴이 대통령으로 임명받고 버넌에서
뉴욕에 이를 때 도중에 구경꾼들이 담장처럼 에워싸서 승리하고 돌아
오는 것만 같았다. 워싱턴은 법장法場에서 먼저 들어가 엄숙하게 맹세
한 뒤에 말하였다. "앞으로 모든 일을 도의에 부합한 뒤에 시행할 것
이니, 원하옵건대 하느님께서는 복을 내려 그 직책에 적합하게 해주
십시오." 또 의회에 이르러 연설하였다. "지금 여러분의 추천을 받아
이 중책을 맡았으나 부족한 능력으로 은혜에 보답하지 못할까 걱정
입니다. 원컨대 여러분께서 이끌어서 실패를 면한다면 매우 다행이고
매우 다행이겠습니다."

260) 法場:福山義春은 '式場'으로 표기하였다.

【⊕ 5장 8】千七百八十九年四月三十日。華盛頓受命爲大統領。自培爾嫩至紐約。一路觀者如堵。若戰之凱旋然。彼則先於法場嚴肅設誓。然後道謝忱。幷言此後一切。必揆諸道義而後施行。願天降祐。俾稱厥職。及抵議會。又演說云。今幸承諸君推薦。辱此重任。然菲躬不肖。恐不能報稱。願諸君相與提挈。 或免隕越。幸甚幸甚。

【번역】1789년 4월 30일, 워싱턴이 명을 받아 대통령이 되어 버넌에서 뉴욕에 이를 때 도중에 구경꾼들이 담장처럼 에워싸서 마치 전쟁에서 승리하고 돌아오는 것만 같았다. 워싱턴은 먼저 법장에서 엄숙하게 맹세한 뒤에 감사의 뜻을 표시하고, 아울러 말하였다. "이후로 모든 것은 도의를 헤아린 뒤에 시행할 것이니, 원하옵건대 하느님께서는 복을 내려 그 직책에 적합하게 해주십시오." 의회에 이르러 또 연설하였다. "지금 다행히 여러분의 추천을 받아 이 중책을 황송하게도 맡았으나, 어리석고 부족한 몸으로 은혜에 보답하지 못할까 걱정입니다. 원컨대 여러분께서 서로 이끌어 주어 혹 실패를 면한다면 매우 다행이고 매우 다행이겠습니다."

【韓 5장 9】先是에 華盛頓이 大統領을 受혼 後에 培爾嫩에 歸호야 母氏께 告호니 母ㅣ 泫然泣下日吾ㅣ 老且病이라 命이 朝夕에 在호니 此後는 汝를 復見치 못호리로다 然汝는 速往호야 天職을 盡호라 華盛頓이 亦涕泣호거늘 母ㅣ 華盛頓을 促送호더니 未幾에 華盛頓이 老母의 訃音을 聞호고 哀痛幾絕호는지라 及葬에 葬儀가 頗盛호고 國人이 華盛頓을 爲호야 非常혼 敬愛로 紼을 執호고 墓에 謁호는 者ㅣ 途를 塞호더라

【번역】 이에 앞서, 워싱턴이 대통령 임명을 받은 뒤에 버넌으로 돌아가서 어머니에게 아뢰었다. 어머니가 주르륵 눈물을 흘리며 말하였다. "내가 늙고 병들어 목숨이 경각에 달려 있으니, 이후로는 너를 다시 볼 수가 없겠구나. 너는 빨리 가서 마땅히 해야 할 직분을 다하거라." 워싱턴이 또 흐느껴 울자, 어머니가 워싱턴을 재촉하여 보냈다. 얼마 뒤에 워싱턴은 늙은 어머니의 부음을 듣고 애통해하다 거의 죽을 뻔하였다. 장사를 지낼 때 장례식이 자못 성대하였다. 국민 중에 워싱턴을 위하여 특별한 존경과 사랑으로 상여 끈을 잡고 묘소에 참배하는 사람이 길을 메웠다고 한다.

【⊕ 5장 9】先是華盛頓之擧爲大統領也。歸培爾嫩以告母。母泫然不樂。曰吾老且病。命在旦夕。此後恐不復見汝。然汝其速往。以盡天職。言迄。潸然淚下。華盛頓亦涕泣不能仰視。母益促之。乃去家踐任。旋罹病甚劇。輾轉牀蓐至六週日始大瘳。未幾果得老母之訃音。一慟幾絶。惟葬儀頗盛。蓋其母薄爾夫人。以華盛頓故。國人非常敬愛之。執紼謁墓者。途爲塞云。

【번역】 이에 앞서, 워싱턴은 대통령으로 추대되자 버넌으로 돌아와서 어머니에게 아뢰었다. 어머니가 눈물을 흘리며 즐거워하지 않은 채 말하였다. "내가 늙고 병들어 목숨이 경각에 달려 있으니, 이후로 너를 다시는 보지 못할까 걱정이구나. 그러나 너는 빨리 가서 마땅히 해야 할 직분을 다하거라." 어머니는 말을 마치자 주르륵 눈물을 흘렸다. 워싱턴도 눈물을 흘리며 쳐다보지 못했다. 어머니가 한층 재촉하여 마침내 집을 떠나 대통령에 취임하였다. 워싱턴은 오래지 않아 심한 병을 앓았는데, 침상에서 몸을 뒤척인 지 6주가 지나서야 비로소 깨끗하게 나았다. 얼마 뒤에 늙은 어머니의 부음을 듣고 통곡하며 거의 죽을 뻔하였다. 다만 장례식이 자못 성대하였으니, 대개 볼薄爾 부인[261]을 워싱턴으로 여겼기 때문이다. 국민이 그를 존경하고 사랑하여 상여 끈을 잡고 묘소에 참배하는 사람이 길을 메웠다고 한다.

---

261) 볼薄爾 부인: 워싱턴의 어머니인 '메리 볼 워싱턴(Mary Ball Washington, 1708~1789)'을 말한다.

【㉺ 5장 10】時에 議會에서 行政區域을 三에 分ᄒ고 大臣을 組織
홀ᄉㅣ 吉富爾氏ᄂㆍᆫ 內務大臣으로 哈彌頓氏ᄂㆍᆫ 大藏大臣으로 享利氏
*ᄂㆍᆫ 軍務大臣으로 薦定ᄒ니 三人은 才識이 贍富ᄒ고 閱歷이 夙有
ᄒㆍᆫ 者러라 蘭特爾氏ᄂㆍᆫ 軍務次官으로 村係氏**ᄂㆍᆫ 高等裁判長으로
登庸ᄒ니 於是에 行政官이 粗具ᄒ더라

＊ 享利氏 이해조: 享利氏 정금
＊＊ 村係氏 이해조: 材係氏 정금

【번역】 당시에 의회에서 행정 구역을 셋으로 나누고 대신을 조직하였
다. 제퍼슨吉富爾262)은 내무대신內務大臣263), 헤밀턴哈彌頓264)은 대장대
신大藏大臣265), 헨리享利266)는 군무대신軍務大臣으로 천거하여 정하니, 세
사람은 재주와 식견이 풍부하고 예전부터 경험을 갖춘 자였다. 랜돌
프蘭特爾는 군무차관, 제이村係267)는 고등재판장으로 등용하니, 이에 행
정 관료가 대강 갖추어졌다.

262) 제퍼슨吉富爾: 미국 독립선언문을 기초했으며 미국 제3대 대통령을 지낸 토마스
　　제퍼슨(Thomas Jefferson, 1743.4.13.~1826.7.4.)을 말한다. 제퍼슨은 조지 워싱
　　턴 대통령 아래서 초대 국무장관(1789~1793)을 맡았다. 제퍼슨과 알렉산더 해
　　밀턴은 오랫동안 국가의 재정 정책에 논쟁을 벌였는데 특히 전쟁 때 빌린 빚을
　　처리하는 일에서 마찰을 빚었다.
263) 내무대신內務大臣: 미국 연방정부의 국무장관에 해당한다.
264) 헤밀턴哈彌頓: 미국의 초대 재무장관을 지낸 알렉산더 헤밀턴(Alexander
　　Hamilton, 1757.1.11.~1804.7.12.)을 말한다.
265) 대장대신大藏大臣: 재무장관을 말하는데, 우리나라의 기획재정부 장관에 해당한
　　다. 여기서 대장대신은 일본의 행정 기관의 하나로, 재정·통화·금융에 관한 일
　　을 관장하는 대장성大藏省 장관을 말한다.
266) 헨리享利: 미국의 초대 육군장관을 지낸 헨리 녹스(Henry Knox, 1750.7.25.~
　　1806.10.25.)를 말한다.
267) 제이村係: 미국의 초대 대법원장을 지낸 존 제이(John Jay, 1745.12.23.~1829.
　　5.17.)를 말한다.

【⊕ 5장 10】時議會決議行政之區。凡分三類。而以各部大臣組織內閣。華盛頓乃擧吉富爾氏爲內務大臣。哈彌頓氏爲大藏大臣。亨利氏爲軍務大臣。三人皆才識富瞻夙有閱歷者。蘭特爾爲軍務次官。材係氏爲高等裁判長。於是行政之官粗具。如行舟然。刺篙者駕舵者鄕導者一一皆備。而後放舟中流。庶無懼焉。

【번역】 당시에 의회에서 행정 구역을 결의하여 모두 세 종류로 나누고, 각부 대신으로 내각을 조직하였다. 워싱턴은 이에 제퍼슨을 천거하여 내무대신으로 삼았고, 헤밀턴을 천거하여 대장대신으로 삼았으며, 헨리亨利를 천거하여 군무대신으로 삼았다. 세 사람은 모두 재주와 식견이 풍부하고 예전부터 경험을 갖춘 자였다. 랜돌프는 군무차관, 제이材係는 고등재판장으로 삼았다. 이에 행정 관료를 대강 갖춘 것은 배를 운항할 때처럼 한 것이다. 즉 삿대를 꽂는 자와 방향타를 조종하는 자와 향도관鄕導官[268)]을 하나하나 모두 갖춘 뒤에 배를 강 한복판에 띄우면 거의 두려움이 없는 것과 같은 것이다.

---

268) 향도관鄕導官: 군대를 인솔해 갈 때 길을 인도하는 관원.

【㉻ 5장 11】哈彌頓氏ㅣ 內閣에 登庸흠이 財政을 整理코져 ᄒ야 酒稅를 創始ᄒ니 諸大臣이 皆反對ᄒ고 一時莠言이 紛起호ᄃᆡ 華盛頓이 其議를 採用ᄒ니 州民의 抵抗이 甚劇이라 兵力으로 抑壓 흠에 至호ᄃᆡ 國內가 華盛頓을 愛ᄒᄂᆫ 故로 民情이 稍安ᄒ더라

【번역】헤밀턴이 내각에 등용됨에 재정을 수습하고자 주세酒稅를 처음으로 도입하였다. 여러 대신이 모두 반대하였고 나쁜 말이 난무하였다. 워싱턴이 헤밀턴의 의견을 채택하여 쓰니, 주州 시민들의 저항이 매우 컸다. 병력으로 제압하였음에도 나라 안이 워싱턴을 좋아하였기에 민심은 점차 안정되었다.

【⊕ 5장 11】哈彌頓氏旣備職內閣。於財政上大有所盡。如資本制造酒稅皆其創始。頗爲適當。而內務大臣以下。皆梗議與之反對。一時謗言紛起。幸華盛頓始終韙其議。乃採用焉。造酒稅之初行于巴基尼亞也。州民抗拒甚力。至以兵力抑之。然國內愛慕華盛頓之情。仍不因此稍減。華盛頓亦幸矣哉。

【번역】헤밀턴이 내각에서 직무를 맡은 뒤에는 재정에 크게 힘을 쏟았다. 자본제資本制[269]와 조주세造酒稅[270]와 같은 것은 모두 그가 새로 만든 것이다. 자못 적당하였지만 내무 대신 이하는 모두 의견을 저지하며 더불어 반대하였다. 일시에 나쁜 말이 난무하였다. 다행히 워싱턴이 시종 그의 의견을 옳다고 여기고 곧 채택하여 썼다. 조주세가 처음 버지니아에서 시행될 때 주민의 저항이 매우 심하여 병력으로 억압하는 데 이르렀다. 나라 안에서 워싱턴을 사모하는 정은 그래도 이것 때문에 조금도 줄어들지 않았다. 워싱턴 또한 다행이다.

---

269) 자본제資本制: 사유 재산 제도를 기반으로 영리 추구를 목적으로 하는 경제 체제.
270) 조주세造酒稅: 술을 만드는 주조장에서 술의 출고량에 따라 매기던 소비세. 주조세酒造稅.

【🇰🇷 5장 12】此後론 哈彌頓吉富爾兩人이 每事를 互相反對ᄒᆞ야 牴牾*가 益甚ᄒᆞ니 華盛頓의 兩慰홈을 不聽ᄒᆞ고 儼然히 私交의 敵이 되더라 大臣黨爭이 甚劇ᄒᆞ고 各州國體**가 不固라 華盛頓이 一身의 希望을 誓棄코져 ᄒᆞ더니 適四年에 任滿이라 公擧續任ᄒᆞ니 一七九三年三月四日에 大統領職을 復受ᄒᆞ다

* 牴悟 이해조: 牴牾 독도 수정
** 國軆 이해조: 團軆 정금

【번역】이후로 헤밀턴과 제퍼슨 두 사람은 매사를 서로 반대하여 충돌이 더욱 잦아졌다. 워싱턴이 양쪽을 달랬지만 듣지 않았고, 드러내 놓고 사적으로 적이 되었다. 대신의 당쟁이 매우 심하였고, 주州 간의 단합이 견고하지 않았다. 워싱턴이 일신의 소망을 포기할 것을 결심하였다. 마침 대통령직을 수행한 지 4년이 되어 임기가 끝났다. 다 함께 추대하여 임기를 지속하게 되었다. 1793년 3월 4일에 대통령직을 다시 수행하였다.

【⊕ 5장 12】然哈彌頓吉富爾二人。從此遇事反對。牴牾益甚。華盛頓兩慰之。不聽。此柄彼鑿。儼然私交之敵矣。大臣黨派之爭如此。各州團體之不固又如彼。華盛頓憂心如焚。誓棄一身之希望。盡力國是焉。適四年任滿。公擧續任。乃不復辭。千七百九十三年三月四日。又就大統領之職。

【번역】하지만 헤밀턴과 제퍼슨 두 사람은 이로부터 일이 생길 때마다 반대하여 충돌이 더욱 심하였다. 워싱턴이 양쪽을 달랬지만 듣지 않았다. 이 사람과 저 사람은 네모난 자루에 둥근 구멍[271]과 같아서 엄연하게 개인 간의 적이 되었다. 대신의 당파 싸움이 이와 같고, 각 주의 단합이 견고하지 않음이 저와 같았다. 워싱턴은 근심으로 애가 탔다. 일신의 소망을 포기할 것을 다짐하고 국시國是[272]에 진력하였다. 마침 대통령직을 수행한 지 4년이 되어 임기가 끝났다. 다 함께 추대하여 임기를 지속하게 되어 더 이상 사양하지 않았다. 1793년 3월 4일에 또 대통령직에 취임하였다.

---

271) 네모난 자루에 둥근 구멍: '枘鑿(예조)'는 '네모난 자루에 둥근 구멍[方枘圓鑿]'이라는 뜻으로, 사물이 서로 맞지 않음을 이르는 말이다.
272) 국시國是: 국가 이념이나 국가 정책의 기본 방침.

【⊕ 5장 13】不意에 天公이 難을 作ᄒ야 內治가 未成ᄒ고 外交가 又至ᄒ니 時에 西北土蠻이 侵入ᄒ고 佛蘭西난 共和政治를 組織ᄒᆯ시 英國과 釁이 有ᄒ거늘 美國人民이 法人의 助己ᄒᆫ 同情을 表ᄒ야 攻守同盟을 結코져 ᄒ듸 華盛頓이 局外中立을 主ᄒ야 曰 人이 自由를 愛홈에는 同情이 固有ᄒ나 然、一時에 任俠으로 國家의 危亂을 致홈은 不取ᄒ노니 我의 安全ᄒᆫ 合衆國으로 人言에 惑지 말지어다

【번역】 생각지도 않게 하느님이 난을 일으켜서 내치가 완성되지 못하고 외교 문제가 또 발생하였다. 당시에 서북쪽의 원주민이 침입하고 프랑스는 공화정치를 조직하여 영국과 틈이 생겼다. 미국 인민은 프랑스 사람이 자신을 도와준 것에 동정을 나타내며 공수동맹攻守同盟[273]을 체결하고자 하였다. 워싱턴이 국외중립局外中立[274]을 주장하였다. "사람이 자유를 사랑함에는 동정이 진실로 중요하나, 일시의 의협심으로 국가를 위급하게 하고 분열되게 해서는 안 된다. 우리의 안전한 합중국은 다른 사람의 말에 유혹되지 말라."

273) 공수동맹攻守同盟: 둘 이상의 나라가 제삼국의 공격에 대하여 공동으로 방어, 공격한다는 취지로 체결한 동맹 조약.
274) 국외중립局外中立: 교전국의 어느 쪽도 편들지 않고 평화적 관계를 유지하는 상태에 있는 일.

【⊕ 5장 13】不意天公作難。內治未成。外交又至。時西北國境有土蠻侵入。適佛蘭西組織共和政體。與英國有釁。美國人民以其曾爲己助。表同情焉。欲政府與結攻守同盟。華盛頓則主局外中立。謂人愛自由。固有同情。然一時之任俠。致國家危亂。所不取也。我安全幸福之合衆國。其勿惑於人言。

【번역】 생각지도 않게 하느님이 난을 일으켜서 내치가 완성되지 못하고 외교 문제가 또 생겼다. 당시에 서북 국경에 원주민이 침입하고, 마침 프랑스는 공화정의 정체政體를 조직하여 영국과 틈이 생겼다. 미국 인민은 프랑스 사람이 일찍이 자신을 위해 도와준 것 때문에 동정하고 정부가 그들과 공수동맹을 체결하기를 희망하였다. 워싱턴은 국외 중립을 주장하였다. "사람이 자유를 사랑함에는 동정이 진실로 중요하나, 일시의 의협심으로 국가를 위란에 이르게 해서는 안 된다. 우리의 안전하고 행복한 합중국은 다른 사람의 말에 유혹되지 말라."

【㉿ 5장 14】法國公使葛那氏ㅣ 民心을 煽動ㅎ야 合衆國灣에 軍實을 滿載ㅎ고 大統領의 允否는 不問ㅎ는지라 國民이 大憤ㅎ야 聯法黨을 攻ㅎ니 法公使ㅣ 遂逃去ㅎ다 盖國民精神이 華盛頓一身上에 注ㅎ야 是非를 復作지 아니 ㅎ니 幼稚흔 共和國이 永遠히 中立을 得ㅎ도다

【번역】프랑스 공사 제닛葛那[275]이 민심을 선동하였고, 합중국 항만에서 군수용품을 가득 실으면서도 대통령의 승낙 여부를 묻지 않았다. 국민이 크게 격분하여 프랑스와 깊은 관계를 맺고 있는 당[276]을 공격하니 프랑스 공사가 마침내 도망갔다. 대개 국민정신이 워싱턴 한 몸에 집중하여 시빗거리를 다시 만들지 않으니, 미숙한 공화국이 영원히 중립을 얻었다.

---

275) 제닛葛那: 1793부터 1794년까지 프랑스 공화국의 첫 번째 미국 공사(대사)로 활동했던 에드먼드 찰스 제닛(Edmond Charles Genêt)을 말한다.
276) 프랑스와…당: 미국의 '공화당'을 말한다.

【⊕ 5장 14】拒絶之便。法國公使葛那氏旣不得請。乃白其狀於人民。陰以煽動之。且擅於合衆國灣前以軍艦滿載軍實。大統領之允否。不復聞也。於是國民大憤。聯法黨見其暴狀。亦不能默視。攻難備至。法公使遂乘舟疾遁。蓋國民之精神。皆注華盛頓一人之身已久。不復自成是非。由是幼稚之共和國永遠得中立矣。

【번역】 거절의 소식에 프랑스 공사 제닛은 요청하지 않고 바로 인민에게 그 상황을 설명하고 몰래 선동하였을 뿐만 아니라, 마음대로 합중국 항만 앞에서 군함에 군수용품을 가득 실으면서도 대통령의 승낙 여부를 더 이상 듣지 않았다. 이에 국민은 크게 격분하였고, 프랑스와 깊은 관련이 있는 당도 그 흉악한 상황을 보고 역시 잠자코 눈여겨볼 수만 없었다. 비난이 극에 이르자 프랑스 공사가 마침내 배를 타고 재빨리 달아났다. 국민정신이 모두 워싱턴 한 사람의 몸에 집중한 지 이미 오래되어 다시는 자진하여 시빗거리를 만들지 않았다. 이로부터 미숙한 공화국이 영원히 중립을 얻었다.

제6장: 워싱턴의 은거와 인물평
〔華盛頓之高蹈及人物〕

"망언으로 남을 속이는 것은 선현께서 경계한 것이다." 감히 숨기지 않고 아버지 곁에 꿇어앉아 그 전말을 아뢰었다. 아버지는 워싱턴이 스스로 숨기지 않음을 보고 크게 기특하게 여기며 말했다. "나는 앵두나무 천 그루를 잃을지언정 너의 정직은 잃지 않겠다."

【⑱6장 1】華盛頓이 第二次任期將滿에 黨派의 爭이 益烈이라 哈彌頓이 得已치 못ᄒ야 內閣에 退出ᄒ되 華盛頓의 主義ᄂ 不變ᄒ니 吉富爾黨은 華盛頓이 敵黨의게 所惑될ᄭ 疑ᄒ야 哈彌頓을 益攻ᄒᆯ시 敵의 是ᄂ 非라 ᄒ고 敵의 非ᄂ 是라 ᄒ야 每事反對에 宿憤을 洩ᄒ거늘

【번역】워싱턴의 두 번째 임기가 끝나려 할 때 당파 싸움이 더욱 치열해졌다. 헤밀턴이 어쩔 수 없이 내각에서 물러났지만, 워싱턴의 일정한 방침은 변하지 않았다. 제퍼슨 당은 워싱턴이 반대당에게 현혹될까 의심하여 헤밀턴을 더욱 공격하였는데, '적의 옳은 것은 그르고 적의 그른 것은 옳다'라고 하며 매사를 반대함에 오래전부터 쌓인 울분을 쏟았다.

【⊕ 6장 1】華盛頓第二次任期將終。黨派之爭益烈。哈彌頓不得已退出內閣。而華盛頓仍不變主義。吉富爾黨疑爲敵黨所惑。益擊哈彌頓。蓋黨派之爭。始也未嘗不持之有故。而一遇阻力。漸各異其意。務求一時之勝。敵之所是。我必非之。我之所是。敵必非之。不必有一定之是非也。惟遇事反對。以洩宿憤而已。

【번역】워싱턴의 두 번째 임기가 끝나려 할 때 당파 싸움이 더욱 치열해졌다. 헤밀턴이 어쩔 수 없이 내각에서 물러났지만, 워싱턴은 여전히 한번 정한 방침을 바꾸지 않았다. 제퍼슨 당은 워싱턴이 반대당에게 현혹될까 의심하여 헤밀턴을 더욱 공격하였다. 대개 당파 싸움의 초기에는 그렇게 주장할 수밖에 없는 명분이 있었는데, 일단 반대에 부딪치면 그 뜻을 점차 각각 다르게 하여 잠깐의 이기는 데에만 힘썼다. 그래서 상대방이 옳다고 하는 것을 우리는 언제나 그르다고 하고 우리가 옳다고 하는 것을 상대방은 언제나 그르다고 하니, 시비를 가리는 일정한 규칙이 없었다. 다만 일을 처리할 때마다 반대하여 오래 전부터 쌓인 울분을 쏟을 뿐이었다.

【🇰🇷 6장 2】華盛頓이 救홀 策이 無ᄒᆞ야 急流勇退를 圖ᄒᆞ야 敵鋒을 避코져 ᄒᆞ며 且年力이 漸衰ᄒᆞ야 大統領位에 永居ᄒᆞ면 共和自由의 本義가 아니라 于是에 退隱의 志가 益堅ᄒᆞ야 一七九三年九月에 國民을 別ᄒᆞ고 施政의 方針을 言ᄒᆞ니 其愛情이 言表에 溢ᄒᆞ더라

【번역】워싱턴이 구원할 방책이 없어 과감하게 물러날 것을 도모하여 적의 예봉을 피하고자 하였다. 게다가 나이와 정력이 점차 쇠하여 대통령 자리에 영원히 있으면 공화 자유의 본의가 아니었다. 이에 은퇴하려는 뜻이 더욱 굳어져 1793년 9월에 국민과 작별하고, 정치를 시행하는 방침을 말하니 그 애정이 말 너머로 흘러넘쳤다.

【⊕6장 2】此時也。有救之之策焉。急流勇退。謹避敵鋒而已。華
盛頓知之。以爲今之時局。暫如彼等所求。亦無不可。己亦年力就
衰。永居大統領之職。終非共和自由之本意。于是退隱之志益決。
千七百九十三年九月。留別國民。幷示今後施政之方針。愛國之情。
溢於言表。歐美人士。至今猶嘖嘖稱之。

【번역】이때 워싱턴은 해결할 방책이 있었는데 과감하게 물러나 적의
날카로운 공격을 조심하여 피할 따름이었다. 워싱턴은 이를 알고 다
음과 같이 생각하였다. '지금 시국은 당분간 저들이 요구하는 것과 같
이 틀린 것이 아니다. 하지만 나 또한 나이와 정력이 쇠하여 대통령
직책을 영원히 맡으면 결국 공화 자유의 본의가 아니다.' 이에 은퇴하
려는 뜻이 더욱 굳어졌다. 1793년 9월에 국민과 작별하고, 아울러 지
금 이후의 정치를 시행하는 방침을 일러주었다. 나라를 사랑하는 마
음이 언외에 흘러넘쳤다. 구미의 명망 있는 사람들은 지금도 아직도
아쉬움에 혀를 차며 칭찬한다.

【🇰🇷 6장 3】新任大統領亞達密이 旣代호이 培爾嫩故里에 歸隱
호야 農作을 整理호니 培爾嫩은 其伯兄曾倫斯*의 囑付호 者
라 其風景이 可愛호고 且㐁兄의 意를 感호야 永守不徙호더라
一七九八年**에 美法이 相爭홀ᄉᆡ 華盛頓이 副總督의 任을 帶호
고 哈彌頓으로 中將을 삼앗더니 戰禍가 和好에 歸호니 華盛頓이
此로 從호야 世事를 長辭호니라

* 曾倫斯 이해조: 魯倫斯 정금
** 一七八九年 이해조: 一七九八年 독도 수정

【번역】신임 대통령 애덤스가 뒤를 이으니, 워싱턴은 고향 버넌으로
돌아가서 은거하며 농사일을 갈무리하였다. 버넌은 그 맏형 로렌스가
부탁한 곳으로 그 풍경은 사로잡을 만하였고, 또한 죽은 형의 뜻에 감
동하여 그곳을 영원히 지키며 떠나지 않았다. 1798년에 미국과 프랑
스가 서로 다투자 워싱턴에게 부총독의 임무를 맡기고 헤밀턴을 중장
으로 삼자, 전쟁의 재난이 화해로 마무리되었다. 워싱턴은 이를 마지
막으로 세상일과 길이 작별하였다.

【㊉ 6장 3】新任大統領亞達密氏旣受代。彼卽歸隱培爾嫩故里。整
理農作財産。培爾嫩者自伯兄魯倫斯病歿。遺囑付華盛頓。華盛頓感
之。此風景可愛。乃居之不復他徙。千七百九十八年。美法又起釁。
美國海陸戒嚴。起華盛頓爲副總督。固辭不獲。復起應之。擧哈彌頓
爲中將。籌防禦之策。幸也戰禍將至而又未至。睚眥之怨。不必相見
疆場。而已言歸於好。然華盛頓之身。從此與世長辭矣。

【번역】신임 대통령 애덤스가 뒤를 잇자, 워싱턴은 즉시 고향 버넌으
로 돌아가서 은거하며 농사일과 재산을 수습하였다. 버넌은 자신의
맏형 로렌스가 병사할 때 워싱턴에게 유언으로 부탁한 곳이다. 워싱
턴이 감동한 데다가 이곳 풍경은 사로잡을 만하여 여기에 거주하며
다시는 다른 곳으로 이사하지 않았다. 1798년에 미국과 프랑스 사이
에 또 분쟁이 일어났다. 미국 전 지역에 계엄령을 내리고, 워싱턴을 일
으켜서 부총독으로 삼았다. 워싱턴이 고사했지만 뜻대로 되지 않고,
다시 일어나 응하였다. 헤밀턴을 뽑아 중장으로 삼고 방어의 계책을
기획하였다. 다행히 전쟁의 재난으로 이어질 뻔했지만 전쟁은 일어나
지는 않았다. 눈 한 번 흘긴 원한[277]으로 서로 싸움터에서 볼 필요
지는 없다. 얼마 뒤에 다시 사이가 좋아졌다. 하지만 워싱턴은 이로부
터 세상과 길이 작별하였다.

---

277) 눈 한 번 흘긴 원한: 아주 작은 원한을 말한다.《사기史記》권79〈범수열전范睢列
傳〉에 "밥 한 끼 먹여 준 은덕도 반드시 갚고, 눈 한 번 흘긴 원한도 반드시 보복
했다.〔一飯之德必償 睚眥之怨必報〕"라고 하였다.

【🇰🇷6장 4】一七九九年十二月十四日은 果何日고 實、千載不朽ᄒ
北美合衆國父祖華盛頓의 最後에 日이라 數日前에 感冒를 患ᄒ
야 田畝에 散步ᄒ야 淸氣를 吸ᄒ더니 喉疾이 又劇ᄒ야 乃卒ᄒ니
年이 六十八歲라 訃音이 全國에 達ᄒᆷ이 農夫ᄂ 耕作을 止ᄒ고 織
工*은 工場을 閉ᄒ고 官府ᄂ 事務를 廢ᄒ야 人民은 悲色이 有ᄒ
고 牛馬ᄂ 不鳴ᄒ야 天色이 黯淡ᄒᆫ데 悲風은 肅肅ᄒ고 吊旗ᄂ 蕭
蕭ᄒ니 嗚呼라 美國人이 慈愛의 父와 建國의 祖를 失ᄒ도다 慟哭
의 音과 追懷의 念과 感謝讚美의 辭가 全國에 洋溢ᄒ더라 全國人
民이 若干日服喪ᄒᆷ을 考妣와 如ᄒ고 培爾嫩墳塋에 葬ᄒ다

* 織工 이해조: 職工 정금

【번역】1799년 12월 14일은 과연 어떤 날인가? 실로 천추에 삭지 않
을 북미합중국의 아버지인 워싱턴의 마지막 날이다. 며칠 전에 감기
를 앓아 전원에서 산책하며 맑은 기운을 마시다가 인후병이 또 심해
져 마침내 세상을 마치니, 나이 68세였다. 부고가 전국에 전해짐에 농
부는 경작을 멈추고 직공織工은 공장을 닫았으며, 관청은 사무를 정지
하였다. 인민은 슬픈 표정을 지었고 소와 말은 울지 않았으며 하늘의
빛깔은 암담하였다. 서글픈 바람은 맹렬하고 조기弔旗는 펄럭펄럭 나
부꼈다. 아, 슬프다! 미국인은 자애로운 아버지와 건국의 시조를 잃었
도다. 통곡의 소리와 추억의 상념과 감사하고 찬미하는 말이 전국에
넘쳐흘렀다. 전국 인민이 부모가 돌아가신 것처럼 며칠 동안 상복을
입었다. 버넌의 묘지에 장사하였다.

【㊀ 6장 4】千七百九十九年十二月十四日者果何日耶。實千載不朽之英雄。北美合衆國建國之父祖華盛頓最後之日也。先是數日。華盛頓少患感冒。遂散步田畝以吸清氣。及歸。陡患喉疾甚劇。臥牀數日。又變肺炎而卒。時六十八歲也。訃之傳於全國也。農夫止耕作。職工閉工場。官府廢事務。民有悲色。牛馬不鳴。天色黯淡。悲風蕭蕭。弔旗蕭蕭。嗚呼。美國人民失慈愛之父建國之祖矣。慟哭之音。追懷之念。感謝讚美之辭。上自士官。下至婦孺。洋溢殆遍。全國民服喪若干日。如喪考妣。葬諸培爾嫩墳塋。

【번역】1799년 12월 14일은 과연 어떤 날인가? 실로 천추에 삭지 않을 영웅이며 북미합중국의 건국 아버지인 워싱턴의 마지막 날이다. 이보다 앞서 며칠 동안 감기를 조금 앓아 전원에서 산책하며 맑은 기운을 마셨다. 돌아와서 인후병을 심하게 앓아 며칠간 침상에 누웠고, 또 폐렴으로 변하여 세상을 마쳤다. 이때 나이 68세였다. 부고가 전국에 전해짐에 농부는 경작을 멈추고 공장에서 일하는 사람은 공장을 닫았으며, 관청은 사무를 정지하였다. 인민은 슬픈 기색이 있고 소와 말은 울지 않았으며 하늘의 빛깔은 암담하였다. 서글픈 바람은 맹렬하고 조기는 펄럭펄럭 나부꼈다. 아, 슬프다! 미국 인민은 자애로운 아버지와 건국의 시조를 잃었도다. 통곡의 소리와 추억의 상념과 감사하고 찬미하는 말이 위로는 장교에서부터 아래로는 아녀자에 이르기까지 거의 모든 곳에 넘쳐흘렀다. 전국 인민은 부모님이 돌아가신 것처럼 며칠 동안 상복을 입었다. 버넌의 묘지에 장사하였다.

【韓 6장 5】培爾嫩은 華盛頓府南十四里鉢馬克河右岸에 在ᄒ니
一葦라도 可航이오 陸行이라도 可抵라 每秋日이 始啓ᄒ면 天淸
氣澄ᄒᆫ 日을 擇ᄒ야 都門에 出ᄒ야 平野로 亞立散德里에 馳入ᄒ
면 寂寞街衢ㅣ 宏壯如畵ᄒ되 但石屋比隣에 炊烟이 隱約ᄒ고 足
音이 稀微ᄒ야 依然히 古代風이 有ᄒ더라

【번역】 버넌은 워싱턴시 남쪽 14마일 포토맥 강 오른쪽 기슭에 위치
한다. 한 척의 조각배로도 건널 수 있고 육로로도 닿을 수 있다. 매년
가을에 날씨가 맑은 날을 골라 수도의 성문을 나가 평야로 말을 달려
알렉산드리아亞立散德里278)에 들어가노라면 적막한 거리는 그림처럼
굉장하였다. 다만 돌집 주변에 밥 짓는 연기가 어렴풋하고 발자국 소
리가 희미하여 전과 다름없이 옛 시대의 기풍이 있었다.

---

278) 알렉산드리아亞立散德里: 미국 버지니아주 북부 알링턴 군과 페어펙스 군의 경
계 지점에 있는 시市인 알렉산드리아(Alexandria)를 말한다. 조지 워싱턴이 이곳
의 도로설계를 도왔으며 프렌치 인디언 전쟁 때 이곳에서 군인들을 훈련시켰다.
워싱턴도 알렉산드리아에 집을 한 채 갖고 있었는데 당시 읍의회에서 일했다.
조지 워싱턴 프리메이슨단 기념관에는 조지 워싱턴이 프리메이슨단 지부의 존
경받는 지부장이었던 시절의 유품들이 보관되어 있다. 그의 영지인 마운트버넌
(15km 남쪽)은 국립사적지이며 워싱턴과 그의 아내 마사의 묘가 있다.

【⊕ 6장 5】培爾嫩在華盛頓府南十四里鉢馬克河右岸。一葦可航。
陸行亦可馳抵其地。每屆秋日。天澄氣清之時。朝出都門。馳馬平
野。入亞立散德里。寂寞街衢。宏壯如畫。但見石屋比隣。蔦蘿攀
壁。炊烟隱約。足音稀微。依然古代之風焉。

【번역】버넌은 워싱턴시 남쪽 14마일 포토맥 강 오른쪽 기슭에 있으
니, 한 척의 조각배로도 건널 수 있고 육로로 가더라도 말을 달려 그
곳에 닿을 수 있다. 매년 가을철 날씨가 맑은 날 아침에 수도의 성문
을 나가 평야로 말을 달려 알렉산드리아에 들어가면 적막한 거리가
그림처럼 굉장하였다. 다만 돌집 주변에 담쟁이덩굴이 벽을 기어오르
고 밥 짓는 연기가 어렴풋하며 발자국 소리가 희미하여 전과 다름없
이 옛 시대의 기풍이 있었다.

【韓 6장 6】此로 從ᄒ야 西南四里를 行ᄒ면 一小邱가 道左에 屹
立ᄒ니 卽培爾嫩이라 華盛頓의 墳塋이 其山半腹에 在ᄒ니 瓦石
으로 製ᄒ고 前面에 鐵門이 有ᄒ야 大理石으로 額을 揭ᄒ며 左右
에 紀念碑가 有ᄒ고 棺室의 深이 丈許러라 華盛頓은 右에 在ᄒ고
夫人馬德氏는 左에 在ᄒ니 四圍에 種種香花를 殖ᄒ야 父老ㅣ 此
를 過ᄒ면 往事를 追懷ᄒ야 能去치 못ᄒ더라

【번역】이로부터 서남쪽으로 4마일을 가면 작은 언덕 하나가 길 왼쪽
에 우뚝 솟아 있으니 바로 버넌이다. 워싱턴의 묘지는 그 산의 중턱에
있다. 벽돌로 만들었고 전면에 철문이 있다. 대리석으로 상부上部를 추
켜올렸으며 좌우에 기념비가 있다. 관실棺室의 깊이는 한 길가량으로,
워싱턴은 오른쪽에 있고 부인 마사馬德[279]는 왼쪽에 있다. 주위에 갖
가지 향기로운 꽃을 심었다. 노인들이 이곳을 지날 때면 지난 일을 추
억하여 그냥 갈 수 없다고 한다.

[279) 마사馬德: 조지 워싱턴의 부인인 마사 커티스(Martha Custis)를 말한다. 앞에서는
'커티스加基斯'라고 표기했는데, 여기서는 '마사馬德'로 표기하였다.

【⊕6장 6】自此取路西南行四里許。有一小邱。屹立道左者培爾嫩也。華盛頓墳塋在岡半腹。以煉瓦石製成。前面有鐵門一。上揭大理石爲額。左右有紀念碑。棺室方丈許。華盛頓在右。夫人馬德氏在左。四圍植以種種香花。父老過此。尙追懷往事不能去云。

【번역】이로부터 길을 나서 서남쪽으로 4마일쯤 가면 작은 언덕 하나가 길 왼쪽에 우뚝 솟아 있는 것이 버넌이다. 워싱턴의 묘지는 산등성이 중턱에 있다. 벽돌로 만들었고 전면에 철문이 하나가 있다. 위는 대리석을 추켜올려 상부로 삼고 좌우에 기념비가 있다. 관실은 사방 한 길가량으로, 워싱턴은 오른쪽에 있고 부인 마사는 왼쪽에 있다. 주위에 갖가지 향기로운 꽃을 심었다. 노인들이 이곳을 지날 때면 아직도 지난 일을 추억하여 그냥 갈 수 없다고 한다.

【🇰🇷 6장 7】園中央에 弱柳數本이 有ᄒ니 盖拿破侖의 墓로브터 移植흔 者라 近世史에 大偉人은 華盛頓及拿破侖二人而已나 然、一則美國의 基礎를 建ᄒ고 一則歐洲를 席捲ᄒ야 一時雄覇ᄒ며 一則功成名遂ᄒ고 一則身敗名裂ᄒ니 其成敗는 雖殊ᄒ나 絶世의 大業은 一이라 然、同時에 相見치 못ᄒ니 엇지 不悲ᄒ리오 今에 此柳를 移植흠은 足히 生前에 相見치 못흔 二雄의 心을 憾慰ᄒ갯도다

【번역】정원 중앙에 연약한 버들 몇 그루가 있으니, 나폴레옹拿破侖의 묘지에서 이곳으로 이식한 것이다. 근세사에 큰 위인으로는 워싱턴과 나폴레옹 두 사람뿐이다. 한 사람은 미국의 기초를 세웠고, 한 사람은 유럽 대륙을 석권하고 한 시기를 제패하였다. 한 사람은 공을 세워 이름을 떨쳤고, 한 사람은 지위를 잃고 명예가 땅바닥에 떨어졌다. 성공과 실패가 비록 다르지만 독보적인 업적은 똑같다. 그러나 같은 시기에 서로 보지 못하니, 어찌 슬퍼하지 않으리오? 지금 이 버들을 옮겨다 심은 것은 생전에 서로 보지 못한 두 영웅의 마음을 유감스레 생각하고 위로하는 것이다.

【⊕6장 7】園之中央有弱柳數本。蓋自拿破崙之墓移植於此者。近世史之大偉人。華盛頓與拿破崙二人而已。一則造美國之基礎。一則席捲歐洲。雄霸一時。一則功成名遂。一則身敗名裂。成敗雖殊。其爲絶世之業一也。然不得同時相見於生前。空使拿破崙呼曰。吾自由之友去矣。豈不悲哉。今移柳植此。亦所以解生前不相見之憾。慰二雄之心耳。

【번역】 정원 중앙에 연약한 버들 몇 그루가 있다. 나폴레옹拿破崙의 묘지에서 이곳으로 이식한 것이다. 근세사의 큰 위인은 워싱턴과 나폴레옹 두 사람뿐이다. 한 사람은 미국의 기초를 만들었고, 한 사람은 유럽 대륙을 석권하고 한 시기를 제패하였다. 한 사람은 공을 세워 이름을 떨쳤고, 한 사람은 지위를 잃고 명예가 땅바닥에 떨어졌다. 성공과 실패가 비록 다르지만 그들의 독보적인 업적은 똑같다. 그러나 생전에 같은 시기를 살았음에도 서로 만나지 못하여 부질없이 나폴레옹으로 하여금 "내 자유의 벗이 떠났으니, 어찌 슬퍼하시 않으리오?"라고 부르짖게 하였다. 지금 버들을 옮겨다 이곳에 심은 것은 다만 생전에 서로 보지 못한 서운함을 풀어 두 영웅의 마음을 위로하는 것일 뿐이다.

【㘺 6장 8】今에 華盛頓으로써 拿破侖에 比較ᄒ면 其境遇가 不同
ᄒᆯ 쑨 아니라 其性質이 亦大異ᄒ도다 拿破侖은 風雲의 機會를 乘
ᄒ고 時勢의 潮流를 和*ᄒ야 己身의 光榮을 希ᄒ며 華盛頓은 逆
境에 處ᄒ야 國家를 爲ᄒ야 力을 盡ᄒ고 人民을 爲ᄒ야 心을 憚
ᄒᆯᄉᆡ 正義를 遵ᄒ고 公道를 行ᄒ며 拿破侖은 事ㅣ 不能ᄒᆯ 것이
無ᄒ다ᄂᆞᆫ 語를 服膺ᄒ야 萬障을 打破ᄒ고 華盛頓은 道가 正義에
在ᄒ다ᄂᆞᆫ 一語를 服膺ᄒ야 一身을 不顧ᄒ니

* 和 이해조: 利 정금

【번역】 지금 워싱턴을 나폴레옹에 비교하면 그 경우가 같지 않을 뿐
아니라, 그 성격 또한 크게 다르다. 나폴레옹은 풍운의 기회를 타고 시
세의 조류에 응하여 자신의 영광을 희구하였다. 워싱턴은 역경에 처
하여 국가를 위해 힘을 다하고 인민을 위해 마음을 수고롭게 하면서
도 정의를 지키고 공평한 도리를 행하였다. 나폴레옹은 '불가능한 일
은 없다'라는 말을 마음에 새겨 온갖 장애를 타파하고, 워싱턴은 '길
[道]은 정의에 있다'[280]라는 한 마디를 가슴에 새겨 자기 한 몸을 돌아
보지 않았다.

---

280) 길[道]은 정의에 있다[道在定意]: "명예, 영광, 진정한 존엄으로 가는 가장 좋고
유일한 안전한 길은 정의다.(The best and only safe road to honor, glory, and
true dignity is justice.)" Stephen Lucas, *He Quotable George Washington:
The Wisdom of an American Patriot*, Rowman & Littlefield, 1999, p.52.
한편, 이와 맥락이 유사한 말로,《맹자孟子》이루 상離婁上에, "인은 사람이 편안
히 거처할 집이요, 의는 사람이 걸어갈 바른 길이다.[仁, 人之安宅也; 義, 人之正路
也.]"라는 말이 나온다.

【⊕ 6장 8】今以華盛頓比拿破崙。不獨境遇不同。性質亦大異。拿破崙乘風雲之機會。利時勢之潮流。而希己身光榮。華盛頓處於逆境。爲國家盡力。爲人類盡力。遵正義。行公道。拿破崙服膺「事無不能」一語。打破萬障。華盛頓服膺「道在正義」一語。不顧一身。一以氣魄稱。一以博愛稱。一如風雨山谷。大海波濤。奔馳澎湃。聞者掩耳。一如春日和風。群羊*嘻嘻。碧草長堤。游人忘返。何大何小。其間豈無徑庭之存耶。

* 芋 정금: 羊 독도 수정

【번역】 지금 워싱턴을 나폴레옹에 비교하면 그 경우가 같지 않을 뿐 아니라, 그 성격 또한 크게 다르다. 나폴레옹은 풍운의 기회를 타고 시세의 조류를 이용하여 자신의 영광을 희구하였다. 워싱턴은 역경에 처하여 국가를 위해 힘을 다하고 인민을 위해 힘을 다하였으며, 정의를 지키고 공평한 도리를 행하였다. 나폴레옹은 '불가능한 일은 없다'라는 말을 마음에 새겨 온갖 장애를 타파하고, 워싱턴은 '길[道]은 정의에 있다'라는 한 마디를 가슴에 새겨 자기 한 몸을 돌아보지 않았다. 한 사람은 '기백氣魄'으로 일컬어지고, 한 사람은 '박애博愛'로 일컬어진다. 한 사람은 비바람 치는 산골짜기에 큰 바다의 파도가 내달리고 솟구치는 것과 같아서 듣는 사람은 귀를 막는다. 한 사람은 봄날의 온화한 바람에 뭇 양들이 즐거워하고 푸른 풀이 돋아난 긴 둑에 노니는 사람들이 돌아갈 것을 잊은 것과 같다. 누가 크고 누가 작은가? 그 사이에 어찌 경정徑庭[281]의 차이가 존재하지 않겠는가?

---

281) 경정徑庭: '徑'과 '逕'은 통용한다. 경逕은 문밖의 소로小路이고 정庭은 당전堂前의 마당이니, 거리가 서로 멀리 떨어진 것을 표현하는 말이다. 이 말은 본래 《장자莊子》〈소요유逍遙遊〉의 "나는 그의 말을 듣고 황하와 한수처럼 한없이 놀랐으니, 크게 사리에 맞지 않아 세상의 통념에 가깝지 않았기 때문이다.〔吾驚怖其言,

【🇰 6장 9】東西古今에 歷史를 閱컨딕 英雄이라 稱ᄒᄂᆞᆫ 者ᄂᆞᆫ 非常의 才學贍識이 必有ᄒᆞᆯ ᄲᅮᆫ 아니라 其天眞이 爛熳ᄒᆞ야 己를 不欺ᄒᆞ고 人을 不詐ᄒᆞ야 皇天이 愛ᄒᆞᆷ이 操縱의 力을 予ᄒᆞ고 擧世ㅣ 信ᄒᆞᆷ이 經綸의 任을 委ᄒᆞ니 實、華盛頓이 其人이라 其幼年엔 原質이 一凡品에 不過ᄒᆞ더니 至誠으로써 偉大의 業을 成ᄒᆞ니 此로 由ᄒᆞ야 觀ᄒᆞ면 剛毅決斷의 才와 忍耐克己의 功으로 由ᄒᆞ도다

【번역】동서고금의 역사를 훑어보건대 영웅이라고 일컫는 자는 특별한 재주와 학식과 풍부한 식견을 반드시 소유했을 뿐 아니라, 천성이 꾸밈이 없어 자기를 속이지 않고 남을 기만하지 않았다. 하늘이 그를 사랑하여 조종하는 힘을 주고 온 세상이 그를 신뢰하여 세상을 다스릴 임무를 맡겼으니, 그 사람이 바로 워싱턴이었다. 그는 어린 시절에 소질이 한낱 보통 사람에 불과하였지만, 지극한 정성으로 위대한 업적을 이루었다. 이를 놓고 볼 때 의지가 굳고 결단력 있는 능력과 인내하고 극기하는 공부로 성취한 것이다.

猶河漢而無極也, 大有逕庭, 不近人情焉.」라는 구절에 나온다.

【㊙ 6장 9】閱東西古今之歷史。所謂英雄豪傑者之生涯。其能成就大業。輝名千載者。必有非常之才學瞻識。不僅此也。其天眞爛熳。不欺己不詐人之性格。自非常人所有。至誠之靈氣。一朝煥發。奮然應事也。彼蒼愛之佑之。予之操縱之力。擧世信之。敬之。委以經綸之任。華盛頓者實如此之人也。當其幼年。愿款質愨。一凡品耳。未必爲才而悃愊至誠。遂成眞性之人物。遂立偉大之功業。由此觀之。剛毅決斷之才。舍忍耐克己之功末由矣。

【번역】동서고금의 역사에서 이른바 영웅호걸이라는 자의 생애를 훑어보면 대업을 성취하여 이름을 천 년 동안 빛나게 하는 것은 특별한 재주와 학식과 풍부한 식견을 반드시 소유하였기 때문이다. 이뿐만 아니다. 천성이 꾸밈이 없어 자기를 속이지 않고 남을 기만하지 않는 성격은 당연히 보통 사람이 소유하지 못한 것으로, 지극히 정성스러운 영묘한 기운이 하루아침에 일어나 힘차게 일을 처리한다. 그리하여 저 히늘이 사랑하고 도와서 조종하는 힘을 주고, 온 세상이 믿고 공경하여 세상을 다스릴 임무를 맡기니, 워싱턴이란 사람은 실로 이와 같은 사람이다. 그는 어린 시절에 솔직하고 진실하며 질박하고 성실하였다. 한낱 평범한 사람으로 딱히 재주가 있다고 할 수는 없었다. 하지만 정성과 지성으로 참된 성품의 인물이 되었고, 마침내 위대한 공훈과 업적을 세웠다. 이로 말미암아 보면 의지가 굳고 결단력 있는 재주로도 인내하고 극기하는 공부를 그만두면 어찌할 방도가 없다.

【🇰 6장 10】華盛頓의 一生奇節이 人口에 膾炙흔 者를 足히 贅陳 흘 빈 無호나 其幼時에 軼事를 茲에 略述호노라 一日은 其父ㅣ 一斧를 與호니 華盛頓이 甚悅호야 其鋒을 試코져 호야 庭中羣木 을 斫호다가 其父의 愛호는 바 櫻桃樹를 傷호니 翼日에 其父ㅣ 見호고 大怒호야 華盛頓을 呼호야 問호딕 華盛頓이 父의 怒흠을 見호고 自念호딕 妄言으로 人을 欺호면 先民의 戒흔 빈라 敢히 隱諱치 못호고 父傍에 跪호야 其顚末을 告호니 其父ㅣ 華盛頓의 自諱치 아니흠을 見호고 大奇호야 曰我ㅣ 櫻樹千本을 失흘지언 정 汝의 正直은 毋失호라 호고 益愛호더라

【번역】워싱턴의 한평생 뛰어난 절조가 사람들의 입에 오르내린 것을 장황하게 늘어놓을 필요는 없지만, 어린 시절의 일화를 여기에 간략히 서술한다. 어느 날, 워싱턴의 아버지가 도끼 한 자루를 주니, 워싱턴이 매우 기뻐하여 그 날카로움을 시험하고자 정원의 뭇 나무를 베다가 아버지가 아끼는 앵두나무를 상하게 하였다. 이튿날 아버지가 그것을 보고 크게 노하여 워싱턴을 불러서 물었다. 워싱턴은 아버지의 노함을 보고 스스로 생각하였다. "망언으로 남을 속이는 것은 선현께서 경계한 것이다." 감히 숨기지 않고 아버지 곁에 꿇어앉아 그 전말을 아뢰었다. 아버지는 워싱턴이 스스로 숨기지 않음을 보고 크게 기특하게 여기며 말하였다. "나는 앵두나무 천 그루를 잃을지언정 너의 정직은 잃지 않겠다." 아버지는 워싱턴을 더욱 사랑하였다.

【⊞ 6장 10】華盛頓一生奇節。膾炙人口者無待贅述。其幼時軼事。
玆略述一二。日者其父授以一斧。華盛頓悅甚。欲一試其鋒。至庭中
砍羣木。偶及櫻。然櫻固父所愛。時加拂拭者也。翼日父見之大怒。
呼華盛頓詰之。華盛頓見父怒。怖甚。片晌忽念。妄言欺人。先民所
戒。遂不敢隱。進于父傍。俯首自白顚末。其父始意華盛頓必自諱。
今乃不然。大奇之。抱而慰之曰。我寧失櫻樹千本。毋失汝之正直。
遂益愛之。

【번역】 워싱턴의 한평생 뛰어난 절조가 사람들의 입에 오르내린 것을
장황하게 늘어놓을 필요는 없다. 그의 어린 시절 일화를 여기에 간략
히 한두 가지 서술한다. 어느 날, 워싱턴의 아버지가 도끼 한 자루를
주니, 워싱턴이 매우 기뻐하여 그 날카로움을 한번 시험하고자 하였
다. 정원에 이르러 뭇 나무를 베다가 공교롭게 앵두나무까지 미치었
다. 앵두나무는 본디 아버지가 아끼던 것이었는데, 이때 모조리 베어
버렸다. 이튿날 아버지가 그것을 보고 크게 노하여 워싱턴을 불러서
물었다. 워싱턴은 아버지의 노함을 보고 두려움이 컸지만, 잠시 문득
생각하였다. "망언으로 남을 속이는 것은 선현께서 경계한 것이다." 마
침내 감히 숨기지 않고 아버지 곁에 나아가 머리를 숙이고 스스로 그
전말을 아뢰었다. 아버지는 처음에 워싱턴이 반드시 스스로 숨기리라
생각하였는데, 오히려 그렇지 않음에 매우 기특하게 여기고 워싱턴을
안아주고 위로하며 말하였다. "나는 차라리 앵두나무 천 그루를 잃을
지언정 너의 정직함은 잃지 않겠다." 마침내 아버지는 워싱턴을 더욱
사랑하였다.

【韓 6장 11】巴基尼亞地에서 測量홀 時에 友人을 伴ㅎ야 河畔農家에셔 留ㅎ더니 一日은 主家四齡童子ㅣ 忽然히 河에 墜ㅎ지라 其母ㅣ 驚甚ㅎ야 號泣ㅎ거늘 其友ㅣ 先往ㅎ야 救코져 ㅎ나 河流ㅣ 甚急ㅎ고 怪巖奇石이 往往突出ㅎ야 敢히 下救치 못ㅎ더니 華盛頓이 解衣直入ㅎ되 童子ㅣ 忽沉忽浮ㅎ야 力攫不得이라

【번역】버지니아 땅을 측량할 때, 친구와 함께 강기슭 농가에 머물렀다. 어느 날, 주인의 네 살배기 아이가 갑자기 강에 떨어졌다. 애 어머니가 매우 놀라 울부짖자 워싱턴의 친구가 먼저 가서 구하고자 하였다. 하지만 강의 흐름이 매우 세차고 기암괴석이 왕왕 돌출하여 감히 내려가서 구하지 못하였다. 워싱턴이 옷을 벗고 곧장 물에 뛰어들었다. 아이가 홀연 잠겼다 떠올랐다 하는 통에 힘썼지만 붙잡을 수 없었다.

【⊕6장 11】旣而測量於巴基尼亞州。常與伴友休于河畔農家。一日其家有四齡童子忽失足墜河。其母驚甚。號泣求救。伴友先馳至。見河流湍急如矢。怪巖奇石。所在突出。無敢下救者。母益悲呼不止。華盛頓後至。一見暗礁所在。與波流方向。卽解衣直入。而童子忽沈忽浮。力攫之卒不獲。

【번역】얼마 뒤에 버지니아주에서 측량하였는데, 친구와 함께 강기슭 농가에서 항상 쉬었다. 어느 날, 그 집 네 살배기 아이가 발을 헛디뎌 갑자기 강에 떨어졌다. 애 어머니가 매우 놀라 울부짖으며 구해주기를 바랐다. 워싱턴의 친구가 먼저 달려왔지만, 강의 물살이 화살처럼 세차고 기암괴석이 곳곳에 돌출한 것을 보고 감히 내려가서 구하지 못하였다. 어머니가 더욱 슬퍼하며 울부짖기를 그치지 않았다. 워싱턴은 뒤늦게 이르러 암초 있는 곳과 물결 방향을 언뜻 보자마자 옷을 벗고 곧바로 물로 뛰어들었다. 아이가 홀연 잠겼다 떠올랐다 하는 통에 힘써 움켜잡으려 했지만 끝내 붙잡을 수 없었다.

【韓 6장 12】自思호딕 河深이 二丈에 不過학니 童子를 不救학면 엇지 其母를 回見학리오 乃水를 飮학고 礁에 觸학야 其兒를 卒救학니 其母ㅣ 華盛頓의 手를 携학고 謝학야 曰郎君此行은 常人의 能홀 빈 아니라 他日에 皇天이 眷佑학고 萬民이 感仰홀 時가 必有학리라 학니 時에 年이 才十八이러라

【번역】워싱턴은 혼자 생각하였다. '강의 깊이가 두 길에 불과하니, 아이를 구하지 못하면 어찌 애 어머니를 다시 볼 수 있겠는가?' 이에 물을 마시고 암초에 부딪치며 그 아이를 마침내 구하였다. 애 어머니가 워싱턴의 손을 잡고 감사하며 말하였다. "젊은이의 이번 행동은 보통 사람이 할 수 있는 것이 아니오. 훗날에 하늘이 돌보고 모든 사람이 감격하여 우러러볼 때가 꼭 있을 것이오." 이때, 워싱턴의 나이가 겨우 18세였다.

【⊕ 6장 12】徐念區區一瀧。寬廣不過二丈餘耳。脫令童子無救而死。尚何面目回見其母。 馳救益力。飮水觸礁不顧也。未幾卒挾而出水。其母破涕而笑。握華盛頓手述感謝之辭曰。郎君此行。非常人所能。他日必有皇天眷佑郎君萬民感仰郎君之時乎。時華盛頓年才十八。而義勇已如此矣。

【번역】 워싱턴은 천천히 생각하였다. '시시한 여울 하나의 넓이는 두 길 남짓에 불과할 뿐이다. 만일 아이를 구원하지 못하여 죽게 한다면 또 무슨 면목으로 애 어머니를 다시 볼 수 있단 말인가?' 워싱턴은 달려가서 힘써 구하였는데, 물을 마시고 암초에 부딪치면서도 자신의 몸을 돌보지 않았다. 얼마 지나지 않아 마침내 아이를 데리고 물에서 나왔다. 애 어머니가 눈물을 거두고 웃으며 워싱턴의 손을 잡고 감사의 말을 하였다. "젊은이의 이번 행동은 보통 사람이 할 수 있는 것이 아니오. 훗날 하늘이 젊은이를 돌보고 많은 사람이 젊은이에게 감격하여 우러러볼 때가 꼭 있을 것이오." 이때 워싱턴의 나이가 겨우 18세였지만, 의로운 용기가 이미 이와 같았다.

【🏛6장 13】彼一生最完全ᄒᆞᆫ 點*은 公正目的과 純粹方法에 在ᄒᆞ
니 夫詭計ᄂᆞᆫ 政治家의 惡習이라 故로 彼의 外邦及國人을 對待ᄒᆞᆷ
이 公道에 一出ᄒᆞ고 雖智計를 用ᄒᆞ나 姦詭엔 不及ᄒᆞ더라

彼ㅣ 高位에 屢登ᄒᆞᆷ은 皆世人이 命ᄒᆞᆫ 비오 自求ᄒᆞᆫ 바ᄂᆞᆫ 아니라
彼ㅣ 自信力을 務ᄒᆞ야 其職을 盡ᄒᆞᆯ시 國의 利를 謀ᄒᆞ고 身의 利
를 不謀ᄒᆞᄂᆞᆫ지라 故로 纖毫影響이라도 其動作을 反對ᄒᆞᄂᆞᆫ 者ㅣ
無ᄒᆞ니 其謙遜ᄒᆞᆫ 性質을 可及지 못ᄒᆞᆨ도다 且人類를 能히 調和
ᄒᆞ야 人으로 ᄒᆞ야금 其光風을 浴케 ᄒᆞ더라

* 占 이해조: 點 독도 수정

【번역】그 일생에서 가장 완전한 점은 공정한 목적과 순수한 방법에
있다. 무릇 모략은 정치가의 나쁜 버릇이다. 그러므로 그는 외국과 국
민을 대함이 한결같이 바른 도리에서 나왔고, 비록 지모를 썼지만 간
사하고 기만하는 계책을 쓰는 데에는 이르지 않았다.

　그가 높은 지위에 여러 번 오른 것은 모두 세상 사람이 명령한 것이
고 스스로 구한 것은 아니다. 그는 자신을 믿는 힘을 쏟아 그 직무를
다하였으며, 나라의 이로움을 도모하였고 자신의 이로움을 추구하지
않았다. 그러므로 그 행동에 반대하는 자는 조금의 영향을 줄 수 없었
다. 그의 겸손함은 미칠 수 없었다. 또 사람들을 화합시켜 그의 맑은
바람에 목욕하게 하였다.

【⊕ 6장 13】彼一生最完全之點。在於公正之目的。在於純粹之方法。詭計者政治家之惡習。彼無之也。彼對待外邦。對待國人。一出於公道。卽用智計。亦與姦詭殊焉。彼之利慾功名戀戀不舍者。亦可薰其德而興矣。彼之屢登高位。皆世人所命。而非彼所求也。蓋彼務以自信力盡其職。謀國之利不謀身之利。故任以若何之反對攻擊。皆不能有纖毫影響于彼之動作。則以謙遜之性質莫可及也。且又能調和人類。使人有浴其光風坐于春風之思焉。

【번역】그 일생에서 가장 완전한 점은 공정한 목적과 순수한 방법에 있다. 모략은 정치가의 나쁜 버릇이다. 그에게는 없다. 그가 외국과 국민을 대하는 태도는 한결같이 바른 도리에서 나왔다. 설령 지모를 쓰더라도 간사하고 기만하는 것과는 다른 것이다. 사리사욕과 공명에 연연하여 못 버리는 반대자들도 그의 덕德에 훈도되어 함께할 수 있었다. 그가 높은 지위에 여러 번 오른 것은 모두 세상 사람이 명령한 것이고 그가 바란 것은 아니다. 대체로 그는 자신을 믿는 힘을 쏟아 직무를 다하였으며, 나라의 이로움을 도모하였고 자신의 이로움을 도모하지 않았다. 그러므로 반대하여 공격하는 어느 누구도 그의 행동에 조금의 영향도 줄 수 없었다. 그의 겸손함을 따라잡을 수는 없었다. 또 사람들을 화합시켜 그의 맑은 바람에 목욕하고 봄바람 속에 앉아있다고[282] 생각하게 하였다.

---

282) 봄바람 속에 앉다: '좌춘풍坐春風'은 인품이 온화한 선생을 모시고 가르침을 받는다는 말이다. 정호程顥의 제자 유정부游定夫가 선생 밑에 있다가 어느 날 양시楊時를 방문했는데, 양시가 어디서 왔냐고 묻자, 유정부가 "봄바람의 온화한 기운 가운데 석 달 동안 앉았다가 왔습니다."라고 대답하였다.

【㉔ 6장 14】彼美國의 大業이 皆恐懼中으로 由ᄒ야 幸福을 得ᄒ
者라 戰事를 迄ᄒ 後에 黨派의 爭이 無已호ᄃᆡ 能히 善을 取ᄒ고
惡을 捨ᄒ야 其性質이 後日政治家의 大價値를 得ᄒ니 宜乎人의
信愛를 受ᄒ리로다

後人이 華盛頓의 功業을 思ᄒ야 紀念碑를 各州에 立호ᄃᆡ 華盛頓
府에 在ᄒ 者ㅣ 尤大ᄒ더라 然其不朽의 紀念은 此에 不在ᄒ며 培
爾嫩墳塋에 不在ᄒ고 今西半球中에 合衆國이란 者ᄂᆞᆫ 何人의 成
立ᄒ 者뇨 雖三尺童子라도 能히 知得ᄒ니 其紀念이 엇지 此에 過
ᄒ리오

【번역】저 미국의 대업은 모두 두려움으로 얻게 된 행복이다. 전쟁이
끝난 뒤에도 당파 싸움이 그치지 않자, 선을 취하고 악을 버려 그 품
성이 뒷날 정치가에게 큰 자산이 되었다. 그가 사람들에게 믿음과 사
랑을 받음은 당연하다.

　뒷날 사람이 워싱턴의 공적을 생각하여 기념비를 각 주에 세웠는데,
워싱턴시에 있는 것이 특히 컸다. 그러나 그의 불후한 기념은 여기에
있지 않으며 버넌 묘지에도 있지 않다. 지금 서양의 합중국이란 나라
는 누가 세웠단 말인가? 삼척동자라도 알 수 있다. 그 기념이 어찌 이
기념비에 불과하리오?[283]

___

283) 그 기념이 … 불과하리오?: 문맥상 '過'에 '不'을 더하여 '不過'로 풀이하였다.

【⊕ 6장 14】終彼執政。美國所營之大業。皆非彼不成。然其成事
也。皆由恐懼中得幸福者。迄乎罷戰。黨派之爭。有加無已。則又能
取善舍惡。此其性質于後來日政治家上。豈非大有價値者哉。宜乎
人信愛之終其身不稍變也。

好事者欲傳華盛頓功業。建紀念碑于各州。在華盛頓府中者尤大焉。
然其不朽之紀念。尚不在此。亦不在培爾嫩墳塋。今西半球中。所謂
北美合衆國者何人所成耶。三尺童子亦知之矣。紀念云乎哉。

【번역】그가 집권을 마칠 때까지 미국이 꾀한 대업은 모두 그가 아니
면 이루지 못하였다. 그러나 그가 이룬 일은 모두 두려움으로 말미암
아 얻은 행복이다. 전쟁이 끝난 뒤에도 당파 싸움이 계속 이어지자, 선
을 취하고 악을 버렸다. 이러한 그의 품성이 뒷날 정치가에게 어찌 큰
가치가 있는 것이 아니겠는가? 사람들이 그가 일생을 마칠 때까지 믿
고 사랑함이 조금도 변하지 않은 것은 당연하다.

　일을 벌이기를 좋아하는 사람들이 워싱턴의 공적을 전하고자 기념
비를 각 주에 세웠는데, 워싱턴시에 있는 것이 특히 컸다. 그러나 그의
불후한 기념은 오히려 여기에 있지 않고 버넌 묘지에도 있지 않다. 지
금 서양의 이른바 북미합중국이란 나라는 누가 세운 것인가? 삼척동
자라도 알 수 있다. 기념비를 기념이라 할 수 있을까?

부록

해제

1. 《화성돈전》의 출간 배경

'독도도서관친구들'은 2019년 《동양평화론》, 2020년 《안응칠 역사》를 출간했다. 뒤이어 세 번째 출간할 도서를 선정하는 데 고심하다가 《안응칠 역사》에서 안중근 의사가 미국의 초대 대통령인 조지 워싱턴에 대해 다음과 같이 언급한 대목을 주목하게 되었다.

"지난날 미국 독립의 주역인 워싱턴은 7, 8년의 풍진 기간에 수많은 곤란과 고초를 어찌 참고 견뎌낼 수 있었던가? 진실로 만고에 둘도 없는 영웅호걸이다. 내가 만약 훗날에 일을 이룬다면 반드시 미국으로 달려가서 특별히 워싱턴을 위해 추억하고 숭배하며 마음이 같았음을 기념하리라.〔昔日美國獨立之主。華盛頓七八年風塵之間。許多困難苦楚。豈能忍耐乎。眞萬古無二之英傑也。我若後日成事。必當委往美國。特爲華盛頓。追想崇拜。紀念同情矣。〕"[1]

이 내용을 근거로 안중근 의사가 읽었을 워싱턴 전기를 추적하는 과정에서 우리나라의 이해조가 번역한《화성돈전》이 있음을 알았다. 그리고 이《화성돈전》은 중국 역자 정금의《화성돈》을 저본으로 삼은 것이고, 또 정금의《화성돈》은 일본 역자 후쿠야마 요시하루의《화성돈》을 저본으로 삼은 것임을 파악하게 되었다. 20세기 초 한·중·일 3국에서 워싱턴 전기는 당시 3국의 국민을 각기 고유한 방식으로 계몽하는 데 지대한 역할을 했다. 특히 워싱턴의 자유독립 사상은 안중근 의사의 항일 독립운동에 적지 않은 영향을 주었을 것으로 짐작된다. 이러한 의미에서《화성돈전》은 독도도서관이 추진하는 근대정신을 담은 도서 발굴의 여정으로 미국 독립전쟁에 담겨있는 독립 정신과 지도자로서의 워싱턴의 모습을 살피고자 출간하게 되었다.

2.《화성돈전》의 번역 특징

1) 한·중·일 3국의《화성돈전》특징

1900년에 출간된 후쿠야마 요시하루의《화성돈》은 6종의 영문 자료를 바탕으로 번역한 것이다. 이 책은 워싱턴의 가문과 성장 배경 등을 자세하게 소개하고, '프렌치-인디언 전쟁'부터 미국독립전쟁이 끝날 때까지 워싱턴의 활약상, 그리고 전투에 나오는 지명과 인명, 각종 전투와 전함 이름까지 상세하게 기록하고 있어 자국의 독자들이 워싱턴과 미국의 역사 및 문화를 이해하는 데 많은 도움을 준다. 이뿐만 아니라 작가는 서구의 영웅 워싱턴이 아닌 한자문화권의 정서에 맞게

---

1)《안응칠 역사》, 독도도서관친구들, 2020, 235~236쪽.

새로운 워싱턴 상상(像)을 창출하여 보여주었다.

1903년에 출간된 정금의 《화성돈》은 일본 작가의 《화성돈》의 내용을 자신이 의도한 대로 변형하였다. 정금은 서사 구조에 중점을 두고 주요 지명과 인명을 제외하고는 부차적인 인명과 지명 등을 과감하게 생략하여 복잡하고 낯선 미국의 문화로 인해 독자들이 서사의 흐름을 놓치지 않도록 하였다. 또한 축약하고 생략하여 비어 있는 공간에 자신의 서정과 의론을 첨가하여 독자들에게 전달하고자 하는 메시지를 강화하였다.

1908년에 출간된 이해조의 《화성돈전》은 대체로 정금의 《화성돈》을 충실하게 번역하면서도 서사 흐름과 동떨어진 문장은 과감하게 생략하고 축약하였다. 이렇게 생략하거나 축약한 부분은 대부분 정금이 자신의 서정과 의론을 첨가한 부분이다. 이해조는 신소설의 선구자답게 《화성돈전》의 서사구조를 탄탄하게 만들고자 정금이 《화성돈》에 첨가한 서정과 의론 부분을 과감하게 걷어내었다. 또한 이해조는 정금의 《화성돈》에 나타난 백화체의 문장과 난해한 인용구를 생략하고 축약하였다. 나아가 이해조는 정금이 후쿠야마 요시하루의 《화성돈》 내용을 왜곡하지 않는 선에서 번역한 것과 다르게 내용을 의도적으로 변형하였는데, 이는 독자들에게 이야기의 긴장감과 흥미를 배가시키려는 데서 그 이유를 찾을 수 있다.(【⬢ 4장 5】) 이런 의미에서 이해조, 정금, 후쿠야마 요시하루가 번역한 워싱턴 전기는 원전의 충실한 번역이라기보다는 자국의 언어 환경과 독자를 고려하여 가독성을 제고한 번역이라고 할 수 있다.

2) 문헌 전승 특징

1900년 일본 작가 후쿠야마 요시하루의 워싱턴 전기는 1903년과 1908년에 각각 중국과 한국에서 번역되어 출간되었다. 이 과정에서 많은 오역과 차이가 생겨났다. 정금의 오역은 대부분 서구의 지명과 인명을 일본어로 음역하는 과정에서 생긴 발음상의 문제로 말미암은 것이다. 그중 몇 개는 후쿠야마 요시하루의 실수를 바로잡지 못하고 그대로 수용한 오역도 있다. 이에 비해 이해조의 오역은 그 양이 상당히 많을 뿐만 아니라, 오역의 양상도 다양하다. 이해조가 저본으로 삼았던 정금의《화성돈》에서 이해할 수 없는 부분은 정금이 저본으로 삼았던 후쿠야마 요시하루의《화성돈》을 참조했어야 했다. 정금의 《화성돈》을 살펴보면 후쿠야마 요시하루의《화성돈》뿐만 아니라 다른 자료를 참고하여 번역했음을 알 수 있다. 그런데 이해조는 오로지 정금의《화성돈》만을 가지고 번역한 결과 많은 오역을 양산하였고, 이해할 수 없는 부분은 의도적으로 누락시키거나 생략하여 충실한 번역과는 거리가 멀어졌다. 두 역자의 오역 양상을 네 가지로 구분하였다.

① 음역音譯의 오역

정금과 이해조의 오역 가운데 상당수가 음역어로 표기된 지명·인명과 관련이 있다. 이처럼 인명과 지명에서 오역이 많이 발생하는 것은, 일역본에서 외국의 지명과 인명을 표기할 때 가타카나カタカナ로만 표기하여 실제 영어권의 지명이나 인명의 발음과 상당한 괴리가 생기기 때문이다.

다음은 정금의 지명에 관한 오역 사례이다.

이에 앞서 '워싱턴 요새'는 뉴욕에서 10여 마일 떨어져 허드슨 강

상류에 임하여

  '뉴욕 요새'와 마주 보고 있어 허드슨 항로를 통제하고 있었다.〔先
是華盛頓之砲壘。去紐約十餘里。臨哈獨宋上流。與紐約之砲壘對峙。而
主宰哈獨宋航路者也。〕【⊕ 4장 35】

  위 문장은 허드슨강 상류에 있는 '워싱턴 요새(Washington Heights)'
가 '뉴욕 요새'와 마주 보며 허드슨 항로를 통제하는 역할을 한다고
설명하고 있다. 하지만 허드슨강 양쪽에 위치하여 서로 마주 보고 있
는 요새는 '워싱턴 요새'와 '리 요새(Fort Lee)'이다. 후쿠야마 요시하
루는 「ニュ＿ジエルジ＿」の「リ＿」砲壘' 즉 '뉴저지(New Jersey)의 리
(李) 요새'라고 표기하였다. '리 포루'는 허드슨강 서쪽인 뉴저지 쪽에
있고, '워싱턴 요새'는 허드슨강 동쪽인 뉴욕에 위치하여 서로 마주 보
며 허드슨강을 통제하고 있었다. 정금과 이해조는 모두 '뉴저지의 리
요새'를 '뉴욕 요새'라고 오인하여 문맥상 통하지 않는 결과를 초래하
였다. '워싱턴 요새'는 현재 뉴욕시 맨해튼의 북쪽 가장 높은 지점에
지어졌으며, 0.8km 떨어진 허드슨강을 내려다보고 있다. 미국군이 차
지하고 있던 강 건너 뉴저지 방면의 절벽에 있는 리 요새와 함께 허드
슨강 하류를 영국 함선으로부터 보호하기 위해 지어진 것이다.

  이해조는 정금이 한자로 음역한 외국의 지명과 인명을 그대로 가져
다 사용하였다. 하지만 편집하는 과정에서 많은 오자와 탈자를 양산
했고, 급기야 이로 말미암아 번역상의 문제까지 초래하였다. 이는 정
금이 가타카나로 표기된 음역어를 다시 한자로 음역하는 과정에 공을
많이 쏟은 것과는 대조적이다. 예컨대, 정금은 미국의 한 지역인 '버지
니아(Virginia)'를 음역하여 '巴基尼亞[바지니야]'로 표기하였다. 그런
데 이해조는 버지니아를 '파기니아巴基尼亞'를 비롯하여 '파기니악巴

基尼惡', '기니아아基尼亞雅', '간파기니開巴基尼', '파기아巴基亞' 등 총
다섯 가지로 표기하였다. 게다가 '펜실베이니아(Pennsylvania)'도 '번
시우바니[奔臭巴尼]'를 '분취파니奔臭巴尼', '팽비파이彭鼻巴爾', '분비
파니奔鼻巴尼' 등 세 가지로 일관적이지 않게 표기하였다.

② 문맥文脈의 오역
　오역 중에 문장의 전후 맥락을 고려하지 않아 생긴 것은 서사의 흐
름을 매끄럽지 않게 만들어 독자들이 이야기에 집중할 수 없도록 한
다.
　다음 문장은 정금이 문장 전후 맥락을 제대로 파악하지 못하여 생
겨난 오역이다.

　　렉싱턴의 승전보는 들불이 마른 풀을 태우는 것 같고 세찬 바람이
　기러기 털을 날리는 것과 같아 식민지의 전체 인심이 크게 자극되었
　다. 메사추세츠로부터 조지아까지 13개의 주는 지사의 명령을 받드
　는 사람이 한 명도 없었다. 국민이 세차게 일어남이 이와 같았으니,
　지사들은 어찌할 바를 알지 못하고 하나도 남김없이 모두 달아나버
　렸다. 각 주의 지사와 위원이 마침내 샬럿에 모였다. "생명을 바쳐서
　자유를 얻는 이외에는 다른 좋은 방법이 없다"라고 의결하였다. 이것
　이 독립을 선포한 시초이다.〔勒興頓之勝報。如野火焚枯草。如驚風飛
　鴻毛。殖民地全部之人心。大爲刺激。自馬薩犬斯至局爾迦十三州。無一
　奉知事命者。國民之洶湧若此。州知事不知所爲。遁走一空。各州知事委
　員乃會於郡羅式。議決捨生命博自由外無他善法。此布告獨立之始也。〕
　【㊥4장5】

위 문장의 밑줄 친 부분에서 '각 주의 지사知事와 위원委員이 샬럿에 모였다'라고 하였다. 하지만 문장의 전체적인 내용을 살펴보면, 식민지 전체 인심이 크게 자극되어 13개 주 지사의 말을 듣지 않는 지경에 이르렀고, 급기야 지사들은 어찌할 바를 몰라 모두 도망쳤다고 하였다. 그러므로 정금이 말한 '각 주의 지사와 위원이 샬럿에 모였다'라는 구절은 내용과 부합하지 않는다. 일역본에서는 이 부분을 '各州の委員[각 주의 위원]'으로 표기하고 있다. 이해조는 이 부분을 다음과 같이 오역하였다.

렉싱턴의 전투 소식은 들불이 마른 풀을 태우 듯 세찬 바람이 기러기 털을 날리 듯 식민지의 전체 인심을 크게 격동시켰다. 매사추세츠로부터 조지아 사이의 13개의 주가 지사의 명령을 받드는 자가 없었다. ㉠지사는 조금도 알지 못하고 각 주의 위원을 샬럿에 모이게 하여 의결하기를 "㉡생명을 바쳐서 자유를 억압하는 이외에는 좋은 방법이 다시 없다."라고 하더라.[勒與頓의 戰報ㅣ 野火가 枯草를 焚함과 如ᄒᆞ고 驚風이 鴻毛를 飛홈과 如ᄒᆞ야 殖民地全部人心이 大激ᄒᆞ야 馬薩尤斯로 局尼迦間에 十三州가 知事의 命을 奉ᄒᆞᄂᆞᆫ 者ㅣ 無ᄒᆞ되 知事ᄂᆞᆫ 恬然不知ᄒᆞ고 各州委員을 郡羅式에 會ᄒᆞ야 議決ᄒᆞ되 生命을 捨ᄒᆞ고 自由를 壓ᄒᆞᄂᆞᆫ 外엔 善法이 夏無라 ᄒᆞ더라"]【韓 4장 5】

위 문장은 미국독립전쟁사에서 가장 중요한 사건의 하나인 '메클렌버그(Mecklenburg) 독립선언서'가 이루어진 배경과 선언의 핵심을 기술한 것이다. 그래서 어찌 보면 워싱턴 전기 전체 내용 중에서 가장 중요한 대목이라고 할 수 있다. 이해조가 워싱턴의 전기를 우리나라 국민에게 소개하려는 이유는, 다름 아닌 영국의 압제에 굴하지 않고 자유를 얻기 위해 항거하는 미국인들의 모습을 통해, 당시 일제의 반식민지로 전락한 조국의 국민에게 국권회복의 열망을 불어넣기 위해서이다. 그런데 이해조는 이 문장에서 가장 중요한 부분을 오역하였다. 1775년 5월 20일 식민지 13개 주의 위원이 샬럿(Charlotte)에 모여 '메클렌버그 독립선언서'를 의결하였다. 위 문장에서 밑줄 친 ㉠은 앞서 언급한 정금의 오역에서 비롯되었다. 조금만 관심을 가지고 내용을 이해했다면 수정할 수 있었을 것이다. 그러니 이해조의 오역은 정금의 오역을 맹목적으로 수용한 결과이다. 두 번역자가 표면상으로 같은 실수를 한 것 같지만, 그 내용을 따져보면 완전히 다르다.

아래 표는 두 번역자의 오역이 어떻게 차이가 있는지를 보여준다. 먼저 정금의 기술을 살펴보면 ⓒ와 ⓓ에서 자기모순에 빠진 것을 알 수 있다.

丁錦	李海朝
ⓐ렉싱턴 전투 소식이 식민지 전체 인심을 격동시켰다.	ⓐ렉싱턴 전투 소식이 식민지 전체 인심을 격동시켰다.
ⓑ이에 13개 주가 아무도 지사의 명령을 듣지 않았다.	ⓑ이에 13개 주가 아무도 지사의 명령을 듣지 않았다.
ⓒ그래서 지사들은 할 수 없이 모두 달아났다.	ⓒ그런데 지사는 그 사실을 조금도 알지 못하였다.
ⓓ각 주의 지사와 위원이 샬럿에 모였다.	ⓓ지사는 각 주 위원을 샬럿에 모이게 했다.
ⓔ그리고 "생명을 바쳐서 자유를 얻는 것이 최선의 방법이다"라고 의결했다.	ⓔ그리고 "생명을 바쳐서 자유를 억압하는 것이 최선의 방법이다."라고 의결했다.

문장 전체를 살펴봤을 때, 정금의 오역은 단순 실수로 보인다. 하지만 이해조의 오역은 정금의 오역을 그대로 따른 뒤에, 다시 전체적 내용을 가공까지 하였다. 즉, 이해조는 정금의 문장에 모순이 있다는 것을 인지한 것이다. 이해조는 ⓐ와 ⓑ에서는 정금과 똑같이 기술하였다. 하지만 ⓒ에서는 지사가 달아나지 않았고 13개 주가 자신의 명령을 듣지 않는 것을 조금도 알지 못한다고 하였다. 일역본에는 지사들이 두려워 멀리 달아났다고 기술하고 있다. 이해조는 어떤 생각에서 이렇게 사실을 왜곡하였을까? ⓓ는 정금의 오역에서 비롯되었지만 그 양상은 다르다. 이해조는 위원들이 지사의 지시로 샬럿에 모였다고 하였다. 마지막으로 ⓔ에서는 두 사람의 기술한 내용이 천양지차다. 독립선언의 취지가 '생명을 걸고 자유를 얻자'는 것인데, 오히려 '생명을 걸고 자유를 억압하자'라고 하고 있다. 그렇다면 왜 이런 번역이 나왔을까? 다음 경우로 추론할 수 있다. 주지사는 영국 정부에 의해 임명된 관리이고 위원들은 식민지에서 선출된 사람들이다. 서로 입장차가 분명하다. 주지사 입장에서 주민州民들이 명령을 듣지 않으면 도망치는 방법밖에 없다. 그런데 이해조는 소설가답게 이를 더 극적인 장면으로 만들기 위해서 의도적으로 연출한 것이다. 왜냐하면 다음 장면에 민병이 영국의 견고한 요새를 공격하는 내용이 나오기 때문이다. 주지사에 의해 의결된 내용에 주민들이 반발하여 영국 요새를 공격하였다는 설정을 하기 위한 것이라면 독자들에게 흥미롭게 읽힐 수 있다.

③ 용어用語의 오역

1908년에 출간된 《화성돈전》에는 '자유自由', '행복幸福', '공화共和' 등 근대 개념어가 많이 나온다. 번역의 성패는 용어의 개념이 모호한 외국어(출발어)를 어떻게 효과적으로 모국어(도착어)로 옮기는가에 달렸다. 《화성돈전》을 읽어보면, 이해조가 낯선 용어를 어떻게 우리말로 옮길까 고민한 흔적이 많이 보인다. 하지만 당시에는 번역할 시 참고할 공구서工具書가 거의 없었기에 많은 오역이 발생하였다. 그중 가장 대표적인 오역의 사례를 살펴보겠다.

"우리 아메리카 합중국의 대의사代議士가 이곳에 서로 모여 정의와 공도公道로써 공명한 사회에 알린다. 지금부터 우리 식민지 연방은 자유 독립의 권리가 있으니, 영국 왕에 대한 충애의 의무도 없고 그들과 정치상에서 조금의 관계도 없다. 그런즉 모든 화친과 전쟁과 맹약을 세계 독립국의 전례에 따른다. 전 식민지 인민은 하늘의 보살핌만 의지하고 자신과 가족의 생명을 바쳐서 이 맹세하는 말을 반드시 실천할지어다."〔吾等亞美利加合衆國의 代議士ㅣ 此에 相集ᄒᆞ야 正義公道로써 公明社會에 告ᄒᆞ노니 自今으로 我殖民地聯邦이 自由獨立의 權利가 有ᄒᆞ니 英王에 對ᄒᆞ얀 忠愛의 義務도 無ᄒᆞ고 政治上에 絲毫關係도 與無ᄒᆞᆫ 則一切和戰盟約을 世界獨立國으로 成例ᄒᆞ야 全殖民地人民이 皇天의 眷佑만 依賴ᄒᆞ고 身家의 生命을 犧牲으로 作호딕 此誓言을 必踐홀진져〕【韓 4장 20】

위 문장은 1776년 7월 4일 대륙회의에서 채택된 미국 독립선언서의 끝부분이다. 밑줄 친 부분만을 보면 이해조, 정금, 후쿠야마 요시하루의 내용이 모두 다르다.

전 식민지 인민은 장차 하늘의 보살핌에 의지하고 재산과 생명을 바쳐서 이 맹세하는 말을 반드시 실천할지어다.〔全殖民地人民將依賴

皇天眷佑。犧牲身家生命。踐此誓言云。〕【⊕4장20】

　　식민지 인민은 황천(皇天)의 보우에 의뢰하고, 식민지 인민의 <u>생명,</u>
<u>행복과 명예</u>를 희생하여 이 선언을 유지할 것을 맹세한다.〔殖民地人
民は皇天の保祐に依賴し、殖民地人民の<u>生命幸福と名譽</u>とを犧牲にし
てこの宣言を維持せんことを誓ふ。〕의춘 89쪽.

　　아래 표는 위 문장에서 논란이 된 부분을 한·중·일·미 4개 나라
로 구분한 것이다. 이해조는 희생犧牲할 대상을 '身家의 生命', 정금은
'身家生命', 후쿠야마 요시하루는 '生命, 幸福, 名譽', 토마스 제퍼슨은
'Live(생명), Fortune(재산), Honor(명예)'라고 하였다. 후쿠야마 요시
하루는 토마스 제퍼슨의 'Live(생명), Fortune(재산), Honor(명예)'를
'生命, 幸福, 名譽'라고 하였고, 정금은 이를 다시 '身家生命'으로 번역
하였고, 이해조는 이를 다시 '身家의 生命'으로 번역한 것이다.

역자 · 작가	원문	풀이	犧牲의 대상
李海朝	身家의 生命을 犧牲으로 作호	자신과 가족의 생명을 희생하여	身家의 生命
丁錦	犧牲身家生命	재산과 생명을 희생하여	身家生命
福山義春	殖民地人民の生命幸福と名譽とを犧牲にして	식민지 인민의 생명, 행복과 명예를 희생하여	生命, 幸福, 名譽
토마스 제퍼슨(Thomas Jefferson)	we mutually pledge to each other our Lives, our Fortunes and our Sacred Honor.	우리의 생명과 재산과 신성한 명예를 걸고	Live(생명), Fortune(재산), Honor(명예)

여기서 문제가 된 용어는 토마스 제퍼슨의 'Fortune'이다. Fortune 에는 '행운, 행복'이라는 뜻 이외에도 '재산'이라는 의미도 있다. 후쿠 야마 요시하루가 Fortune을 '幸福'이라고 번역하면서 혼선을 가져왔 다. 정금은 후쿠야마 요시하루가 'Fortune'을 '幸福'으로 번역한 것에 대해 미심쩍었는지 '身家'로 번역하였다. 身家는 '본인과 그 가족'이 란 뜻 외에도 조기백화早期白話에서 '신분과 지위', 광동어廣東語에서 는 '재산(개인의 전 재산)'의 의미를 갖고 있다. 이렇게 번역되는 과정 을 살펴보면 번역자가 어떤 자료를 참고했는지 추측할 수 있다. 그렇 다면 정금은 영어로 된 독립선언서를 참고하여 '身家'라는 용어를 쓴 것이 확실하다. 그런데 이해조는 정금의 '身家'를 그대로 사용하면서 그 의미를 다르게 사용하였다. 정금의 '身家生命'은 '재산과 생명'이라 고 풀이할 수 있고, 이해조의 '身家의 生命'은 '자신과 가족의 생명'으 로 풀이할 수 있다. 미국 독립선언서의 원본에서 말한 '생명, 재산, 명 예'는 정금에서 '생명, 재산'으로 줄어들더니, 이해조에서는 '생명' 하 나밖에 남지 않게 되었다.

④ 문장文章 구조構造의 오역

한문을 번역하면서 어려운 점 중 하나가 문장을 어디서 분절하여 읽느냐이다. 한문에는 오늘날 우리가 사용하는 문장부호가 따로 없기 에 한문 번역에서 오역의 상당수가 문장을 잘못 분절하여 읽는 데서 생긴다. 다시 말해, 문장 구조를 제대로 파악했다면 문장을 잘 분절하 여 읽었다고 할 수 있다. 이해조는 문장의 구조를 잘못 파악하여 오역 을 범하는 경우가 있다. 다음 문장은 분절하여 읽는 것이 잘못되었을 때, 역자가 전달하고자 하는 메시지가 무엇인지 모호하여 독자에게 감동을 주지 못하는 사례라고 할 수 있다.

"이 전쟁에서 브래독 장군이 전사하였고, 그 이외 장교 중에 죽거나 다친 자는 63명이었으며, 병사 중에 죽거나 다친 자는 770여 명이었다. 워싱턴도 말 두 필과 총알 및 외투를 잃었지만 네 차례나 전쟁을 하였으니, 그 격렬함을 알 수 있다."〔是役에 布拉脫苦는 戰死ᄒ고 其餘將校의 死傷ᄒ 者ㅣ 六十三名이오 士卒의 死傷ᄒ 者ㅣ 七百七十餘名이라 華盛頓도 馬二頭와 火彈及外衣를 失호딕 四次戰爭ᄒ니 其激烈을 可知로다〕【韓 2장 26】

위 문장의 본래 취지는, 주인공 워싱턴이 격렬한 전투 속에서 몇 번이나 가까스로 죽을 고비를 넘겼음을 말하려 한 것이다. 그런데 이해조의 문장을 읽고서는 워싱턴이 죽을 고비를 숱하게 넘긴 감동이 피부에 와 닿지 않는다. 위 문장의 밑줄 친 부분을 보면, '말 두 필과 총알 및 외투를 잃었다'라고 했는데, 이것이 전쟁의 격렬함을 말해줄 수 있는지 의문이다. 다음 정금의 문장과 비교하여 어떤 점이 잘못되었는지 살펴보자.

"이 전쟁에서 브래독 장군이 전사하였고, 그 이외 장교 중에 죽거나 다친 자가 63명이었으며, 병사 중에 죽거나 다친 자가 770여 명이었다. 워싱턴도 두 필의 말을 잃었고 총알이 외투에 닿은 것이 네 차례나 되었으니, 전쟁의 격렬함을 알 수 있다."〔是役也。布拉脫苦戰死。其餘將校死傷者六十三名。士卒死傷七百七十餘名。華盛頓亦失馬二頭。火彈及外衣者四次。戰爭之烈可知矣。〕【中 2장 26】

위 문장의 밑줄 친 부분을 보면, 워싱턴이 어떤 죽을 고비를 넘겼는지 바로 알 수 있다. 그렇다면 이해조는 어느 부분에서 분절하여 읽는 것이 잘못되었을까? 이해조는 '華盛頓亦失馬二頭火彈及外衣'를 1개의 문장으로 간주하고, '失'을 목적어인 '馬二頭'와 '火彈及外衣'의 술어로 보았다. 즉 주어와 술어가 각각 1개인 '주술목 구조'로 보고 '워싱턴도 말 두 필과 총알 및 외투를 잃었다'라고 해석하였다. 하지만 올바로 풀이하려면 주어와 술어가 각각 2개인 문장으로 봐야 한다. '華盛頓亦失馬二頭'와 '火彈及外衣'에서 주어는 각각 '華盛頓'과 '火彈'이고, 술어는 '失'과 '及'이다. 그래서 두 문장을 '워싱턴도 말 두 필을 잃었다'와 '총알이 외투에 미치다(닿다)'라고 풀이할 수 있다. 이해조는 '及'을 접속사로 보고 '~와'로 풀이한 것이고, 정금은 '及'을 '~에 미치다'로 풀이한 것이다. 일역본에서는 이 부분을 '총알을 받아들이다(銃丸を受くる)'라고 기술하였다. 이해조의 오역을 바로잡아 다시 현토하면 '華盛頓도 馬二頭를 失하고 火彈이 及外衣四次하니 戰爭之激烈을 可知로다'라고 할 수 있을 것이다.

3. 근대계몽기의 《화성돈전》

근대계몽기에 한·중·일 삼국은 미국 독립의 일등 공신인 조지 워싱턴(George Washington, 1733~1799)의 일생을 소개하는 전기를 출간하였다. 모두 자국의 국민을 계몽한다는 차원에서였다.

우리나라에서도 1894년부터 1910년까지의 시기인 근대계몽기에 작가의 창작 작품보다는 시대적 요구에 부응해서 서구의 문화를 소개하는 번역서가 많이 출간되었다. 하지만 이 시기에는 근본적인 제도 개혁이 수반되지 않고 서구 문명만을 선별 수용하는 개화 정책의 한계를 절감하고 전면적인 서구화 노선을 채택하려는 경향이 나타났다.

이런 시대적 흐름에 서구화의 관심과 지식 욕구가 팽배하면서 경사經 史는 대중매체에서 인용되는 빈도가 더욱 줄어들었고, 서양의 역사와 특정 인물의 행적들이 급격히 그 자리를 대신하였다. 일본과 중국의 문학도 이와 별반 다르지 않았다. 일본과 중국에서도 서양의 문화를 수용하여 자국의 국민을 계몽하기 위한 전략으로 미국의 초대 대통령 인 조지 워싱턴의 전기를 번역하여 출간하였다. 이해조의 《화성돈전》 도 이런 시대적 배경을 바탕으로 출간되었다.

한국에 워싱턴이 한국에 소개된 것은 19세기 후반부터다. 언론을 통해 간헐적으로 이루어졌다. 우리나라에서 워싱턴과 관련된 내용을 최초로 수록한 책은 유길준俞吉濬이 1895년 출간한 《서유견문西遊見 聞》이다. 《서유견문》은 우리나라 최초의 체계적인 근대화 서적이라고 평가받고 있지만, 워싱턴과 관련된 내용은 단편적인 소개에 그치고 있다. 이후 1899년 출간된 현은玄隱의 《미국독립사》에서도 워싱턴의 전기 일부가 소개되었다.

최남선崔南善은 우리나라 최초로 워싱턴에 대한 전기를 활자로 옮 긴 사람이다. 최남선은 1904년 15살에 대한제국 황실에서 일본에 유 학을 보내는 50명에 들어 일본의 신문물을 배우게 되었다. 하지만 일 본 교장의 '조선 민족은 열등하여 교육을 시킬 필요가 없다'는 폭언에 분개하여 동맹휴학을 일으켰고, 이로 말미암아 퇴학을 당하고 고국으 로 돌아온다. 그는 1906년 17세에 다시 일본으로 유학하여 와세다대 학 역사·지리과에 입학했고 유학생 회보 편집일을 맡았다. 1907년 18세에 대한유학생회에서 발간하는 〈대한유학생회보〉의 편집인으로 활동하며 창간호에 《화성돈전》을 실었다.

이 학보에 《화성돈전》의 저자를 '최생崔生'이라고 병기하였다. 특히 외국의 인명과 지명을 한자 음역어가 아닌 우리말로 표기하여 이해조의 《화성돈전》과 구별된다고 할 수 있다. 그리고 최남선의 《화성돈전》은 워싱턴의 유년 시절에 해당하는 첫 회만 연재하고 중단되는 아쉬움이 있지만, 이는 워싱턴의 생애를 통하여 청년들을 계몽하고 국민정신을 진작하여 민족의식을 북돋고 국운 회복의 기틀을 마련하기 위한 지식인의 자각에서 나온 산물이라는 데 의

그림 1 〈대한유학생회보〉 창간호에 실린 최남선의 《화성돈전》

의가 있다. 그는 귀국 후에 '신문관新文館'이라는 출판사를 차렸고, 잡지 《소년少年》을 창간했으며, 조선광문회를 만들어 조선어 편찬을 시작했다. 그는 안창호 밑에서 강연하러 다녔으며, 소년 잡지 《아이들보이》[2]를 통해 소년들을 계몽하고 민족의식을 고취했다. 1919년 이전

---

2) 《아이들보이》는 1913년에 창간되었던 어린이 잡지이다. 최남선의 주재로 1913년 9월부터 1914년 10월까지 만 1년 동안에 통권 13호(폐간호)가 신문관에서 발행되었다. 인명人名 이외에는 모두 한글을 전용하였으며 한자어도 순수한 우리말로 바꾸어 쓰려고 노력하였다. '아이들보이'에서 '보이'도 '보다[覽]'의 어간에 명사화 접미사 '이'를 붙여 '읽을거리'를 뜻하도록 고안된 새로운 말이다.

까지 최남선의 애국계몽운동은 워싱턴이 조국의 자유와 독립을 위해 헌신하는 모습에 깊은 영향을 받았기에 가능한 일이었다.

안중근은 동양 사상은 물론 서구의 학문과 사상에도 깊은 통찰을 지닌 사상가였다. 그가 순국하기 전에 집필한 《안응칠 역사》와 《동양 평화론》이 이를 방증하고 있다. 안중근은 7~8세 무렵에 한문 학교에 입학하여 8~9년간의 수학을 통해 보통 학문을 익혔다. 특히, 안중근의 아버지 안태훈은 한문에 조예가 깊었을 뿐만 아니라 갑신정변甲申政變의 주역인 박영효가 이끄는 개화파 청년 그룹에 속했던 지식인이다. 안중근은 이런 부친의 영향으로 한문에 능통하고 세계 각국의 역사에 관심을 가졌다. 안중근은 자서전인 《안응칠 역사》에서 워싱턴에 대한 자신의 생각을 이렇게 드러냈다.

"지난날 미국 독립의 주역인 워싱턴은 7, 8년의 풍진 기간에 수많은 곤란과 고초를 어찌 참고 견뎌낼 수 있었던가? 진실로 만고에 둘도 없는 영웅호걸이다. 내가 만일 훗날에 일을 이룬다면 반드시 미국으로 달려가서 특별히 워싱턴을 위해 추억하고 숭배하며 마음이 같았음을 기념하리라."[3]

안중근은 《안응칠 역사》에서 아주 극악무도한 사람을 제외하고는 자신을 돕거나 항일 독립투쟁을 하는 사람에 대해서는 신원을 구체적으로 밝히지 않았다. 그 이유는 일제가 자신의 글을 읽고 혹시라도 언급한 사람들을 찾아내어 해칠까 염려하는 심정에서였다. 그런데 유일하게 신원을 명확하게 밝히고 칭찬한 인물이 있었는데, 그가 바로 미국의 초대 대통령 워싱턴이다. 안중근이 이렇게 워싱턴에게 헌사를 바친 것은 분명 워싱턴 전기를 읽고 깊은 감명을 받았기 때문이다. 그렇다면 안중근은 어느 역자의 워싱턴 전기를 읽었을까? 《안응칠 역사》에서 시간상으로 따져보면, 1908년 여름 무렵이다. 안중근은 이 시기를 《안응칠 역사》에서 "장맛비가 여전히 그치지 않고 많이 쏟아져 지척을 분별할 수가 없었나." 또는 "상맛비가 그치지 않고 쏟아부었다"라고 묘사하고 있다. 그리고 국가보훈부의 안중근에 대한 기록을 살펴보면, 1908년 7월에 제2차 국내 진공 작전을 전개했다고 하였다. 안중근은 《안응칠 역사》에서 이 진공 작전에 대해서 다음과 같이 적고 있다.

출병 전후의 날짜를 헤아려보니, 모두 1개월 반이었다. 사영숙영(舍營宿營)이 별도로 없어 항상 야영으로 묵었고, 장맛비가 그치지 않고 쏟아부었으니, 그동안의 온갖 고초를 붓 한 자루도 다 적기 어렵다.[4]

3) 《안응칠 역사》, 독도도서관친구들, 2020, 235~236쪽.
4) 《안응칠 역사》, 독도도서관친구들, 2020, 241쪽.

윗글에서 출병한 날짜가 도합 1개월 반이라고 하였으니, 어림잡아 7월 초순에 출병하였다가 8월 중순에야 복귀한 셈이다. 안중근이 워싱턴을 언급하는 장면은 일본군 포로의 석방으로 인해 독립군의 위치가 노출되어 공격받고 대패한 시기로, 시간상으로 보면 진공 작전 후반부에 속한다. 그러므로 여러 가지 상황을 고려해 보면, 안중근이 워싱턴을 언급한 시기는 1908년 8월이라고 추정할 수 있다.

안중근이 아무리 독서광이었더라도 전투 중에는 책을 읽을 여유가 없었을 것이다. 당시 안중근은 1907년 북간도를 거쳐 러시아 연해주로 망명하였는데, 국외에서 의병부대를 조직하여 독립전쟁 전략을 구사하기 위한 것이었다. 안중근은 이를 위해 각 지역을 돌아다니며 유세하고 의병을 모집하고, 마침내 1908년 4월 연추煙秋에서 동의회라는 의병부대를 조직하였다. 흥미롭게도 이해조의 《화성돈전》이 출간된 시기와 의병부대 동의회가 조직된 시기가 겹친다. 이 시기에 안중근은 참모중장이라는 직함을 갖고 국내 진공 작전을 위해 2개월 동안 군사훈련에 매진한다. 이해조의 《화성돈전》이 1908년 4월에 출간되었으니, 시간상으로 안중근이 이 무렵에 《화성돈전》을 읽었다고 볼 수 있다.

한편, 안중근은 이보다 앞서 1905년 을사늑약으로 인해 해외로 망명을 결심하고, 다음과 같이 부친과 상의한다.

지금 들으니, 청나라 산동(山東)과 상해(上海) 등지에서 한국인 다수가 머물러 살고 있다고 합니다. 우리의 모든 가족을 그곳으로 이주한 뒤에 선후지책(善後之策)을 도모하는 것이 어떻겠습니까? 그렇다면 저는 마땅히 먼저 그곳에 가서 살펴보고 돌아올 것입니다. 아버지께서는 그동안 비밀리에 행장을 꾸린 뒤에 가족을 이끌고 진남포로 가서 제가 돌아오는 날을 기다렸다가, 마땅히 다시 의논하여 행해야 할 것입니다.[5]

안중근은 이러한 계획을 갖고 1905년 11월에 중국으로 건너가 산동을 거쳐 상해에 도착한다. 안중근은 상해에서 우연히 알고 지내던 프랑스 신부로부터 교육 등 실력양성을 통해 독립사상을 고취하는 것이 급선무라는 충고를 듣고 1906년 1월에 귀국한다. 아마도 정금의 《화성돈》이 이미 1903년 상해에서 출간된 뒤였기에, 한문에 조예가 깊었던 안중근이 분명히 이를 구하여 읽었을 것이다. 어쨌든 안중근이 정금의 《화성돈》과 이해조의 《화성돈전》 중에서 어느 한쪽은 확실히 읽었고 워싱턴에게 호감을 가진 것은 분명하다. 다만, 이해조의 《화성돈전》은 정금의 《화성돈》을 거의 충실하게 번역하여 내용상이나 표현상에 거의 차이가 없기에, 설령 안중근이 이해조의 《화성돈전》만을 읽었다고 해도 정금의 《화성돈》을 읽은 것이나 다름이 없다고 할 수 있다. 이와 관련하여 흥미로운 점은 안중근이 집필한 《안응칠 역사》와 《동양평화론》에는 워싱턴 전기 핵심인 자유와 공화주의 사상 등이 자주 언급될 뿐만 아니라, 문장 체제나 글의 전개 방식, 유사한 표현 등 여러 가지 면에서 비슷한 점이 있다는 것이다. 안중근이 종래의 학교 사업을 통한 계몽운동이나 국채보상운동을 중단하고 국외로 나아가 항일무장투쟁을 선언한 것이 워싱턴 전기를 읽은 뒤의 시점과도 일치한다는 점도 주목할 만하다.

안중근은 워싱턴 전기를 읽은 뒤 깊은 감명을 받고 이를 적극 실천

5) 《안응칠 역사》, 독도도서관친구들, 2020, 193~194쪽.

에 옮기기 위해 무장독립투쟁에 나섰으며, 이는 이토 히로부미伊藤博文의 사살로 이어졌다. 이 의거는 우리나라 항일투쟁의 선봉이 되었으며, 아울려 중국 신해혁명辛亥革命의 기폭제가 되었다. 당시 한·중·일 삼국이 워싱턴 전기를 공유하며 서로 적지 않은 영향을 주고받은 셈이다. 문화란 어느 한 나라에서 일방적으로 전해주는 것이 아닌, 서로 주고받으며 만들어 가는 것이다.《화성돈전》은 당시 지식인이 현실을 직시하고 서구의 문화를 통해 자국의 국민을 계몽하기 위한 고뇌가 담긴 작품이라 할 수 있다. 이해조에게《화성돈전》은 근대계몽운동의 한 방편이었지만, 안중근에게《화성돈전》은 자신의 삶과 더불어 독립운동의 노선과 방법을 결정하는데 중요한 지침으로 활용되었다. 이처럼《화성돈전》은 근대계몽기는 물론 일제강점기의 한국 독립운동에 큰 영향을 끼쳤다. 이 대목에서 "훗날에 일을 이룬다면 반드시 미국으로 달려가서 특별히 워싱턴을 위해 추억하고 숭배하며 마음이 같았음을 기념하리라."는 다짐이 해명된다고 하겠다.

4.《화성돈전》은 어떤 이야기로 채워졌는가?

《화성돈전》에는 '조지 워싱턴'이라는 한 인간의 삶과 철학이 진솔하게 담겨있다. 서언과 6장으로 구성되어 있으며, 목차는 정금, 이해조 모두 후쿠야마 요시하루의《화성돈》의 목차를 따르고 있다. 제1장 '학생 생도와 측량 기사'는 워싱턴 가문의 미국 이주와 워싱턴의 성장 과정과 학생 시절에 관한 내용이다. 제2장 '영국과 프랑스 식민지 전쟁 및 육군 대좌'는 워싱턴이 영국군의 신분으로 프랑스와의 전쟁에서 혁혁한 공을 세운 이야기이다. 제3장 '영국 왕의 압제와 주의회 의원'

은 워싱턴이 주의회 의원으로 활동하며 영국의 압제에 대항하여 싸운 활동을 다룬다. 제4장 '독립전쟁과 미군 총독'은 워싱턴이 미국 독립전쟁에서 활동하며 미군 총독에 이르기까지의 과정을 그린다. 제5장 '미국의 독립과 대통령'은 영국과의 싸움에서 승리하여 독립을 이루고 워싱턴이 대통령으로 지명되는 내용으로 구성된다. 제6장 '워싱턴의 은거와 인물'은 워싱턴의 대통령직 사임 이후의 활동을 묘사하고 워싱턴과 나폴레옹의 인물론에 대해 논평한다.

《화성돈전》은 전기물이면서 미국 역사를 다루고 있다. 제1장부터 제5장까지는 워싱턴의 성장 과정을 따라가며 맡은 역할과 관직이 순차적으로 변하는 것을 기록하였고, 제2장부터 제5장까지는 워싱턴의 개인사보다 독립 직전 미국의 상황이 앞서 구체적으로 서술하였다. 이를 놓고 볼 때《화성돈전》은 독립 직전 미국의 정치적 상황을 구체적으로 소개하고, 이를 타개하기 위해서 벌어진 독립전쟁이 인류 역사에서 어떤 성격을 띠고 있는지를 살펴볼 수 있다는 점에서 중요한 텍스트이다. 또한《화성돈전》에 소개된 독립된 미국이 이후 동아시아 삼국의 정치적 계몽운동과 독립운동에 중대한 영향을 끼쳤다는 점에 주목해야 하며, 특히 민주공화국이라는 새로운 정체가 제시되고 있다는 점이 눈여겨 볼만한 대목이다. 결론적으로《화성돈전》은 워싱턴이라는 정치적 지도자의 리더십은 물론 미국이라는 새로운 국가가 어떤 철학에 입각하여 탄생했는지를 보여주는 중요한 문헌이다.

5. 조지 워싱턴은 어떻게 읽혔는가?

앞에서도 살폈듯이 《화성돈전》은 미국 독립전쟁에 대한 소개를 통해 우리나라의 근대계몽 독립운동과 항일 독립운동에 지대한 영향을 끼쳤다는 점은 분명하다. 흥미롭게도 《화성돈전》의 이와 같은 영향사는 우리나라뿐만 아니라 중국에서도 유사하게 확인할 수 있다. 중국에서 워싱턴의 이미지는 3단계에 걸쳐 변모하였다.

1단계는 1831년부터 1860년까지로, 이 시기에는 선교사가 중심이 되어 워싱턴을 중국 내에 소개하였다.[6] 특히, 워싱턴의 유년 시절 '앵두나무 베기'라는 이야기를 부각하여 워싱턴의 도덕적 성인의 이미지를 중국인의 마음에 고착화시켰다.[7]

2단계는 1861년부터 신해혁명(1911)까지로, 이 시기는 중국을 근대화하고 계몽하기 위한 지식인들이 워싱턴을 민주주의 화신으로 추앙하고 정치적 기호화하여 '중국의 워싱턴'을 모색하였다.[8] 3단계는 신해혁명 실패(1913)부터 현재까지로, 중국에서 민주 공화제도가 실

---

6) 선교사 귀츨라프(Gützlaff)는 '워싱턴은 요순堯舜의 덕을 가져 인민을 구제하고 권위에 연연해하지 않았다'라고 하였다.

7) 워싱턴이 유년 시절에 손도끼로 아버지가 아끼던 앵두나무를 베었는데, 워싱턴은 아버지께 꾸지람을 들을 걸 알면서도 정직하게 잘못을 고백하여 오히려 아버지께 칭찬받았다는 이야기다. 워싱턴의 '앵두나무' 이야기는 허구로 보는 견해가 지배적이다. 미국에서 고증된 사실과 역사적 자료를 바탕으로 충실하게 기술된 것으로 알려진 제임스 T. 플렉스너의 워싱턴 전기에도 이 이야기가 등장하지 않는다. 즉, 워싱턴 전기마다 내용에 큰 편차가 있는데, 워싱턴의 정직한 품성을 드러내려고 각색한 듯하다. 이 이야기가 허구로 보이는 증거로, 워싱턴의 유년 시절의 이야기라 서사의 진행상 초반부에 기술되어야 하는데, 후쿠야마 요시하루, 정금, 이해조의 워싱턴 전기에는 모두 6장 마지막 부분에 이 내용이 나온다는 것이다.

8) 장돈복蔣敦復은 《화성돈전》에서 미국 대통령제와 민주제도에 대해 매우 추앙하고 동경하였고, 여여겸黎汝謙·채국소蔡国昭도 《화성돈전》에서 워싱턴의 민주 사상과 미국의 민주 공화정치 제도에 대해 찬양하였다.

현되지 못하여 위싱턴의 정치적 색채가 퇴색되고 개인적 역량과 도덕적 품성에 주목하여 국민 계몽교육의 모범으로도 활용되었다.

한국에서는 1910년에 이해조의《화성돈전》이 다른 서적들과 함께 금서 조치를 당하고 말았다.[9] 1908년에 교과서검인정제도가 도입, 이듬해 출판법이 등장해 사전심의제도 강화되었다. 경무총감부警務總監部에서 민족의식을 말살키 위해 많은 서적의 발매·반포를 금지하고 압수하였는데 51종의 서목書目은 다음과 같다.

《초등대한역사(初等大韓歷史 (국문,한문))》	《보통교과동국역사(普通敎科東國歷史)》
《신정동국역사(新訂東國歷史)》	《대동역사략(大東歷史略)》
《대한신지지(大韓新地誌)》	《대한지지(大韓地誌)》
《최신고등대한지지(最新高等大韓地誌)》	《문답대한신지지(問答大韓新地誌)》
《최신대한신지지(最新大韓新地誌)》	《최신대한초등지지(最新大韓初等地誌)》
《최신초등소학(最新初等小學)》	《고등소학독본(高等小學讀本)》
《국문과본(國文課本)》	《초등소학(初等小學)》
《국민소학독본(國民小學讀本)》	《여서(女書)》
《초등윤리학교과서(初等倫理學敎科書)》	《독습일어정칙(獨習日語正則)》
《정진일어대해(精選日語大海)》	《실지응용작문법(實地應用作文法)》
《국가사상학(國家思想學)》	《민족경쟁론(民族競爭論)》
《국가학강령(國家學綱領)》	《음빙실자유서(飮氷室自由書)》
《준비시대(準備時代)》	《음빙실문집(飮氷室文集)》
《국민수지(國民須知)》	《국민자유진보론(國民自由進步論)》

9) 《조선총독부관보朝鮮總督府官報》1910. 11. 19,《경무월보警務月報》1910년,《매일신보每日申報》1910. 11. 16.

《세계삼괴물(世界三怪物)》	《남녀평권론(男女評權論)》
《강자의 권리경쟁(强者의 權利競爭)》	《대가논집(大家論集)》
《청년입지편(靑年立志編)》	《편편기담경세가(片片奇談警世歌)》
《소아교육(小兒敎育)》	《애국정신(愛國精神)》
《애국정신담(愛國精神談)》	《몽견제갈량(夢見諸葛亮)》
《을지문덕(乙支文德(국한문))》	《이태리건국삼걸전(伊太利建國三傑傳)》
《화성돈전(華盛頓傳)》	《파란말년전사(波蘭末年戰史)》
《미국독립사(美國獨立史)》	《애급근세사(埃及近世史)》
《소학한문독본(小學漢文讀本)》	《20세기 대참극 제국주의(二十紀大慘劇帝國主義)》

이후 우리나라에서 워싱턴 전기는 40여 년이 지난 1952년에서야 다시 출판되었다. 한국전쟁 중인 1952년에 출간된 박성하의 《미국의 아버지 쬬오지 워싱톤전》 서문에 다음과 같은 내용이 있다.

"한 개의 식민지에 지나지 못하였던 아메리카는 지금 세계에 으뜸 가는 강대한 독립 국가가 되었다. 그가 생산하는 물산은 모든 민족을 흡족시키고, 그가 창도하는 민주주의는 억눌림에 허덕이던 전 인류에 게 새로운 희망을 주고 있다. (중략) 이렇게 천재의 분투적 일생을 사실에 의하여 소설적으로 그려낸 것이 이 책의 내용이니만치 독자에 게 많은 감격을 줄 것이다. 더군다나 내외 정세로 보아 그 당시의 아메리카와 흡사한 환경에 놓여 있는 우리 대한의 아들딸들은 이 위대한 선배에게 배워야 할 점이 더욱 많을 줄 믿는 바이다."[10]

10) 박성하 편저, 《미국의 아버지 쬬오지 워싱톤전》, 명세당, 1952, 1쪽.

박성하는 서두에서 워싱턴을 미국의 독립과 민주주의를 쟁취한 인물이라고 소개하고 있는데, 이는 북한을 비롯한 공산 진영의 침략에 맞서 싸우고 있는 민주 진영의 정당성을 말하기 위함이다. 말미에서는 전쟁 중인 현 상황이 예전의 워싱턴이 활약하던 당시와 흡사하다고 하며 독자들에게 워싱턴을 본받아 배울 것을 역설하고 있다.

1994년에 출간된 《조지 워싱턴-미국의 역사를 창조한 대통령》을 번역한 역자 정형근은 다음과 같이 말하였다.

> "워싱턴은 신생 미국을 책임지는 대통령직에 올라서도 대내외의 난국을 슬기롭게 헤쳐 나갔고 특히, 오늘날 미국에서 민주주의가 꽃 필 수 있도록 그 씨앗을 심었다. 그는 민주공화제의 전통을 세우기 위해 주위의 만류를 뿌리치고 스스로 대통령직에서 물러나는 결단을 보여주었다. (중략) 그가 후세들에게 미국 건국의 아버지로 추앙받는 이유는 현시대를 지배하고 이끌어 가는 강대국 미국의 초대 대통령이었다는 점 때문만이 아니라, 그가 이룩하고 꽃피운 민주주의에 대한 빛나는 업적 때문이다.[11]

정형근의 번역서는 앞에서 소개한 박성하의 책이 나온 지 40여 년이 지난 시점에 출간되었다. 한국전쟁이 끝난 뒤 우리나라는 이승만의 독재와 4·19 혁명, 5·16 군사 정변과 10월 유신, 12.12 군사 반란과 5·18 광주 민주화 운동, 5·6공 군사 정권 탄생 등 숨 가쁜 격동의 시대를 지나왔다. 40여 년간 민주주의라는 화초는 권력자들의 독재를 위한 만행으로 짓밟히고 뿌리째 뽑혔다. 정형근의 번역서가 출

---

11) 제임스 T. 플렉스너, 정형근 옮김, 《조지 워싱턴-미국의 역사를 창조한 대통령》, ㈜ 고려원, 1994. 역자의 에필로그 참조.

간된 것은 문민정부의 출범 후이기에 감회가 새로웠을 것이다. 이런 측면에서 역자는 에필로그에 워싱턴의 위대한 점이 스스로 대통령직에서 물러나 민주공화제의 전통을 세운 것 때문이고, 워싱턴이 추앙받는 이유가 민주주의를 꽃피웠기 때문이라고 한 것이다.[12]

　2012년에 출간된 김형곤의 저서 《조지 워싱턴의 정직의 힘》은 이전의 워싱턴 전기와 다른 형태를 보여준다.

　　"워싱턴에게서 나는 한 인간이 어떻게 하여 진정한 리더로 성장할 수 있는가를 찾았다. 워싱턴에게서 나는 리더는 어떠해야 하며, 국가의 대통령은 어떠해야 하는가 답을 얻었다. 리더는 솔선수범해야 하며, 대통령은 청렴결백해야 한다. 워싱턴에게 위대한 리더들이 가지고 있는 공통적 특징이 있다. 배움, 비전, 목표, 권한위임, 혁신 등, … 하지만 워싱턴의 리더십의 가장 큰 특징은 청렴결백, 그리고 진정성을 생명보다 소중히 여기는 '정직(integrity)'에 있다. 정직한 진실성이 있었기에 워싱턴은 어린 시절의 난관을 뚫고 리더로 성장할 수 있었다. 정직한 성실성이 있었기에 형편없이 불리하기만 했던 독립전쟁에서 그는 승리를 이끌어 독립시킬 수가 있었다."[14]

12) 2011년에 출간된 《조지 워싱턴-초대 대통령》에서도 비슷한 내용이 나온다. 저자는 머리말에 "최고 권력을 가진 사람이 스스로 그 자리에서 물러난다는 것은 인류 역사상 보기 드문, 아니 조지 워싱턴만이 유일한 경우이다. 역사를 통해 최고 권력을 가진 사람들은 하나같이 스스로를 그 최고의 자리에 독점시키는 일에 충실했다. 그리고 그 자리에서 다른 사람들에 의해 비참하게 죽거나 물러났다. 로마의 카이사르가, 영국의 크롬웰이, 프랑스의 나폴레옹이, 스페인의 프랑코가, 독일의 히틀러가, 우리나라의 박정희와 전두환이 그러했다."라고 하면서 워싱턴의 위대함은 '권력의지'에서 벗어나 진정한 인류의 대의인 '자유'와 '민주주의'를 실천한 점이라고 역설하였다. 김형곤 저, 《조지 워싱턴-초대 대통령》, 선인, 2011, 10쪽.

즉 집단 서사가 아닌 개인적 서사의 관점에서 김형곤의 저서는 이전 워싱턴 전기와 다르게 워싱턴의 생애 중심의 서사가 아니라 리더십의 관점에서 새로운 저술이라는 점에서 의의가 있다. 이상이 중국과 한국에 소개된 워싱턴 전기와 저술에서 워싱턴의 이미지가 어떻게 변모해 왔는지에 대한 간결한 고찰이다. 시대에 따라, 당대의 사회적 요구에 따라 도덕적 성인군자, 민주주의 화신, 독립투사, 도덕적 지도자에 이르기까지, 워싱턴을 이해하고 활용하는 모습도 변천해 왔음을 확인할 수 있다.

6. 《화성돈전》은 어떻게 읽어야 할까?

이는 '오늘날 우리 사회가 바라는 정치 지도자의 모습은 어떠해야 하는가?'라는 물음과도 직결되어 있다. 결론부터 말하자면, 앞서 살펴본 독립투사, 민주주의 화신, 도덕적 지도자로서의 모습 전부가 이 질문에 대한 답일 것이다. 그리고 그 모든 모습을 조지 워싱턴 한 사람에게서 찾아볼 수 있다는 것, 그리고 120년 전 정치 지도자에게 요구되었던 가치들이 오늘날에도 유효하다는 사실에서, 《화성돈전》은 여전히 빛을 발하고 있다. 《화성돈전》 속 조지 워싱턴이 민주공화국이라는 새로운 정치체제를 형성하는 과정에서 권력을 독점하지 않고 분산했다는 점, 새로운 역사와 문명으로 용기를 가지고 나아갔다는 점, 국민과 자신에게 정직했다는 점, 목적을 위해 수단을 희생시키는 마키아벨리즘이 아닌 정도正道를 따르는 정치가였다는 점은 분명하다. 이

---

13) 김형곤 저, 《조지 워싱턴의 정직의 힘》, 새문사, 2012, 20~21쪽.

와 관련해서 조지 워싱턴을 나폴레옹과 비교하여 천하의 개인적인 영웅이 아닌 민주 국가의 공동체 지도자로 그렸다는 점 역시 주목해야 한다. 이런 측면에 집중해서 살펴볼 때, 《화성돈전》은 정치 지도자의 구성 요건을 제시할 뿐 아니라, 우리 사회가 당면한 시대적 과제를 어떻게 극복해야 하는지에 관해서도 시사하는 바가 크다.

우리 앞에 남겨진 과제들은 크고 무겁다. 안중근이 염원했던 한반도의 안전한 독립, 즉 제국주의의 희생물인 분단국가의 통일과 해묵은 진영 갈등이 아직 해결되지 않은 채 남아있으며, 문명사적 전환, 기후 위기와 같은 세계적 위기들 역시 새롭게 풀어나가야 하는 것들이다. 이에 대해 조지 워싱턴은 우리에게 어떤 가르침을 주고 있을까?

첫째는 정직의 리더십이다. 조지 워싱턴은 항상 자신에게 진솔했으며, 일평생 그 절조를 잃지 않았다. 책 끝부분에 등장하는 앵두나무 일화는 그의 정직한 품성을 잘 보여주고 있다.

워싱턴은 아버지의 노함을 보고 두려움이 컸지만, 잠시 문득 생각하였다. "망언으로 남을 속이는 것은 선현께서 경계한 것이다." 마침내 감히 숨기지 않고 아버지 곁에 나아가 머리를 숙이고 스스로 그 전말을 아뢰었다. 아버지는 처음에 워싱턴이 반드시 스스로 숨기리라 생각하였는데, 지금 오히려 그렇지 않음에 매우 기특하게 여기고 워싱턴을 안아주고 위로하며 말하였다. "나는 차라리 앵두나무 천 그루를 잃을지언정 너의 정직함은 잃지 않겠다." 마침내 아버지는 워싱턴을 더욱 사랑하였다.

이런 정직함이 밑바탕이 된 정치 지도자는 국정을 운영할 때 그 목적이 공정하고 방법이 순수할 수밖에 없다. 워싱턴 역시 그랬다.

그 일생에서 가장 완전한 점은 공정한 목적과 순수한 방법에 있다. 모략은 정치가의 나쁜 버릇이다. 그에게는 없다. 그가 외국과 국민을 대하는 태도는 한결같이 바른 도리에서 나왔다. 설령 지모를 쓰더라도 간사하고 기만하는 것과는 다른 것이다. 사리사욕과 공명에 연연하여 못 버리는 반대자들도 그의 덕德에 훈도되어 함께할 수 있었다.

이와 같은 워싱턴의 태도는 그 목적이 공정하지 않거나 방법이 순수하지 않더라도 결과만 내면 된다는 결과 지상주의적 정치 풍토에 경종을 울리고 있다. 정치 지도자가 가장 먼저 갖춰야 할 덕목은 바로 자신의 양심에 진실하고 국민 앞에 진실한 정직함이라는 것을 잊어서는 안 된다.

둘째는 통합의 리더십이다. 조지 워싱턴은 미국이 민주공화당과 연방당으로 나뉘어 다툴 때도 어느 한 편에 서지 않고 끝내 진영 간의 갈라짐을 하나로 아울러냈다. 진정한 독립에 앞서 국민정신을 하나로 모으고, '미숙한 공화국'을 '영원한 중립'을 가진 세계 선도 국가로 만들어 낸 기저에는 조화와 균형을 통한 중용과 공정의 정신이 있었다. 한쪽으로 기울지 않는 저울과 같았던 워싱턴의 리더십은 진영 논리에 빠져 명분이나 시비를 가리는 규칙 없이 '잠깐의 이기는 데에만 힘쓰는' 정치 지도자들에게 시사하는 바가 크다.

셋째는 인내의 리더십이다. 조지 워싱턴은 독립전쟁 과정에서 끊임

없이 밀려오는 위기와 고전에도 참고 견디며 포기하지 않는 인내심을 보여주었다. 이 백절불굴의 의지로 끝내 영국 제국주의를 물리치고 미국이라는 신생 독립국가를 만들었다는 점이 바로 안중근으로 하여금 조지 워싱턴을 주목하게 만든 이유였을 것이다.

"지난날 미국 독립의 주역인 워싱턴은 7, 8년의 풍진 기간에 수많은 곤란과 고초를 어찌 참고 견뎌낼 수 있었던가? 진실로 만고에 둘도 없는 영웅호걸이다."

안중근이 닮고자 했던 워싱턴의 도전정신, 불굴의 인간(Homo Invictus)으로서 꺾이지 않는 인내심은 오늘날에도 여전히 유효하고 중요하다. 무엇보다도 한반도가 처해있는 분단 상태에서의 독립이 절반의 독립에 불과하다는 점에서 그렇다. 현재 상황을 극복하고 안중근이 염원한 완전한 독립으로 나아가는 길은 평화를 통한 통일 뿐이다. 인내의 리더십은 바로 한반도의 통일과 동아시아의 평화를 향해 이 지난하고 험난한 과정을 거쳐나가기 위해서 지도자뿐만 아니라 공동체 차원에 요청되는 덕목이다.

넷째는 통찰의 리더십이다. 조지 워싱턴은 미국 독립을 추진하는 과정에서 왕정으로 복구하지 않고 민주공화국이라는 새로운 정치체제로 나아갔다. 바로 이 지점이 뛰어난 역량을 가지고 동시대를 살았던 두 사람, 나폴레옹과 조지 워싱턴이 대별되는 점이다.

지금 워싱턴을 나폴레옹에 비교하면 그 경우가 같지 않을 뿐 아니라, 그 성격 또한 크게 다르다. 나폴레옹은 풍운의 기회를 타고 시세의 조류를 이용하여 자신의 영광을 희구하였다. 워싱턴은 역경에 처하여 국가를 위해 힘을 다하고 인민을 위해 힘을 다하였으며, 정의를 지키고 공평한 도리를 행하였다. 나폴레옹은 '불가능한 일은 없다'라는 말을 마음에 새겨 온갖 장애를 타파하고, 워싱턴은 '길〔道〕은 정의에 있다'라는 한 마디를 가슴에 새겨 자기 한 몸을 돌아보지 않았다. 한 사람은 '기백(氣魄)'으로 일컬어지고, 한 사람은 '박애(博愛)'로 일컬어진다. 한 사람은 비바람 치는 산골짜기에 큰 바다의 파도가 내달리고 솟구치는 것과 같아서 듣는 사람은 귀를 막는다. 한 사람은 봄날의 온화한 바람에 뭇 양들이 즐거워하고 푸른 풀이 돋아난 긴 둑에 노니는 사람들이 돌아갈 것을 잊은 것과 같다. 누가 크고 누가 작은가? 그 사이에 어찌 큰 차이가 존재하지 않겠는가?【⊕6장 8】

새로운 역사, 새로운 국가, 새로운 문명을 만들고 선도하는 능력, 그리고 그 모든 과정에서 보여준 통찰의 정신이 워싱턴에게는 있었다. 바로 이것들이 한반도와 동아시아의 평화를 이룩하고, 새로운 정치 담론과 소통 체제를 이끌어가는 선도 국가로 우뚝 서기 위해 한국 사회에 필요한 리더십일 것이다. 즉, 문명사적 위기를 겪어나가는 오늘날의 사람들에게 가보지 않았던 새로운 길을 제시할 수 있는, 보편 문명 담론에 대한 통찰의 리더십인 것이다.

조지 워싱턴이 당대 현실에서 보여주었던 리더십, 정직, 통합, 인내, 통찰의 정신은 《화성돈전》이 출간된 지 120년이 지난 21세기를 살아가고 있는 우리에게도 여전히 유효하다. 조지 워싱턴 한 개인에 대한 평가를 넘어서, '지금 우리 사회에 필요한 리더십이 어떠한 것인지'에 대한 답을 바로 이 책을 통해 읽어내야 한다고 제안한다.

인명·지명 일람표

인명(人名)			
번호	한국어	한자어	일본어	영어
1	조지 워싱턴	華盛頓	ジョージ、ワシントン	George Washington
2	에이브러햄 링컨	林肯	アブラハム、りんコルン	Abraham Lincoln
3	로렌스 워싱턴	魯倫斯	ローレンス、ワシントン	Lawrence Washington
4	오거스틴 워싱턴	柯架斯頓	オーガスチン、ワシントン	Augustine Washinton
5	윌리엄 페어팩스	威亞弗斯	ウィリアム、フェーアフアックス	William Fairfax
6	조셉 애디슨	亞基遜	アヂソン	Joseph Addison
7	크리스토퍼 콜럼버스	可侖布	クリストフュー、コロンブス	Christopher Columbus
8	클로드 피에르 페코디 드 콩트르쾨르	康帶克	コントラケール	Claude-Pierre Pécaudy de Contrecœur
9	조슈아 프라이	夫里	フライ	Joshua Fry
10	로버트 딘위디	亭維棣	ディンウィディー	Robert Dinwiddie
11	존 워싱턴	專輿	ジョージ	John Washington
12	앤 포프	北巴	アンタ、ポープ	Ann Pope
13	메리 볼 워싱턴	薄爾	マーリ、ボール	Mary Ball Washington
14	윌리엄 왕	威廉	ウイリアム	King William
15	앤 여왕	亞晤	アン	Queen Anne
16	조지 왕	專輿	ジョージ	King George
17	제임스 이네스	因	イン	James Innes
18	크리스토퍼 기스트	克士脫	ギスト	Christopher Gist
19	윌리엄 트렌트	頓脫	トレント	William Trent
20	조제프 쿨롱 드 주몽빌	裘蒙弼	ジュモンビュー	Joseph Coulon de Jumonville

21	제임스 맥케이	麥寇	マケイ	James Mackay
22	루이 쿨롱 드 빌리에	杜理	デヴラー	Louis Coulon de Villiers
23	자크 르가르되르 드 생피에르	沈布	サンピエル	Jacques Legardeur de Saint-Pierre
24	에드워드 브래독	布拉脫苦	ブッラドック	Edward Braddock
25	토마스 던버	古爾巴	ダンバー	Thomas Dunbar
26	사무엘 데이비스	達倍斯	サミエル、ダービス	Samuel Davies
27	루이 조제프 드 몽칼름	蒙卡爾嬁	モンカルム	Louis Joseph de Montcalm
28	다니엘 웹	烏也布	ウェッブ	Daniel Webb
29	찰스 콘윌리스	希呀來	シャーレー	Charles Cornwallis
30	존 닥워시	古怒基	ダグウォルジー	John Dagworthy
31	존 포브스	福利培	フォルベス	John Forbes
32	제임스 그랜트	達郎脫	グラント	James Grant
33	앙리 루이 부케	簿開	ボーケー	Henry Louis Bouquet
34	제임스 울프	烏爾夫	ウルフ	James Wolfe
35	윌리엄 존슨	喬松	ジョンソン	William Johnson
36	윌리엄 셜리	希爾	シルリー	William Shirley
37	마사 커스티스	加基斯	マルター、カスチス	Martha Custis
38	가이우스 율리우스 카이사르	該撒	シーザー	Gaius Julius Caesar
39	마르쿠스 유니우스 브루투스	不盧多	ブラタス	Marcus Junius Brutus
40	찰스 1세	查爾斯	チャーレス	Charles I
41	올리버 크롬웰	克林威爾	クロンウェル	Oliver Cromwell
42	토머스 게이지	拜其	ゲージ	Thomas Gage
43	페이턴 랜돌프	倫杜夫	ペイトン、ランドルフ	Peyton Randolph
44	윌리엄 워트	維爾脫	ウィルト	William Wirt
45	존 러틀리지	淮武爾	ワツトレッヂ	John Rutledge

46	패트릭 헨리	顯利	パトリック、ヘンリー	Patrick Henry
47	윌리엄 피트	費式	ウィリアム、ピット	William Pitt
48	벤자민 프랭클린	富蘭比	フランクリン	Benjamin Franklin
49	존 애덤스	亞達密	ジョン、アダムス	John Adams
50	이선 알렌	倭倫	イーザン、オーレン	Ethan Allen
51	존 핸콕	享売克, 亨殻	ジョージ、ハンコツク	John Hancock
52	윌리엄 하우	花, 赫華	ハウ	William Howe
53	존 버고인	罷公	バーゴーン	John Burgoyne
54	헨리 클린턴	崑頓, 困頓	クリントン	Henry Clinton
55	이즈라엘 퍼트넘	巴式嫩	プットナン	Israel Putnam
56	리처드 몽고메리	孟格梅	モントゴメリー	Richard Montgomery
57	베네딕트 아놀드	亞腦特	ベネジクト、アーノルド	Benedict Arnold
58	윌리엄 물트리	摩德立	モルトリー	William Moultri
59	피터 파커	栢克	ピーター、パーカー	Sir Peter Parker
60	밴저민 프랭클린	富蘭比, 富蘭昆	ベンジャミン、フランクリン	Benjamin Franklin
61	토머스 제퍼슨	吉富爾	ジエッフェルソン	Thomas Jefferson
62	찰스 톰슨	泰姆遜	チャーレス、タムソン	Charles Thomson
63	너새니얼 그린	葛林	グーリン	Nathanael Greene
64	존 설리번	薩利彭	サリバン	John Sullivan
65	애브라함 우드헐	烏式盤	ウッドハル	Abraham Woodhull
66	찰스 헨리 리	李	リー	Charles Henry Lee
67	로버트 마가우	馬科	マゴー	Robert Magaw
68	휴 머서	馬梭	マーセル	Hugh Mercer
69	알렉산더 해밀턴	哈彌頓	アレキサンダー、ハミルトン	Alexander Hamilton
70	헨리 녹스	享利	ヘンリーノックス	Henry Knox

71	에드먼드 제닝스 랜돌프	蘭特爾	エドマンド、ランドルフ	Edmund Jennings Randolph
72	존 제이	村係	ジョン、ゼイ	John Jay
73	에드먼드 찰스 제닛	葛那	ゲ子一	Edmond Charles Genêt

	지명(地名)			
번호	한국어	한자어	일본어	영어
1	버지니아	巴基尼亞	バージニア	Virginia
2	스태퍼드	弐福特	スタッドフォルド	Stafford County
3	앨러게니	亞奈加尼	アレガニー	Alleghany
4	샘플레인호	香巴侖	シャンプレーン	Lake Champlain
5	웨스트모어랜드	惠斯穆蘭	ウエストモーアランド	Westmorland
6	포토맥	薄脫馬苦	ポトマック	Potomac River
7	멕시코	墨西哥	メキシコ	Mexico
8	플로리다	夫洛利達	フロリダ	Florida
9	퀘벡	塊倍苦	クエベック	Quebec
10	온타리오호	來克昻託	レークオンタリオ	Lake Ontario
11	캐나다	坎拿大	加奈太	Canada
12	네덜란드	荷蘭	和蘭	Netherlands
13	브런즈윅	盆斯維克	ブルンスウイック	Brunswick
14	미시시피	米司希比	ミスシシピー	Mississippi
15	바베이도스	拔爾勃	バルバドー	Barbados
16	오하이오	屋准郁	オハイオ	Ohio
17	윌스크리크	溫司里克	ウイルスクリーク	Wills Creek
18	윌리엄즈버그	維里亞勃	ウイリアムスバーグ	Williamsburg
19	피츠버그	比次罷古	ピッツバーグ	Pittsburgh

20	모논가헬라	木諾軋拉	モノンガエラ	Monongahela
21	이리호	伊犁	エリー	Lake Erie
22	베난고	武嫩	ヴナンゴー	Venango
23	그레이트 메도우	格來特密	グレートミード	Great Meadows
24	네시시티 요새	奈塞啓	エッセシチー	Fort Necessity
25	나이아가라 요새	尼恰軋, 尼亞軋	ニカラガ, ナイアガラ	Fort Necessity
26	뉴욕	紐約	ニューヨーク	New York
27	듀켄	梯肯	テュケーン	Du Quesne
28	세인트로렌스	聖多廉士	セントローレンス	Saint Lawrence
29	타이콘데로가	啓孔突	チコンデラガ	Ticonderoga
30	루이스버그	里司巴格	ルイスバーグ	Louisbourg
31	아카디아	亞爾干棣	アルカディア, アルガヂア	Acadia
32	펜실베이니아	奔臭巴尼	ペンシルバニア	Pennsylvania
33	컴벌랜드	根排侖特	カンバーランド	Cumberland
34	마운트버논	培爾嫩	マウントベルノン	Mount Vernon
35	르뵈프	爾布夫	ルブッフ	Leboeuf
36	윌리엄 헨리 요새	亨利	ウイリアム、ヘンリ	Fort William Henry
37	보스턴	波斯頓	ボストン	Boston
38	필라델피아	壑鐵謔	ヒラデルヒヤ	Philadelphia
39	로열해나 크리크	羅義享那, 羅義享那	ローヤルハンナー	Loyalhanna Creek
40	크라운 포인트	夸侖冰忒	クラウンポイント	Crown Point
41	몬트리올	孟爾利	モンリエル	Montreal
42	스페인	西班牙	西班牙	Spain
43	플로리다	夫洛利達	プロリダ	Florida
44	파리	巴黎	パリー	Paris
45	프레데릭	斐狄克	フレデリッキ	Frederick

46	메사추세츠	馬薩犬斯	マサチューセット	Massachusetts
47	알렉산드리아	亞立散德里	アレキサンドリア	Alexandria
48	렉싱턴	勒與頓, 勒興頓	レキシントン	Lexington
49	콩코드	空売爾脱	コンコルド	Concorde
50	반스터블	盆斯台保	バーンステープル	Barnstable
51	조지아	局尼迦, 局爾迦	ジョールジア	Georgia
52	샬럿	郤羅式	チャーロット	Charlotte
53	벙커힐	晩霞丘	晩霞丘	Bunker Hill
54	브리드힐	蒲緇爾	ブリーヅヒル	Breed's hill
55	도체스터	杜牽泰	ドルチエスター	Dorchester
56	브루클린	蒲爾肯	ブルークリン	Brooklyn
57	롱 아일랜드	倫葵蘭	ロングアイランド	Long Island
58	저먼타운	迦孟呑	ジャーマンタウン	Germantown
59	이스트 강	東河	東河	East River
60	허드슨 강	哈獨宋河	ハドソン河	Hudson River
61	스태튼 섬	司蚕伊蘭	スターテン島	Staten Island
62	블루밍데일	蒲明特	ブルーミンデール	Bloomingdale
63	해컨색	根塞	ハーケンザック	Hackensack
64	노스 캐슬	約加斯爾	ノースカツスル	North Castle
65	아메리카	亞美利加	亞米利加	America
66	케임브리지	肯祺布, 肯布祺	ケンブリッヂ	Cambridge
67	코네티컷	孔奈卡	コンヱチカット	Connecticut
68	트렌턴	脱倫頓	トレントン	Trenton
69	델라웨어	拿威	デラウエーア	Delaware
70	메릴랜드	馬里倫	メリーランド	Maryland
71	볼티모어	巴爾却	バルチモーア	Baltimore
72	헤센	倍希恩	ヘシアン	Hessen

73	에드워드 요새	愛特威	エドワード	Fort Edward
74	새러토가	撒脫格	サラトガ	Saratoga
75	요크타운	漁泰溫	ヨークタウン	Yorktown
76	체서피크	旭撒比克	ショサピーク	Chesapeake
77	영국	英國	英國	United Kingdom
78	미국	美國	米國	United States

근대용어* 찾아보기

• 숫자는 원문의 단락 번호이며 각 장을 구분했다

* 《화성돈전》에 사용된 것으로, 근대시기에 새롭게 유입된 신조어나 그 이전 시기에는
　용례를 찾아보기 어려운 어휘들이다. 후속적인 연구를 통해 해당 용어의 뿌리와 수
　용을 더 확실하게 추적하고 확인할 계획이다.

참고문헌

1. 기본자료

福山義春, 《華聖頓》, 博文館, 1900.

丁錦, 《華盛頓》, 文明書局, 1903.

崔生(최남선), 〈華盛頓傳〉《대한유학생회학보》1, 1907. 3.

李海朝, 《華盛頓傳》, 滙東書館, 1908.

2. 국내 논저

《비판정본 東洋平和論》, 독도도서관친구들, 2019.

《비판정본 安應七 歷史》, 독도도서관친구들, 2020.

심형근 저, 《조지 워싱턴-초대 대통령》, 선인, 2011.

김형곤 저, 《조지 워싱턴의 정직의 힘》, 새문사, 2012.

박성하 저, 《미국의 아버지 죠오지 워싱톤전》, 명세당, 1952.

손성준, 〈영웅 서사의 동아시아 수용과 중역의 원본성: 서구 텍스트의 한국적 재맥락화를 중심으로〉, 성균관대학교 박사학위논문, 2012.

안경환, 〈미국 독립선언서 주석〉, 국제지역연구 제10권 제2호, 서울대학교 국제지역원, 2001.

제임스 T. 플렉스너, 정형근 옮김, 《조지 워싱턴-미국의 역사를 창조한 대통령》, ㈜ 고려원, 1994.

독도디지털도서관 소개

종이책으로 출판되는 이 《화성돈전》은 독도디지털도서관(http://
www.dokdodl.org/)에서도 이용할 수 있다. 독도디지털도서관은 미
국 의회가 후원하고 터프츠Tufts 대학이 꾸리고 있는 '페르세우스
Perseus 디지털도서관'을 모델로 삼아 시작되었으며, 기존의 한국 '디
지털 도서관'들이 가지고 있었던 한계를 극복하고, 연구자와 대중 모
두를 위한 한국어 누림터를 구축하기 위해서 노력하고 있다. 독도디
지털도서관은 다음과 같은 세가지 원칙에 입각하여 만들어졌다.

첫째는 신뢰성과 표준성이다. 독도디지털도서관에서 제공하는 텍
스트들은 모두 서양고전문헌학의 방법론에 기초하여 만들어진 비판
정본을 토대로 하며, 텍스트와 함께 비판 정본의 편집자, 번역자, 주해
자의 이름을 명시하여 공신력을 확보한다. 편집부호 사용과 비판장치
기술은 원칙적으로 국제 표준 부호 및 약호를 따르며, 한국어와 한국
한문을 기술하는데 있어 필요한 경우 자체적인 부호와 약호를 표준으
로 만들어 사용한다.

둘째는 접근성과 편리성이다. 독도디지털도서관은 지리적·경제적
·문화적 배경에 상관없이 최대한 많은 사람들이 접근할 수 있도록 활
용 가능한 자료를 온라인 플랫폼을 통해 공개한다. 또한 전문 연구자
뿐만 아니라 학생과 일반 독자들도 쉽게 정보를 이용할 수 있도록 구
성과 디자인을 꾸준히 이용자 친화적으로 개선한다.

셋째는 연결성과 확장성이다. 독도디지털도서관은 축적된 텍스트 간의 상호텍스트성intertextuality을 활용하기 위해, 도서관 내부에 역동적인 관계망을 구축하고자 한다. 이는 이용자들의 관심사가 단일한 텍스트를 독해하는 데에서 그치지 않고, 다양한 텍스트를 여러 차원에서 음미할 수 있도록 도구상자를 제공하는 것과 같다. 이를 통해 독도디지털도서관은 한편으로는 근현대 한국사 연구자들에게 근대 한국의 사상과 사회를 조망하는 원천자료로 활용될 수 있고, 다른 한편으로는 한국어 연구자들에게 근대 한국어의 변천을 통시적으로 추적할 수 있는 언어 자료의 축적을 목표로 한다. 텍스트가 쌓여갈수록 연구 주제들은 연쇄적으로 확장되어 갈 것이다. 또한 도서관 외부에 출처를 둔 관련 자료와 배경 정보들을 텍스트 본문에 연결하여, 인쇄본에서는 구현할 수 없었던, 지속적으로 확장가능한 디지털도서관 구축을 추구한다.

궁극적으로 독도디지털도서관은 상기한 세 가지 원칙에 따라 한국의 문헌학, 나아가 디지털 문헌학의 실라잡이가 될 모범적인 준거점을 제시하고, 한국의 근대 문헌을 언제 어디서나 누구나 향유할 수 있도록 만드는 것을 목표로 삼고 있다. 독도디지털도서관은 현재 웹 상에서 확인할 수 있으며, 이용자들의 편의와 학술적 발전을 위해 계속해서 새롭게 단장하고 있다. 이번《화성돈전》역시 디지털 비판정본으로 공개하여 보다 많은 사람들이 누릴 수 있기를 기대한다. 아래는 독도디지털도서관의 시작화면이다.

이 책이 세상의 빛을 보게 도운 사람들

정회원

강태리 곽문석 김경애 김도형 김민웅 김수련 김수연 김은령 김은숙 김종원 김태주
김현미 김현주 박나현 박미은 박선영 박지혜 박진혜 박태찬 박혜경 백승우 백혜경
서지윤 서희원 손하누리 송정희 안재원 여희숙 염정훈 오정인 유형록 윤선희 윤재성
이숙현 이영미 이용창 이제이 이종훈 이종희 임준희 장예종 장원택 장점숙 정소영
정지영 천원석 최강토 최용근 최지원 하춘선 한송이 허소희 허순영

후원회원

감혜정 강경구 강경미 강경이 강경혜 강경희 강규옥 강기만 강동주 강동환 강두산
강무홍 강문희 강미경 강미옥 강민선 강범준 강산 강상애 강선영 강선중 강성란
강성희 강소영 강숙 강순영 강여진 강연정 강영우 강우원 강유리 강은애 강은영
강인숙 강임화 강정숙 강제숙 강종심 강주현 강준우 강지아 강지원 강진영 강진영
강태리 강한아 강한옥 강행운 강혜정 강효정 강휘 강희선 강희숙 경유진 고경권
고경숙 고기숙 고대현 고라경 고명섭 고명임 고민지 고선하 고수미 고수아 고영저
고영조 고운정 고유경 고유미 고유진 고은실 고은정 고은정 고자현 고재광
고재원 고한조 고혜진 공명희 공민정 공석기 공선화 공재형 공회자 곽노현 곽문석
곽미숙 곽민정 곽수진 구미원 구수정 구수정 구신정 구지숙 구혜정 국혜연 권경진
권나현 권난주 권남선 권대훈 권두용 권명숙 권명희 권미숙 권미영 권민서 권민정
권석광 권선미 권소아 권순교 권영미 권영숙 권영심 권영애 권오춘 권유리 권유진
권윤덕 권은미 권이준 권정희 권초롱 권춘자 권해신 권현선 권혜림 권혜자 권희숙
금은주 금이순 김가희 김갑숙 김강수 김건우 김건희 김경렬 김경민 김경민 김경아
김경애 김경현 김경형 김경희 김경희 김계정 김고운 김광필 김광해 김귀향 김규랑
김근명 김근영 김근혜 김금래 김기돈 김기훈 김나연 김나윤 김나정 김난영 김다혜
김다혜 김달님 김대성 김덕수 김도윤 김도은 김도현 김도형 김동하 김동희 김동희
김라엘 김래영 김르우 김막희 김명규 김명미 김명숙 김명옥 김명희 김문경 김문호
김미경 김미경 김미남 김미래 김미령 김미령 김미선 김미선 김미성 김미숙 김미연
김미연 김미영 김미영 김미영 김미영 김미자 김미자 김미정 김미주 김미진 김미진
김미진 김미현 김미혜 김미희 김민기 김민빈 김민서 김민선 김민섭 김민아 김민웅
김민유 김민정 김민정 김민정 김민주 김민주 김민주 김민준 김민회 김민희

김민희 김바다 김범수 김범필 김병록 김병필 김병희 김보경 김보라미 김보선 김보연
김보현 김보혜 김복희 김봉민 김산 김상희 김새롬 김서영 김선경 김선경 김선녀
김선애 김선영 김선영 김선영 김선영 김선영 김선일 김선임 김선중 김선희 김선희
김선희 김선희 김선희 김선희 김선희 김성관 김성명 김성미 김성미 김성민 김성범
김성실 김성완 김성은 김성진 김성호 김세규 김세나 김세랑 김세영 김세진 김세진
김세화 김세화 김세화 김소담 김소양 김송이 김수경 김수근 김수련 김수린 김수선
김수연 김수자 김수정 김수지 김수진 김수진 김수향 김수현 김숙 김숙경 김숙림
김숙이 김순실 김순이 김순임 김순자 김순한 김순화 김슬아 김승연 김시열 김시현
김신영 김애경 김애자 김양미 김언호 김연희 김여숙 김연경 김연교 김연량 김연옥
김영도 김영미 김영미 김영숙 김영숙 김영숙 김영식 김영심 김영애 김영인 김영호
김영환 김영훈 김영희 김영희 김영희 김영희 김영희 김예슬 김예은 김옥렬 김옥희
김완숙 김완희 김외숙 김용숙 김용원 김용현 김운자 김원식 김원자 김원자 김원자
김원자 김원중 김월회 김유경 김유경 김유진 김유진 김유진 김유향 김윤경 김윤영
김윤정 김윤주 김윤주 김윤회 김은경 김은령 김은령 김은미 김은비 김은숙
김은숙 김은숙 김은숙 김은영 김은우 김은정 김은정 김은정 김은주 김은주 김은주
김은채 김은혜 김은화 김은희 김인곤 김인숙 김인애 김자연 김자희 김재경
김재미 김재성 김재은 김재희 김정룡 김정미 김정민 김정숙 김정순 김정아 김정애
김정옥 김정용 김정은 김정이 김정임 김정하 김정현 김정현 김정현 김정화 김정화
김정회 김정희 김종길 김종심 김종우 김종원 김주남 김주영 김주현 김주혜 김주희
김준엽 김중희 김지나 김지선 김지섭 김지수 김지안 김지영 김지영 김지영 김지영
김지영 김지영 김지우 김지원 김지은 김지은 김지현 김지현 김지혜 김진길 김진미
긴진서 김진성 김진수 김진이 김진이 김진영 김진영 김진옥 김진수 김진이 김진주
김진향 김진현 김진호 김진희 김찬경 김찬기 김창준 김창진 김창현 김창현 김채은
김채은 김채희 김청 김초롱 김춘화 김태경 김태경 김태윤 김태임 김태주 김태환
김필례 김필수 김한겸 김한나 김한솔 김해미 김해성 김해숙 김해인 김향미 김향순
김헌 김현 김현미 김현미 김현서 김현수 김현숙 김현실 김현애 김현우 김현정
김현정 김현정 김현주 김현주 김현주 김현주 김현주 김현주 김현주 김현주
김현주 김현주 김현지 김형숙 김형진 김혜림 김혜선 김혜숙 김혜순 김혜연 김혜영
김혜은 김혜정 김혜진 김혜진 김혜진 김혜진 김혜진 김환희 김효리 김효민
김효임 김효정 김효진 김후성 김훈민 김훈의 김희경 김희경 김희선 김희숙 김희정
김희정

나경림 나누리 나선민 나우천 나윤희 나은선 나지수 나현승 나현주 남경숙 남경준
남궁건 남궁린 남궁은숙 남권효 남규미주 남균희 남근후 남동금 남미진 남바 사야까
남수연 남수현 남영숙 남영식 남용희 남정연 남정이 남정희 남지민 남지연 남지원
남지원 노경미 노경숙 노미희 노민자 노성빈 노아현 노연경 노윤아 노인영 노정화
노형숙 노희숙

도미화 도영숙 동금자 두양진 라도윤 라안숙 라연서 류미경 류소형 류수진 류승연
류여원 류여해 류영선 류재수 류정아 류정옥 류주열 류현미 명연파 모미라 모영신
모현정 문경숙 문금희 문무영 문미경 문미진 문미희 문민경 문서윤 문수양 문수정
문슬혜 문아인 문연희 문은수 문은주 문지영 문지은 문진영 문진우 문채원 문필주
문현준 문희복 민경애 민정희 민태일

박건영 박경미 박경현 박경희 박관순 박규철 박금선 박금숙 박금순 박금자 박길성
박나현 박노욱 박명아 박명화 박미나 박미령 박미숙 박미은 박미홍 박민형 박민음
박보선 박봉재 박상훈 박상훈 박서준 박선경 박선미 박선영 박선옥 박선주 박선준
박선희 박성식 박성용 박성희 박소연 박소연 박소영 박소율 박소은 박소현 박송이
박수경 박수영 박수진 박수현 박숙현 박순섭 박순옥 박순옥 박순자 박순자 박승호
박신자 박신자 박아로미 박애란 박에스더 박연미 박연순 박연희 박영랑 박영렬
박영숙 박영욱 박영자 박영주 박영희 박예찬 박옥연 박운옥 박유진 박윤경 박윤정
박은경 박은미 박은성 박은숙 박은영 박은영 박은영 박은영 박은옥 박은정
박은정 박은주 박은주 박은진 박은희 박의선 박인식 박인옥 박인자 박임식 박재동
박재영 박재필 박재현 박점숙 박정림 박정숙 박정안 박정연 박정우 박정은 박정의
박정하 박정현 박정현 박정현 박정호 박정화 박정훈 박정희 박제성 박종덕 박종선
박종철 박주령 박주홍 박준상 박준영 박준영 박준영 박준용 박준혁 박준희 박지성
박지영 박지영 박지윤 박지이 박지정 박지혜 박진혜 박진화 박창숙 박채윤 박춘화
박태우 박찬찬 박한결 박한솔 박해련 박해옥 박혁거세 박현숙 박현옥 박현전 박현정
박현정 박현정 박혜경 박혜경 박혜경 박혜선 박혜숙 박혜연 박혜영 박혜영 박혜영
박혜정 박희성 박희옥 박희정 박희진 박희찬 반영선 반정록 반정하 방기정 방숙자
방정인 방희영 배금영 배미순 배소라 배양숙 배영선 배은주 배은희 배익준 배인경
배주영 배지연 배지현 배하율 백가희 백경연 백경윤 백근민 백근영 백금아 백금화
백성숙 백수원 백승미 백숙화 백안나 백영숙 백영춘 백정민 백창훈 백현숙 백현주
백혜경 백혜경 백혜경 법운 변경미 변경숙 변명기 변재규 변정인 부원종 부원종

사공진 서경미 서경희 서길동 서단오 서명주 서미선 서미화 서민경 서석현 서수정
서승원 서시원 서연미 서옥선 서우주 서우리 서은자 서은화 서은희 서인회 서재관
서재영 서재원 서정일 서정현 서지원 서지윤 서지훈 서진원 서진원 서천웅 서해림
서혜민 서희원 석주희 선원태 설동남 설서진 설서희 설정윤 설진선 설해근 성경숙
성소희 성송자 성예령 성유리 성은녕 성지연 성진숙 성춘택 소경은 소영지 소원섭
소진형 손경숙 손경희 손문희 손미교 손미령 손미숙 손민재 손상신 손선화 손세연
손아영 손애영 손은숙 손은주 손점남 손찬호 손하누리 손현주 손혜정 송경은 송덕희
송동훈 송문석 송미옥 송민정 송민정 송민주 송봉종 송선아 송성림 송성진 송수민
송수진 송수진 송숙희 송순옥 송승미 송승윤 송영실 송영현 송우주 송원경 송원진

송윤교 송은실 송은지 송인현 송정연 송정희 송준섭 송지영 송지형 송창희 송채영
송하종 송현석 송현숙 송회순 송희정 신가온 신경애 신계숙 신계숙 신기석 신기석
신기석 신동재 신동희 신명식 신명진 신미정 신민경 신민서 신민하 신봉화
신선옥 신선임 신설아 신성하 신수자 신수진 신숙녀 신순자 신승은 신승환 신연옥
신연주 신영숙 신영주 신은미 신은영 신은진 신은희 신재민 신정희 신진선 신진희
신한주 신해숙 신현숙 신현정 신현지 신현진 신현태 신혜경 신효순 심경희 심미숙
심상언 심영석 심원량 심유미 심윤경 심준호 심행연

안동실 안명옥 안신영 안윤로 안윤빈 안은영 안은영 안재원 안정희 안주영 안치환
안효숙 양기수 양나희 양미란 양미란 양미영 양미영 양미자 양민구 양부영 양부옥
양선례 양승규 양신이 양신택 양영금 양영옥 양원아 양유정 양윤영 양은희 양재옥
양지숙 양지인 양지현 양지혜 양춘아 양태훈 양하늘 양현미 양현정 양혜윤 양희선
어창선 엄돈분 엄정민 엄주원 엄태정 엄형수 엄호은 여성구 여수인 여은경 여차숙
여태전 여호수 여희경 여희숙 염가영 염슬아 염정삼 염정신 염정훈 예영미 오가영
오경숙 오경애 오기출 오덕수 오미경 오미나 오선옥 오선혜 오성근 오세련 오세범
오수희 오순이 오승민 오승주 오승준 오안나 오영자 오영희 오용주 오유경 오유진
오유진 오윤실 오유주 오은숙 오은영 오은주 오인섭 오정인 오정임 오정화 오준수
오창윤 오판진 오하은 오해균 오현영 오현주 오혜지 오효선 오효순 온정은 우경석
우미진 우승준 우승헌 우애정 우연미 우인숙 우인혜 우태헌 우해인 원종희 원혜진
원화자 원효진 위성신 유강남 유경순 유광연 유근란 유도영 유동걸 유미경 유미진
유병호 유보영 유상조 유수연 유숙현 유순자 유아주 유애희 유영애 유영애 유영옥
유영재 유은주 유인영 유정인 유정화 유정희 유주열 유지혜 유진아 유진아 유진아
유진영 유해선 유현아 유형록 유혜숙 유혜정 유희연 육수진 육연우 육재숙 윤경
윤경민 윤경숙 윤나래 윤나래 윤명숙 윤명자 윤미라 윤미선 윤민서 윤민수 윤보민
윤상민 윤서영 윤선희 윤성아 윤성원 윤성필 윤소영 윤숙향 윤영덕 윤영란 윤영서
윤영신 윤영채 윤영태 윤은덕 윤은자 윤은희 윤재성 윤재성 윤재숙 윤정아 윤정은
윤정후 윤주연 윤주옥 윤지선 윤지영 윤지은 윤지현 윤지현 윤지현 윤창순 윤한아
윤행숙 윤혜경 윤혜정 윤효숙 윤효영 윤희정 이가은 이강재 이건형 이경순 이경은
이경자 이경종 이경진 이경희 이경희 이계숙 이계화 이국엽 이권택 이규만 이금주
이금희 이기수 이길순 이다민 이다은 이덕 이도겸 이래경 이만식 이명숙 이명숙
이명우 이명혜 이명희 이문희 이미경 이미리 이미성 이미숙 이미숙 이미정 이미진
이미현 이미화 이민선 이민선 이민언 이민정 이민준 이민한 이병재 이보연 이보형
이보형 이보혜 이복희 이봉애 이상국 이상란 이상림 이상미 이상연 이상영 이상욱
이상은 이상종 이상철 이상희 이상희 이서린 이서빈 이서영 이서현 이선경 이선구
이선남 이선미 이선미 이선순 이선아 이선옥 이선용 이선용 이선주 이선주 이선지
이선진 이선희 이설빈 이성연 이성열 이성희 이성희 이소민 이소연 이소은 이수경
이수연 이수옥 이수진 이수진 이수진 이수호 이숙현 이숙현 이숙현 이숙현 이순애

이순호 이순화 이슬 이승미 이승숙 이승우 이승윤 이승희 이안 이안자 이연배
이연숙 이연옥 이연희 이영근 이영남 이영매 이영미 이영미 이영미 이영미
이영수 이영숙 이영애 이영옥 이영주 이영주 이영주 이영채 이영채 이영희 이예윤
이예지 이예지 이옥종 이옥화 이옥희 이옥희 이용순 이용중 이용창 이원희 이유리
이유리 이유주 이윤선 이윤정 이윤주 이은경 이은경 이은미 이은숙 이은애 이은영
이은정 이은정 이은정 이은정 이은정 이은정 이은주 이은주 이은진 이은혜 이은희
이은희 이인식 이재규 이재력 이재민 이재영 이재우 이재원 이재준 이재현 이정경
이정근 이정금 이정민 이정숙 이정숙 이정순 이정아 이정아 이정아 이정안 이정우
이정옥 이정인 이정호 이정희 이제웅 이제이 이종연 이종현 이종훈 이주연 이주연
이주영 이주영 이주영 이주하 이주해 이준희 이지민 이지선 이지수 이지애 이지연
이지연 이지연 이지영 이지영 이지영 이지영 이지은 이지인 이지향 이지현 이지현
이지후 이진 이진규 이진선 이진영 이진영 이진원 이진형 이찬희 이채영 이채율
이춘숙 이태겸 이태동 이하영 이하윤 이하윤 이하정 이학주 이해경 이해미 이향숙
이현경 이현숙 이현숙 이현아 이현정 이현주 이현주 이현주 이현주 이현주 이현주
이현지 이현진 이현하 이현화 이현희 이형도 이형준 이혜영 이혜원 이혜정 이혜진
이혜진 이홍걸 이화섭 이화수 이화엽 이화엽 이화진 이환성 이효경 이효남 이효린
이효민 이효준 이효진 이희라 이희란 이희승 이희옥 이희호 인경화 임건홍 임경주
임근영 임동신 임동진 임명주 임명현 임미경 임미라 임미선 임미은 임미정 임미현
임병선 임보라 임소연 임소정 임수민 임수연 임수연 임수진 임수필 임수형 임수희
임승종 임애련 임양선 임여진 임영님 임영란 임영신 임원자 임은경 임은진 임재윤
임정숙 임정연 임정진 임종석 임주경 임지애 임지연 임지영 임지현 임지현 임창경
임채임 임한결 임현숙 임현아 임형성 임혜연 임혜영

장경은 장경희 장미연 장범희 장보영 장상윤 장서윤 장선미 장선희 장수이 장시은
장애란 장양선 장여진 장연수 장영미 장영숙 장영철 장예종 장예종 장예종 장용철
장원선 장원철 장원택 장은빛 장은성 장은실 장재혁 장점숙 장정은 장주희 장진경
장진석 장채원 장현주 장혜정 장혜린 장혜림 장혜영 장호선 장희정 전경옥 전근완
전다운 전명국 전민영 전상화 전성실 전세련 전소정 전소현 전송이 전수진 전연휘
전영근 전영자 전유리 전윤희 전은숙 전은주 전인순 전정윤 전정현 전지은 전지혜
전지후 전진영 전충진 전태순 전향순 전현숙 전현미 전현욱 전현주 전혜경 전화연
전효선 정갑수 정경주 정광일 정규진 정금순 정금인 정금현 정금현 정길용 정길자
정남선 정동영 정란희 정명순 정미순 정미영 정미영 정미옥 정미정 정민지 정봉선
정부임 정상식 정상호 정서현 정석광 정석원 정선영 정성문 정성원 정세윤 정세은
정세인 정소영 정수은 정수진 정수희 정승규 정승연 정애령 정애리 정애숙 정여진
정연미 정연승 정연은 정영미 정영선 정영신 정영자 정영주 정옥 정옥남 정옥자
정운랑 정윤정 정윤희 정은미 정은선 정은선 정은숙 정은영 정은영 정은정 정은주
정은진 정은혜 정은화 정이원 정장화 정재민 정재연 정준호 정중현 정중현 정중현

정중현 정지구 정지선 정지성 정지순 정지심 정지영 정지은 정진 정진아 정진홍
정진화 정진희 정하윤 정해순 정향철 정현경 정현아 정현이 정현자 정현주 정혜선
정혜선 정혜송 정혜숙 정혜원 정혜원 정혜인 정혜인 정혜정 정혜정 정혜정 정혜정
정혜정 정환미 정환웅 정훈 정훈희 정희정 정희진 제선희 조경배 조경삼 조경숙
조만재 조명신 조명희 조미라 조미선 조미숙 조미숙 조민욱 조민재 조민정 조민칠
조병범 조보나 조부민 조서희 조성민 조성신 조성현 조성훈 조수민 조수진 조순우
조아련 조아름 조연숙 조연학 조영숙 조영실 조영옥 조영옥 조영이 조용근 조용순
조용희 조우나 조우리 조원희 조윤미 조윤성 조은숙 조은아 조은지 조은진 조은혜
조은희 조인향 조정은 조정희 조종숙 조진주 조창봉 조하나 조항미 조현목 조현숙
조현진 조형제 조형제 조형주 조혜경 조혜연 조홍남 좌명희 좌세준 좌연순 주선미
주소연 주소이 주은선 주은정 주중식 주채영 주혜경 지미현 지선명 지소원 지소윤
지예은 지자영 지항모 지해옥 지현정 지형욱 진다미 진소라 진수임 진승희 진옥년
진주빈

차규근 차명진 차미탁 차영근 차영동 차원준 차은주 차은혜 차정화 차지원 차현정
차혜정 채민주 채영신 채은아 천권환 천명자 천승희 천원석 초문정 초문정 최강진
최강토 최강훈 최경선 최경수 최경애 최경욱 최권현 최귀숙 최규석 최미경 최미경
최미나 최미란 최미랑 최미선 최미숙 최미순 최미애 최미영 최미향 최민서 최복수
최상국 최상희 최선영 최선영 최선주 최성숙 최성훈 최성희 최소영 최수빈 최수희
최승기 최승천 최양희 최연정 최연향 최연희 최영선 최영수 최영숙 최영순 최영화
최용 최용근 최운철 최운호 최원영 최유나 최유빈 최유정 최유미 최윤성 최윤정
최은규 최은길 최은숙 최은영 최은주 최은진 최은하 최은희 최익현 최인석 최인영
최재경 최정선 최정연 최정화 최정희 최준규 최지영 최지원 최진 최진경 최진우
최진화 최진희 최찬 최치숙 최현주 최현지 최혜빈 최혜은 최환이 최희옥 탁무권
탁정수 표준희 하봄비 하봉수 하성욱 하세린 하연서 하영일 하예승 하예은 하예진
하예찬 하유리 하윤하 하춘선 하혜영 한강수 한계선 한계희 한규주 한나라 한나미
한도윤 한미정 한미화 한사라 한상묵 한상익 한상진 한서윤 한성심 한성준 한송이
한슬기 한승재 한실회 한아름 한영선 한영숙 한우정 한운성 한은자 한재희 한지영
한지혜 한지환 한진수 한진영 한진우 한혜정 한홍구 함미선 함지윤 함형심 허경림
허기 허남석 허남필 허미숙 허선영 허소윤 허소희 허수민 허순영 허순임 허영희
허운정 허은화 허홍숙 허효남 현명자 현선식 현충훈 형은경 호사카유지 홍경화
홍근영 홍동화 홍리리 홍명수 홍미란 홍미희 홍민서 홍선애 홍유리 홍윤경 홍윤정
홍인걸 홍정욱 홍정주 홍종옥 홍현주 홍혜자 황광석 황규안 황금정 황남구 황다빈
황미경 황미숙 황미순 황병구 황병석 황봉률 황봉률 황선애 황수경 황인택 황제민
황정혜 황종미 황종옥 황지숙 황진희 황학영 황현정 황효진

다봄출판사 (주)사계절출판사

화성돈전 華盛頓傳

초판 1쇄 인쇄일 2023년 12월 20일
초판 1쇄 발행일 2023년 12월 30일

번역 이해조
번안 정금
역주 김은숙 김태주 안재원 손하누리
펴낸이 여희숙

기획 독도글두레 **편집** 김태주 **디자인** 노승우

펴낸곳 독도도서관친구들 **출판등록** 2019년 4월 25일 제2019-000128호
주소 서울특별시 마포구 동교로 114, 태복빌딩 301호(서교동)
전화 02-571-0279 **팩스** 02-323-2260 **이메일** yeoyeoum@hanmail.net

ISBN 979-11-967279-4-9 04910
ISBN 979-11-967279-0-1 (세트)

• 잘못 만들어진 책은 구입하신 서점에서 바꿔드립니다.